高等职业教育经管类专业平台课精品教材

商务谈判实践教程

主　编◎黄嘉敏
副主编◎宋启平　何瀚玮

中国轻工业出版社

图书在版编目（CIP）数据

商务谈判实践教程 / 黄嘉敏主编. —北京：中国轻工业出版社，2022.8
高等职业教育“十三五”规划教材
ISBN 978-7-5184-2201-2

Ⅰ. ① 商… Ⅱ. ① 黄… Ⅲ. ① 商务谈判 - 高等职业教育 - 教材 Ⅳ. ① F715.4

中国版本图书馆CIP数据核字（2019）第298893号

责任编辑：张文佳　　责任终审：劳国强
整体设计：锋尚设计　　责任校对：吴大朋　　责任监印：张京华

出版发行：中国轻工业出版社（北京东长安街6号，邮编：100740）
印　　刷：三河市国英印务有限公司
经　　销：各地新华书店
版　　次：2022年8月第1版第2次印刷
开　　本：787×1092　1/16　印张：13.5
字　　数：350千字
书　　号：ISBN 978-7-5184-2201-2　定价：45.00元
邮购电话：010-65241695
发行电话：010-85119835　传真：85113293
网　　址：http://www.chlip.com.cn
Email：club@chlip.com.cn
如发现图书残缺请与我社邮购联系调换
221177J2C102ZBW

前言

随着我国市场经济的不断发展，商务谈判在日益普及的商业活动中的地位越来越重要。在这种背景下商务谈判成为高校管理专业开设的一门重要课程。在商务谈判教学过程中，除了讲授谈判理论外，还需要借助大量案例、实训项目、视频等来强化学生对知识的理解和运用。为了完成这本体系完善、结构合理、内容充实、应用性强的教材，编者进行了广泛的企业调研和谈判实践。

本教材对理论知识的介绍以“适度够用”为原则，以简洁精练的理论知识作为支撑，通过案例强化对知识的理解，最终在实训项目中强化谈判能力的培养。本教材具有明显的特点：

第一，新颖。在情境设计时，本教材打破传统的以大流程作为项目的模式，选取贴近学生生活，让学生容易接受的情境，以一位学生从进入大学到个人创业，到公司发展推销商品，继而为拓展公司规模的融资谈判再到最后的将商品销往国外的国外贸易谈判为主线，将认识商务谈判、个人购买一般用品谈判、个人购买选购品谈判、专业商品购销谈判、专业产品团队购销谈判、合作谈判、国际贸易谈判这 7 个商务谈判的典型任务串联，最终形成如下情境设计及相应任务安排。

学习情境		任务	
一	总揽商务谈判	一	初识商务谈判
		二	领悟商务谈判
二	服装C2B购销谈判	一	询价与报价
		二	价格解释与评论
		三	讨价还价
三	家具B2C购销谈判	一	收集分析谈判信息
		二	确定商务谈判目标
		三	磋商中的让步

续表

学习情境		任务	
四	玩具B2B购销谈判	一	分析与评估谈判双方实力
		二	安排谈判议程
		三	谈判开局
		四	处理谈判僵局
五	电子产品B2B购销谈判	一	组建谈判团队
		二	制定商务谈判方案
		三	结束谈判
六	国内合作谈判	一	合作准备
		二	实质性谈判
		三	谈判技巧提升
		四	签订合同
七	国际贸易谈判	一	确定国际贸易谈判内容
		二	了解各国谈判风格及习俗

以上每一个情境都是一个完整的谈判过程，但不同类型的情境谈判难易程度不同，形成一个递进的阶梯，同一任务在不同情境中再现，使学生在学习不同情境中能够掌握新的知识点的同时将前面的任务内容再次重复巩固，完成从了解到熟悉再到掌握的过程。

第二，教学资源丰富。本教材在编写过程中引用和改编了大量的案例，并配以图片、音频、动画和视频等丰富的资源。

第三，应用性强。教材中的实训项目都来自于作者多年的教学实践，其中一部分根据目前比较流行的素质拓展训练项目改编而成，另一部分来源于企业人员的提供。在教学和培训中，这些实训项目的教学效果得到了很好的检验。

本书由东莞职业技术学院黄嘉敏担任主编，东莞职业技术学院宋启平、何瀚玮担任副主编，主要编写工作分工如下：东莞职业技术学院汤俊编写项目一，宋启平编写项目二，罗定职业技术学院辛庆旭、李敏编写项目三、四，黄嘉敏编写项目五、六，何瀚玮编写项目七。

由于编者的知识与经验的局限，书中难免有不足之处，敬请广大读者批评指正。

编者

2019 年 12 月

目录

项目一

总揽商务谈判

知识目标

- 了解商务谈判的含义、特征和基本原则
- 熟悉商务谈判的类型及特点，商务谈判的模式
- 掌握商务谈判的内容

能力目标

- 能够基本领悟商务谈判的原则
- 能够区分商务谈判的类型并熟练掌握其特点

教学建议

- 建议课内4学时，课外2学时。课内教学可在普通多媒体教室内或实训室进行
- 建议分组教学，组织学生回忆自己的谈判经历，总结各种经历的相似之处
- 本项目内容较为抽象，建议采用讲授与案例分析、情境模拟相结合的教学方式

情境导入

新学期就要开始了，李鸣同学考上了理想的高校，虽然离家有点远，但该校在珠三角发达地区，想必发展的机会肯定很多。李鸣已经想好了在校三年的打算，先做点小生意，增加多点社会经验，争取毕业就能创业。

听说那个地区的学生都用“草莓”手机，看看自己手上的OPPO，虽然还很新，才用了一个学期，功能也很好用，但可能会跟新同学们聊不来，于是李鸣想卖掉自己这台OPPO手机，再凑点钱换一台“草莓”手机。恰好，从网上得知同校一位张同学有意买一台八九成新的OPPO手机，二人在网上互相留了联系方式后，便约了一个时间商谈交易的事情。

李鸣希望能够尽快卖出并卖得一个好价钱，他怎样进行谈判才能达到自己所想呢?

实施方法

谈判是一种普遍的行为，生活中的每一个人都是谈判的参与者。日常生活中，人们每天都在自觉或不自觉中进行着一场又一场的谈判。当人们与同事协商工作、与家人商谈旅游计划或购物支出计划、与农贸市场的老板讨价还价、与客户进行业务磋商等活动时，都是在经历商务谈判的过程。在经济快速发展的当今世界，谈判活动已经成为企业对外交往的重要手段，直接影响着各种人际关系，因此谈判已经成为越来越多的人需要掌握的一种能力。而要扮演好自己在各种谈判中的角色，就有必要先了解有关谈判的一些基本知识以及谈判心理和谈判原则，因此谈判人员在本项目主要的任务是:

任务一　初识商务谈判

↓

任务二　领悟商务谈判

任务一
初识商务谈判

任务情境

李鸣想要将自己的手机卖个好价钱，于是先自己设想了一下交易谈判的情境：
“谈判地点不能在学校，不然太多人围观，七嘴八舌的，一定不能卖个好价钱。”
“不管开什么价，对方肯定都会说很贵，要便宜一点，所以我要开高点！”
“要开价高，一定要让他知道我这手机有多好，上网找找看现在最新款的和我这款对比一下。”
“如果嫌贵，降价吗？降多少呢？”
“如果他还不接受，不买了，继续降价吗？可我很需要多点钱换新手机啊！”
……

任务实施

谈判是社会生活中广泛的现象，人们随时随处都可能碰到。在长期实践中，人们总结出科学的、系统的谈判理论。反过来，这些理论又指导人们新的谈判实践。商务谈判是一种特殊类型的谈判。它服从于谈判的一般性原理，同时又有自身的规律、规则。所以，学习商务谈判，首先要了解商务谈判的基本原理，了解什么是商务谈判，掌握商务谈判的特征、要素、类型等，以便更好地把握商务谈判的规律，提高谈判的能力。

一、了解谈判与商务谈判

谈判已成为日常生活的一部分，其在本质上是一种利益交换、创造及妥协的过程，双方共同解决彼此的问题，就个人层次而言，小至菜市场买菜的讨价还价，大至买车、购房均会遇到谈判的场合，可以说谈判已成为人们生活的一部分，谈判的运用可为个人谋得最大利益，或将个人损失减至最小，若是处于代表公司或国家进行谈判，所涉及的层面更为广大。

我们与身边的人产生联系、互动或进行各种行为活动时，有时看起来像是一场游戏般，游戏中的每一个参与者皆希望取得最好的利益，或是取得一个令人满意的结果，在谈判的这场游戏中，我们可能成为参赛中的一个。

1. 谈判的概念

谈判实际上包含“谈”和“判”两个紧密联系的环节。谈，即说话或讨论，就是当事人要明确地阐述自己的意见，表达某种愿望和所要追求的目标，即充分发表关于各方应承担的义务和应享有的权利等看法；判，即分辨和判断，要判断和界定说话者的语义、语境、范围和目的，它是当事人各方关于各项权利和义务达成的一致意见。谈判是一门综合性学科，涉及社会学、经济学、逻辑学、语言学、行为学、管理学、传播学、公共关系学，以及众多的经济与技术科学，谈判又是一种复杂的、需要运用多种技能和方法的专业活动。目前，从不同的角度，谈判有不同的定义。

美国谈判学会会长，著名律师杰勒德·I. 尼尔伦伯格在《谈判艺术》一书中对谈判的解释是："每一个要求满足的愿望和每一项寻求满足的需要，至少都是诱发人们展开谈判过程的潜因，只要人们为了改变相互关系而交换观点，只要人们是为了取得一致而磋商协议，他们就是在进行谈判。"

法国谈判学家克里斯托夫·杜邦在《谈判的行为、理论与应用》一书中，从社会关系的角度对谈判的解释是："谈判是使两个或数个角色处于面对面位置的一项活动，各角色因持有分歧而相互对立，但他们彼此又互为依存，他们选择谋求达成协议的实际态度，以便终止分歧，并在他们之间（即使是暂时性的）创造、维持、发展某种关系。"

Ikel（1964）认为谈判（negotiation）即是"个人、团体或国家之间存在利益冲突，为达成协议而提出各种明示的提案，从事利益交换或实现共同利益的过程"。其在本质上是一种利益交换、创造及妥协的过程，双方共同解决彼此的问题。谈判亦是双方在争与让、取与舍之间，尝试寻求对方都同意接受的条件和过程。换言之，谈判至少必须有两方以上而且彼此之间有冲突的利益，又不愿意这种冲突的情形继续下去，而使双方进入谈判。

台湾的刘必荣博士认为："谈判不是打仗，它只是解决冲突、维持关系或建立合作架构的一种方式，是一种技巧，也是一种思维方式。"

我国学者为谈判所下的定义，主要有以下观点：

赵大生在《涉外公共关系与谈判交往技巧》中提到："所谓谈判，乃是个人、组织或国家之间就一项涉及双方利益的标的物，利用协商手段，反复调整各自目标，在满足己方利益的前提下取得一致的过程。"

许晓明在《经济谈判》中指出："谈判是人们为了各自的利益动机而进行相互协商并设法达成一致意见的行为。"

综上所述，中外谈判专家、学者对谈判定义的表述虽不尽相同，但其作为一种特定的沟通方式，内涵在以下几个方面是一致的：

（1）谈判是一种具有明确的目的性的行为。这里最基本的目的就是追求自身的利益需要。当人们产生某种需要时，为了这种需要得以满足，就产生了谈判的动机，这也是谈判产生的原因。人们的利益需要是多种多样的，有物质的需要、精神的需要，有短期需要、长期需要，有个人需要、组织需要、国家需要等。人们的种种利益需要，有些可以依靠自身及其努力来满足，但更多的必须与他人进行交换，可以借助于谈判，通过相互沟通寻求一致，从而使需要得以满足。

（2）谈判是一种多边和双边的行为和活动，谈判总要涉及谈判的对象。谈判的核心是利益的交换，单方是无法完成这种交换的，所以，谈判对象至少要有两个，否则自己和自己谈，就不能称为谈判，也不能达到谈判的目的。比如，美日汽车贸易摩擦谈判、中美知识产权问题谈判等。谈判有时是多方参与的，比如，"朝核六方会谈"等。谈判的双边性、多边性，决定了谈判这种活动需要运用交际手段、交际策略来实现其活动的目的。

（3）谈判是寻求建立或改善人们社会关系的行为。人们的一切活动都是以社会关系为背景的，人的活动离不开人群，人需要一个适宜的人际关系或人际氛围。因此，人们要花费一定的时间去建立或改善人们的社会关系，而谈判是建立这种关系的重要手段。

（4）谈判是一种协调双方行为方式的过程。谈判总是围绕着促进双方改善原有关系，建立新的良好关系，谋求更多的一致性、协调性、和谐性而进行的活动。谈判双方为了达成协议，就要进行协商、会谈。整个过程要经过提出问题、进行协商、可能出现新的问题、再进一步进行协商的多次反复，将自己的需要差距不断调整，直到双方感觉满意并达到一致为止。

（5）谈判需要选择恰当的时间、地点。古今中外，无论是贸易谈判、军事谈判还是政治谈判，都对时间和地点的选择十分重视，并且演化成一种控制谈判的策略。

综上所述，我们认为，谈判是指人们为了满足各自的需要，而进行相互协商并设法达成一致意见的行为过程。

| 同步练习 |

身边的谈判

同学甲说：咱们一起去踏青吧
同学乙说：咱们一起看电影吧
……这就是谈判
太太说：去日本旅游
丈夫说：去欧洲旅游
……这就是谈判
孩子说：我要看动画片
父亲说：还是去玩一下足球吧
……这就是谈判

谈判充斥在人际交往的所有过程，谈判就在我们身边，请谈一谈你身边的谈判。

2. 商务谈判的概念

商务谈判是指经济组织或个人之间为达到一定的经济目的而进行的谈判。它是经济谈判的一种，商品买卖、劳务贸易、技术贸易、经济合作等方面的谈判均属于商务谈判的范畴。它具有以下诸方面的内涵：

（1）某种未满足的需要是商务谈判的基本动因。如果交易的一方或双方认识到有可能从对方获得需要的满足，就可能萌发谈判的动机，例如，商品交易中，买方希望在最有利的条件下购买货物或服务，以满足自己的消费需要，而卖方则希望在最有利的条件下出售货物或服务以收回货币，实现盈利。

（2）需要的冲突或差别是商务谈判的前提。经济活动中不是未满足的需要都会诱发商务谈判，只有这种需要与其他经济体之间存在对立统一关系时，才会催生谈判。例如，在商品交易时，买方需要能够以最低的价格买到最好的商品或服务，另一方则希望以最高的价格卖出商品，而双方又想从对方身上得到满足，且双方的交易条件之间存在交集时这笔交易才有可能达成。如何能够维护本方利益，又能让对方接受，这就需要谈判。

（3）商务谈判的实质是一种平等协商的过程。商务谈判是当事人各方在地位平等的基础上进行协商调整、妥协让步的过程，充满了心理竞技。在英语里面的谈判与协商是同一个单词——Negotiation，即谈判就是协商。从当今众多的成功的国内、国外谈判案例中，我们不难发现，若要顺利完成谈判并取得良好的谈判效果，就要改变我们以往把“谈判”和“协商”决然分开，并相互对立的想法，确立起“谈判就是协商”的观念。英国著名的谈判高手凯宾·卡纳迪说过“所有事都可以协商”，从这句话中，我们也可以看出谈判就是协商。

（4）商务谈判的主题与标的涉及买卖双方的利益，即与交易有关的各项交易条件。以商品贸易谈判为例，谈判的内容主要包括交易商品的质量、数量、包装、价格、支付、保险、商检、索赔等条款。

（5）商务谈判的手段是沟通。谈判是借助于思维、语言、态势进行磋商并达成协议的过程。商务谈判是双向沟通的过程，由于谈判各方认识上的差异和有待实现的需要不同，对这项交易就会产生各自的立场和观点。要想达成最终的协议就必须说服对方，让对方同意我方的立场和观点，让对方承认我方的利益和要求是合理的。当然沟通并不仅限于摆事实、讲道理，也包括谈判策略、技巧的运用。

可见，商务谈判是指经济领域中，两个或两个以上从事商务活动的组织或个人，为了满足各自的经济利益，进行意见交换和磋商，谋求取得一致和达成协议的行为过程。

案例链接

某小型机械厂为一大型设备企业提供配件，在价格问题上双方相持不下。卖方出价每个配件8元，理由是低于此价格面临亏损；买方只给7元，理由是如果成本降不下来，产品的市场竞争力就会受到影响。问题的解决上升到双方老总的层面，各自经过冷静分析后，不约而同地一致认为，一方离开配件，就面临整机设备不可能出厂的境况，因为没有替代厂家；而另一方所生产的配件则没有其他市场能需要，企业将面临停产。权衡利弊，双方都必须妥协让步，结果以7.6元的价格成交。

二、把握商务谈判特征

商务谈判作为谈判的一种，除了具有谈判的一般共性外，还有其自身的特征。

1. 以经济利益为目的

对于不同类型的谈判，谈判者参与谈判的目的是不同的，外交谈判涉及的是国家利益；政治谈判关系的是政党、团体的根本利益；军事谈判主要是关系敌对双方的安全利益。虽然这些谈判都不可避免地涉及经济利益，但其核心是围绕着某一种关系国家、民族、政党最根本利益的立场和观点进行的，其重点往往不是经济利益。而商务谈判则十分明确，谈判者以获得经济利益为基本目的，在满足经济利益的前提下才涉及其他非经济利益。在商务谈判中，谈判者更关注谈判所涉及的产品或技术的质量、价格和数量，而不是相互之间的立场和观念。所以，人们通常以获取经济利益的多寡来评价一项商务谈判的成功与否。

2. 以价值谈判为核心

在商务谈判中，尽管谈判者的需要和利益表现在众多方面，但价值几乎是所有商务谈判的核心内容。因为价格是价值的表现形式，价格最直接地反映了谈判双方的利益，所以讨价还价就成了商务谈判的代名词。谈判双方在其他利益上的得与失，在很多情况下或多或少都可以折算为一定的价格。需要指出的是，在商务谈判中，我们一方面要以价格为中心，坚持自己的利益；另一方面又不能仅仅局限于价格，应该拓宽思路，设法从其他方面争取应得的利益；因为，与其在价格上与对手争执不休，还不如在其他利益因素上使对方在不知不觉中让步。

案例链接

有一个妈妈把一个橙子给了邻居的两个孩子。这两个孩子便讨论起来如何分这个橙子。两个人吵来吵去，最终达成了一致意见，由一个孩子负责切橙子，而另一个孩子选橙子。结果，这两个孩子按照商定的办法各自取得了一半橙子，高高兴兴地拿回家去了。

第一个孩子把半个橙子拿到家，把皮剥掉扔进了垃圾桶，把果肉放到果汁机里打果汁喝。另一个孩子回到家把果肉挖掉扔进了垃圾桶，把橙子皮留下来磨碎了，混在面粉里烤蛋糕吃。

从上面的情形，我们可以看出，虽然两个孩子各自拿到了看似公平的一半，然而，他们各自得到的东西却未物尽其用。这说明，他们在事先并未做好沟通，也就是两个孩子并没有申明各自利益所在。没有事先申明价值导致了双方盲目追求形式上和立场上的公平，结果，双方各自的利益并未在谈判中达到最大化。

如果我们试想，两个孩子充分交流各自所需，或许会有多个方案和情况出现。可能的一种情况，就是遵循上述情形，两个孩子想办法将皮和果肉分开，一个拿到果肉去榨汁，另一个拿皮去做烤蛋糕。然而，也可能经过沟通后是另外的情况，恰恰有一个孩子既想要皮做蛋糕，又想喝橙子汁。这时，如何能创造价值就非常重要了。

结果，想要整个橙子的孩子提议可以将其他的问题拿出来一块儿谈。他说："如果把这个橙子全给我，你上次欠我的棒棒糖就不用还了。"其实，他的牙齿被蛀得一塌糊涂，父母上星期就不让他吃糖了。

另一个孩子想了一想，很快就答应了。他刚刚从父母那儿要了五块钱，准备买糖还债。这次他可以用这五块钱去打游戏，才不在乎这酸溜溜的橙子汁呢。

两个孩子的谈判思考过程实际上就是不断沟通，创造价值的过程。双方都在寻求对自己最大利益的方案的同时，也满足对方的最大利益的需要。

商务谈判的过程实际上也是一样。好的谈判者并不是一味固守立场，追求寸步不让，而是要与对方充分交流，从双方的最大利益出发，创造各种解决方案，用相对较小的让步来换得最大的利益，而对方也是遵循相同的原则来取得交换条件。在满足双方最大利益的基础上，如果还存在达成协议的障碍，那么就不妨站在对方的立场上，替对方着想，帮助扫清达成协议的一切障碍。这样，最终的协议是不难达成的。

3. 谈判对象的广泛性和不确定性

在当今经济贸易环境下，贸易自由化程度越来越高，绝大多数商品的流通客观上是没有地区和国家界限的，从逻辑上讲，只要是商品就可以出售给任何人。作为卖方，其商品销售范围具有广泛性，同理，作为买方，对所购商品的选择权也是十分广泛的，因此无论是卖方还是买方，其交易对象会遍及全国，甚至全世界。此外，为了使交易更加有利，也需要广泛接触交易对象。但是，交易者总是同具体的交易对象谈判成交，不可能同广泛的对象成交，而具体的交易对象在各种竞争存在的情况下是不确定的，使谈判对象表现出高度不确定的特征。

4. 合同条款的严密性与准确性

商务谈判的结果是通过双方达成的合同来体现的。合同条款反映了各方的权利和义务，合同条款的严密性与准确性是保障谈判者获得谈判利益的重要前提。在有些商务谈判中，谈判者花了很大气力，通过反复磋商，好不容易与对方签订合同，谈判者似乎已经获得了这场谈判的胜利，但由于在订立合同条款时掉以轻心，不注意合同条款的完整、严密、准确、合理、合法，掉进了谈判对手在条款措辞上设下的陷阱，为此付出惨重的代价，这种例子在商务谈判中屡见不鲜。因此，在商务谈判中，谈判者要绝对重视合同条款的准确和严密。

5. 谈判条件的原则性和灵活性

商务谈判是以获得经济利益为目的的，所以每个谈判对象对交易条件均设置了“底线”，这个“底线”是达成协议的最低要求。一般来讲，在商务谈判中“保本”是最起码的要求，除非有其他目的，经营者一般不会做亏本买卖，这就是交易条件的原则性。

一般来讲，由于谈判双方的目标期望具有对立性，双方的谈判目标之间是有一定的距离的，实现己方目标的途径往往是对方的妥协，如果谈判中的各方在谈判目标上居高不下，或欲将对方置于死地，将会导致谈判的破裂，双方都将一无所获。所以，谈判人员要想实现己方的谈判目标，也应站在对方的立场上，考虑对方的利益的得失，考虑己方所提出的利益要求是否能被对方所接受，即己方的条件是否在对方的承受范围内，这是交易条件的灵活性。

| 案例链接 |

日本某公司向中国某公司购买电石，这是他们之间交易的第五个年头。日方要压价20美元/吨，即从410美元/吨压到390美元/吨。据日方讲，他已拿到多家报价，有430美元/吨，有370美元/吨，也有390美元/吨。据中方了解，370美元/吨是个体户报的价，430美元/吨是生产能力较小的工厂供的货，供货厂的厂长与中方公司的代表共4人组成了谈判小组，由中方公司代表为主谈。谈前，工厂厂长与中方公司代表达成了价格共同的意见，工厂可以在390美元/吨成交，因为工厂需订单连续生产。公司代表向其主管领导汇报，分析价格形势；主管领导认为：价格不取最低，因为中方是大公司，讲质量，讲服务。谈判中可以灵活，但步子要小，若在400美元/吨以上拿下则可成交，拿不下时把价格定在405～410美元/吨，然后主管领导再出面谈。请工厂配合。

中方公司代表将此意见向工厂厂长转达，并达成共识，和工厂厂长一起在谈判桌争取该条件。经过交锋，价格仅降了10美元/吨，在400美元/吨成交，比工厂厂长理想的成交价高了10美元/吨。工厂代表十分满意，日方也满意。

三、了解商务谈判的类型

根据不同的标准，可以将商务谈判划分为不同的类型。

1. 按谈判规模划分

（1）一对一谈判。谈判各方参加谈判的人数均为一人。这类谈判因单兵作战，得不到助手的及时帮助，因此，对谈判人员的要求较高，要选择知识面广、有主见、决断能力强、有谈判经验并善于单兵作战者去完成，并且事先还要做好充分准备。

该类型通常适用于条件不多、交易额较小且相对次要的谈判。对谈判人员多、规模大的谈判，有时根据需要，也可以在首席代表之间安排这种“一对一”的谈判，专门磋商某些关键与要害问题。

（2）小组谈判。小组谈判是指交易双方各派一个谈判小组参与谈判，每个谈判小组约为2～4人。这是较常见的谈判类型。

谈判各方各有若干人同时参加谈判（通常双方谈判人员人数相等），内部有适当分工与合作，相互取长补短，各尽其能，以最大限度地防止谈判中的失误，缩短谈判时间，提高效率。

小组谈判的重要前提是正确选配小组成员，并有一位富有领导能力的主谈人。对交易额较大，条件较多，情况比较复杂的谈判多采用这种类型。

（3）大型谈判。对关系企业生死存亡或影响地方乃至国家经济发展的重大项目的谈判，谈判各方多派出一个由各方面专家构成的高级代表团进行谈判，这类谈判各方谈判阵营强大，主谈人的级别较高。

这类谈判各方少则6～8人，多则十多人，有1、2名负责人作为谈判的总指挥，代表团下设若干个谈判小组，在负责人的指挥下，各小组各负其责、相互配合、共同作战。这类谈判的程序比较严密，时间较长。

2. 按谈判对象所在国家（地区）划分

（1）国内商务谈判。国内商务谈判是指我国公民及在我国注册的企事业单位、经济团体等法人在我国境内进行的，就其关心的经济利益、经济关系及其他问题进行的各种形式的磋商。

（2）涉外商务谈判。涉外商务谈判是指在国际商务活动中，不同的利益主体为了达成某笔交易而就交易的各项条件进行协商的过程。谈判中利益主体的一方通常是外国的政府、企业或公民，另一方是中国的政府、企业或公民。涉外谈判比国内谈判要复杂得多。

3. 按谈判地点划分

（1）主场谈判。己方谈判是指在己方所在地进行的谈判，包括在本国、本地、本市或本企业的办公场所进行的谈判。由于己方的谈判人员熟悉谈判的环境，可以随时检索各种谈判资料，可以及时向领导请示和汇报，在心理上形成一种安全感和优越感，因而对己方有不少便利之处。

一般情况下，谈判地点最好选择在己方所在地，在主场谈判的优势表现在：

◆ 谈判者在自己的领地谈判，地点熟悉，具有安全感，心理状态较好，信心十足；

◆ 谈判者不需要耗费精力去适应新的地理环境、社会环境和人文环境，可以把精力集中地用于谈判；

◆ 可以利用种种便利条件，控制谈判气氛，促使谈判向有利于自己的方向发展，可以利用现场展示的方法向对方说明己方产品水平和服务质量；

◆ 在谈判中"台上"人员与"台下"人员的沟通联系比较方便，可以随时向高层领导和有关专家请示、请教，获取所需资料和指示；

◆ 利用东道主的身份，可以通过安排谈判之余的各种活动来掌握谈判进程，从文化习惯上、心理上对对方产生潜移默化的影响，处理各类谈判事物比较主动；谈判人员免除旅途疲劳，可以以饱满的精神和充沛的体力去参加谈判，并可以节省去外地谈判的差旅费用和旅途时间，降低谈判支出，提高经济效益。

对己方的不利因素表现在：

■ 在己方所在地谈判，不易与公司工作彻底脱钩，经常会有公司大小事务分散谈判人员的注意力；

■ 离高层领导近，联系方便会产生依赖心理，一些问题不能自主决断，而频繁地请示领导也会造成失误和被动；

■ 己方作为东道主主要负责安排谈判会场以及谈判中的各项事宜，要负责对客方人员的接待工作，安排宴请、游览等活动，所以己方负担比较重。

（2）客场谈判。客方谈判是指在谈判对手所在地进行的谈判，包括外国、外地或者对方的办公场所。处于客场谈判的一方，往往会存在较大的心理压力和工作上的不便，所以应尽量避免客场谈判。但有时候为了表示合作的愿望，也可以主动提出或接受对方邀请去客场谈判。

在对方地点谈判，对己方的有利因素表现在：

◆ 己方谈判人员远离家乡，可以全身心投入谈判，避免主场谈判时来自工作单位和家庭事务等方面的干扰；

◆ 在高层领导规定的范围，更有利于发挥谈判人员的主观能动性，减少谈判人员的依赖性；

◆ 可以实地考察一下对方公司及其产品的具体情况，能获取直接的、一手的信息资料；

◆ 当谈判处于困境或准备不足时，可以方便地找到借口（如资料欠缺、身体不适、授权有限需要请示等），从而拖延时间，以便做出更充分的准备；己方省去了作为东道主所必须承担的招待宾客、布置场所、安排活动等事务的繁杂工作。

对己方的不利因素表现在：

■ 与公司的距离遥远，某些信息的传递、资料的获取比较困难，某些重要问题也不易及时与公司领导磋商；

■ 谈判人员对当地环境、气候、风俗、饮食等方面会出现不适应，再加上旅途劳累、时差不适应等因素，会使谈判人员身体状况受到影响；

■ 在谈判场所的安排、谈判日程的安排等方面处于被动的地位；己方也要防止对方过多安排旅游景点等活动而消磨谈判人员的精力和时间；

■ 到对方地点去谈判必须做好充分的准备，比如摸清领导的意图要求，明确谈判目标，准备充足的信息资料，组织好谈判班子等。

（3）在第三地谈判（主客场地以外的地点谈判）。在第三地谈判是指谈判地点既不设在对手一方，也不设在自己一方，而是在第三地进行的谈判。在商务谈判中很少采用这种谈判形式。只有当双方都想占据主场之利，且难以协调时，或者双方的关系微妙，在主场、客场谈判均不合适时，才采用中立地点谈判。

在第三地谈判对双方的有利因素表现在：在双方所在地之外的地点谈判，对双方来讲是平等的，不存在偏向，双方均无东道主优势，也无做客他乡的劣势，策略运用的条件相当，可以缓和双方的紧张关系，促成双方寻找共同的利益均衡点。对双方的不利因素表现在：双方首先要为谈判地点的确定而谈判，而且地点的确定要使双方都满意也不是件容易的事，在这方面要花费不少时间和精力。第三地点谈判通常被相互关系不融洽、信任程度不高，尤其过去是敌对、仇视，关系紧张的双方的谈判所选用，可以有效地维护双方的尊严、脸面，防止下不了台。

案例链接

日本的钢铁和煤炭资源短缺，渴望购买煤和铁。澳大利亚生产煤和铁，并且在国际贸易中不愁找不到买主。按理来说，日本人的谈判者应该到澳大利亚去谈生意，但日本人总是想尽办法把澳大利亚人请到日本去谈生意。

澳大利亚人一般都比较谨慎，讲究礼仪，而不会过分侵犯东道主的权益，澳大利亚人到了日本，使日本方面和澳大利亚方面在谈判桌上的相互地位就发生了显著的变化。澳大利亚人过惯了富裕的舒适生活，他们的谈判代表到了日本之后不几天，就急于想回到故乡别墅的游泳池、海滨和妻儿身旁去，在谈判桌上常常表现出急躁的情绪；而作为东道主的日本谈判代表则不慌不忙地讨价还价，他们掌握了谈判桌上的主动权，结果日本方面仅仅花费了少量款待作“鱼饵”，就钓到了“大鱼”，取得了大量谈判桌上难以获得的东西。

4. 按谈判内容划分

（1）商品购销谈判。这里所说的商品是指传统意义上的商品，如农副产品、日用工业品、工业原材料等，这是最常见的商务谈判类型。在这类谈判中，双方的主要议题是交易标的的数量、质量、价格、售后服务等。

商品购销谈判的特点是：发生的频率高，交易条件相对明了，可以凭过去的经验和随时获得的市场信息筹划谈判，其谈判目标也比较明确；这类谈判的核心主要在交易标的的价格上；其难点在于双方的讨价还价，卖方往往不按实际成本定价，在谈判中隐瞒自己的成本，拒绝做出让步，买方则千方百计地压低价格。

（2）服务贸易谈判。谈判双方主要围绕着提供服务的数量、质量、价格进行谈判。这种类型的谈判主要包括工程承包谈判、对外加工装配业务谈判、租赁业务谈判等。

①工程承包谈判。工程承包谈判是指工程承建企业（称为承包人）与工程业主之间，就提供的技术、劳务、设备、材料、价格等进行的谈判。工程承包是一种综合性的交易，它涉及劳务、技术、设备、材料，以及资金等许多方面，它具有以下一些特点：

● 交易内容和程序复杂。由于工程承包涉及的面广，程序复杂，从经济、技术和法律等方面的要求来看，要比一般商品贸易项目的要求高得多。在技术上，往往包括工程的设计、勘探、施工，设备制造、安装、使用等；在经济上，包括原材料购进、资金、信贷、技术转让、项目管理等。因此，工程承包谈判更加复杂，更加艰难。

● 工程营建时间长，金额大，承担的风险也大。一个工程项目，从投标到工程完成，一般要经历较长的时间，少则几个月，多则几年。项目金额也较大，最小的项目金额也有数十万元，一般是几百万、几千万元，大项目多在几亿元以上。尤其是国际大型工程承包项目，更是如此。因此，谈判者必须谨慎对待这类谈判。

由于目前我国是一个劳动力供应过剩的国家，劳动力价格比较低，因此，工程承包市场的竞争十分激烈。此外，通过投标的承包项目，投标人的报价必须是实盘，一经报出，不得撤销，如果撤销，不但投入的费用无法收回，而且投标保证金也将被没收。因此，承包人在谈判桌上往往居于被动地位，加大了谈判的难度，承包人必须量力而行，认真研究，谨慎行事。

②对外加工、装配业务谈判。对外加工、装配业务，习惯上称为来料加工装配，它是来料加工和来件装配的总称，是由外商提供一定的原材料、零部件、元器件，由我国的工厂按对方要求的品质、规格和款式进行加工装配，成品交由对方处置，我方按照约定，收取加工费。它是一种简单的国际之间劳务合作的形式。

对外加工装配业务具有以下特点：

● 交易双方不是买卖关系，而是委托加工关系。

● 承接方对来料来件，一般不拥有所有权，只有使用权，即只能对来料来件进行加工装配，并收取一定的加工费。

● 委托方承担接受全部加工装配合格的成品和支付约定的加工费。

对于这类谈判，谈判者必须清楚国家关于服务加工贸易的相关规定，明确双方的权利和义务。

③租赁业务谈判。所谓租赁业务，是指出租人（租赁公司）按照契约规定，将他从供货人（厂商）处购置的资本货物，在一定时期内租给承租人（用户）使用，承租人则按规定付给出租人一定的租金。在租赁期间，出租人对出租的设备拥有所有权，承租人享有使用权和受益权，租赁期满后，租赁设备则退还出租人或按合同规定处理。

租赁业务，从其性质上来讲，它是典型的贸易与信贷、投资与筹资、融资与融物相结合的综合性交易，它既有别于传统的商品买卖，又不同于传统的企业筹资与信贷。租赁业务具有自身的特点，具体表现在下列三个方面：

● 租赁业务具有鲜明的融资性质。承租人所需的机械设备，由出租人提供或垫款购买。承租人不需付款购买，即可取得机械设备的使用权，等于出租人向承租人提供了信贷便利。承租人在设备正式投产后，以租金的形式支付租赁设备费用。这样企业可以在资金不足的情况下，提早使用设备，使生产早日上马，早获经济效益。租赁业务是一种以租物形式达到融资的目的，将贸易与金融结合在一起的信贷方式，这是租赁业最主要的特点。

● 租赁设备的财产所有权与使用权截然分开。设备所有权属于出租人，承租人仅享有使用权和受益权，在法律上，出租人的所有权不可侵犯。

● 租赁业务往往是三边交易，即租赁双方和供货人。租赁公司介于供货人和用户之间，租赁业务由销售合同和租赁合同共同完成。

（3）技术贸易谈判。技术贸易是指技术拥有方把生产所需要的技术和有关权利，通过贸易方式，有偿地转让给技术需求方。在当今社会经济条件下，技术转让是一项重要的贸易活动。

技术作为特殊的商品进行买卖，其交易谈判具有自身的特点：

● 技术贸易多数是技术使用权的转让，而不是技术所有权的转让。技术拥有方并不因为把技术使用权转让给他人而失去所有权，他自己仍可使用或转让给其他企业使用这项技术。

● 技术贸易是一个双方较长期的密切合作过程。技术转让，是知识和经验的传授，其目的是使技术引进方消化和掌握这项技术并用于生产。因此签订技术贸易合同后，履行合同一般要经过提供技术资料、技术人员培训、现场指导，以及进行技术考核、验收，乃至继续提供改进技术等过程，这就需要技术贸易双方建立较长期的密切合作关系。

● 技术贸易双方既是合作伙伴，往往又是竞争对手。技术贸易双方往往是同行，技术转让方想通过转让技术获取收益，同时又担心接受方获得技术后，制造同一类产品，成为自己的竞争对手。因此，技术转让方一般不愿意把最先进的技术转让出去，或者在转让时可能附加某些限制性条款，以约束技术接受方。

● 技术贸易的价格较难确定。技术贸易中技术的价格，不像传统商品价格那样主要取决于商品的成本。另外技术转让后，技术转让方往往没有失去对这项技术的所有权，他仍可使用这项技术或可多次转让，以获取更多的经济效益。因此，决定技术价格的主要因素是接受方使用这项技术后所能获得的经济效益。而接受方所获得的经济效益，在谈判和签订合同时往往是难以准确预测的，这就形成了确定技术贸易价格的复杂性。

（4）合作经营谈判。合作经营是由两个或两个以上的企业法人、经济体、自然人，通过双方协商同意，按照双方所签协议中所规定的投资方式，共同兴办的契约式企业的生产经营形式。

合作经营谈判的主要特点是：

● 合作各方提供的合作条件，一般不以货币折算为投资股金，不以合作各方的投资额计股、分配利润。合作各方对收益分配，风险、债务的分担，企业经营管理方式，合作期满的清算办法等均应在合作经营企业合同中规定。

● 合作经营企业，可以加速折旧还本或以其他方式提供收回投资。投资收回后，在未满的合营期限内，仍应按原投资额对合作经营企业的债务承担责任。否则，合作经营企业出现亏损时，则无法清偿，对债权人的利益无法保障。所以，如何保证还本后至合营期满一段时期内，合作各方仍对合作经营企业出现的经营风险承担责任，合同中也应有明确的规定。

（5）原有合同的重新谈判。原有合同的重新谈判是指应对方的邀请，在合同截止期前，为修改原合同的部分条款而进行的谈判。为此，在进行商务谈判时，当己方对交易标的的某项交易条件把握不够准确时，在合同中应有一条允许买卖双方在合同截止期前重新谈判的条款。

原有合同重新谈判的议题主要有：

①价格。在合同执行过程中，交易标的的市场价格出现了剧烈变化，价格变化的受损方向对方提出了调整价格的要求，从而产生了谈判。

②规格。由于交易标的的质量标准或市场交易的偏好发生了变化，买方向卖方提出改变质量指标或规格的要求，从而产生了谈判。

③数量。原合同的数量可能需要增加或减少，数量的变化往往引起价格的变化，这时双方需要对原合同重新谈判。

（6）索赔谈判。索赔谈判是指在合同履行过程中，由于当事一方违约，使合同不能或不能全部履行，给另一方造成经济损失，合同当事双方围绕着违约责任的界定和经济赔偿进行的谈判。在众多的合同履行中，因种种原因违约或部分违约的事件屡见不鲜，因此，就给商业谈判形成了一种特定的谈判——索赔谈判。违约谈判具有以下特点：

● 以原合同为基础。违约是相对守约而言的，“违与守”均以“约”（原合同）为依据。原合同是判定违约与否的唯一基础条件。

● 重证据。违约与否除依原合同判定外，还需要提供证据来证明“违约”的成立。比如：质量问题，需技术鉴定证书；数量问题，要商检的记录；还有些索赔问题需要电传、传真、信件、照片等证据。当然，索赔情况多种多样，所需证据难以一一罗列。“证据”是确立索赔的重要依据。

● 注意时效。不论是什么交易，“索赔的权力”均不是无限期的。出于“公平”，也出于“安全或减少风险”，交易人视不同合同目的，均订有“有效索赔期”。过期则不负责任。任何合同签订时，都要明确索赔期。而展开索赔谈判之前，要检查合同的有关保证与索赔权限的规定，以确定该索赔谈判的必要性。

● 注重关系。索赔总不是件令人愉快的事情。谈判双方处在问题的两端，大都十分难受，所以谈判时对“关系”的影响也就不可忽视。这里的“关系”表现在两个方面：签约人的关系及索赔后的关系。签约人之间的互相理解，且在过去的交易中的良好信誉，会对偶发的索赔事件的处理产生好的影响。

案例链接

德国某公司向天津某工厂提供了一条电子器件生产线，全线共近百台设备，其中有十几台设备该公司需要获得其联盟的出口许可证。合同生效后，所有德方的其他供货和中方负责提供的设备、仪器工具、场地、动力、人员均到位，但一年过去了，这十几台设备仍未有出口许可证，此时中方向德方提出了交涉，认为一年多人力、物力、财力损失较大，德方应负责。

双方查阅合同发现：合同中提出了许可证问题，但没有明确时间长度，合同主体义务没有修改。中方提出了“责任和补偿”问题。德方同意补偿，在服务量上加大以保证技术水平不减，协助找替代设备，并补充已供设备备件量。

四、了解商务谈判的形式

1. 口头谈判

（1）口头谈判的含义。口头谈判是指谈判双方在会谈时，不提交任何书面形式的文件，而是面对面地洽谈协商口头提出的交易条件，或者在异地用电话商谈。口头洽谈形式包括邀请外方来访、参加出口商品交易会或国际博览会、派出国推销团组等。

（2）口头谈判的特征。口头谈判具有直接性与灵活性、广泛性，可以利用感情因素等特点。

● 直接性与灵活性。由于谈判双方是面对面地进行洽谈协商，所以能够察言观色，掌握对方心理；可以全面深入地了解对方的资金、信誉，谈判作风等情况；针对谈判的进程和谈判过程中出现的问题，采取具体、灵活的措施，调整谈判策略和谈判目标。

● 广泛性。由于谈判双方可以广泛地选择谈判对象和谈判内容，对谈判时间的要求也不严格，可以延长，也可以缩短，对于一些可能出现的争议能够尽快地协商解决。采取先磋商、后签约的方式，通过口头谈判，先摸清对方的底，然后才承担某些义务。利用感情因素，面对面的谈判或多或少地会产生一些感情，谈判人可利用这种感情因素来强调自己的谈判条件，使对方接受。同时，口头谈判还可以配合身姿、手势、面部表情、直观材料等，促其谈判成功。

（3）口头谈判的优势及局限性。面对面的口头谈判有利于明确各自的意见和观点，能够增强自己判断的真实性，相互之间的说服性也好。其局限性一是时效性特强，决策风险大。由于没有更充分的考虑时间，谈判人员必须经过充分的授权，其决断力应当特别强，所以，为做好面对面的谈判，事前的准备工作要尽量充分，以免现场决策失误，二是差旅费、招待费等开支较大。

（4）口头谈判的形式。近几年来，随着商品经济发展，市场日益活跃，出现了各种形式不同的交易会。这种形式一般规模较大、隆重，同时，由于参加交易会的单位很多，便于沟通情况和企业选择，因此，谈判成交额较大。正因为这种形式有其优势，所以交易会谈判被广大企业认为是一种较好的口头谈判形式。具体来说，交易会谈判的作用主要表现在以下几个方面：

①有利于买卖双方广泛地了解市场动态，开展多方面的商品行情调研。通过多方面直接接触的机会，可以全面深入地了解客户单位的性质、地位及谈判人员的地位与谈判风度，了解客户的资金、经营活动和资金信用情况，了解客户生产经营的商品在市场上的营销情况，从而有利于调整自己的经营计划和经营策略。

②有利于买卖双方广泛地选择交易对象和交易商品，促使谈判双方较快地达成交易，从而有利于谈判时间的缩短和争议问题的协商解决。

③有利于信息反馈，加快产品更新换代。交易会一般举办的时间较长，各企业除派谈判人员到会洽谈外，有时为了听取客户对产品的反映和要求还派科研、设计、生产人员参加，这就有利于产品的改进和产品质量的提高。

④政府有关经济管理部门一般也要派员参加。这样，既有利于政府人员指导各厂商的业务，又有利于各厂商了解政府人员带来的信息。

2. 书面谈判

（1）书面谈判的含义。书面谈判是指谈判各方用信函、传真、电报、电子邮件、手机短信等通信工具在异地之间进行的谈判。书面谈判具有准备充分、谈判成本低及间接性等特点。

（2）书面谈判的优势及局限性。

书面谈判的优势：

①书面谈判可以使双方对问题有比较充足的考虑时间。在谈判过程中有时间同自己的助手、企业领导及决策机构进行讨论和分析，有益于慎重决策。书面谈判一般不需要谈判者四处奔走，可以坐镇企业，向国内外许多单位发出信函、电报，并对不同客户的回电进行分析比较，从中选出对自己最有利的交易对象。

②由于具体的谈判人员互不见面，他们互相代表的是本企业，双方都可不考虑谈判人员的身份，把主要的精力集中在交易条件的洽谈上，从而避免因谈判者的级别、身份不对等而影响谈判的开展和交易的达成。

③由于书面谈判只花费通信费用，不花费差旅费和招待费，因而谈判费用开支较少。

书面谈判的局限性：

书面谈判多采用信函、电报等方式，文字要求精练，如果文不达意，容易造成双方理解差异，引起争议和纠纷；由于双方的代表不见面，因而无法通过观察对方的语态、表情、情绪以及习惯动作等来判断对方的心理活动，从而难以运用行为语言技巧达到沟通意见的效果；书面谈判所使用的信函、电报需要邮电、交通部门的传递，如果这些部门发生故障，则会影响双方的联系，甚至丧失交易的时机。鉴于书面谈判有其局限性，所以它多适用于双方经常有交易活动的谈判，以及跨地区、跨国界的谈判。

书面谈判形式有利有弊。谈判形式利用的好坏，完全在于对各种谈判形式掌握得如何，应根据交易的需要和各种谈判形式的特点加以正确选择。在实际工作中，不要把两种谈判形式截然分开，可以把它们结合起来，取其所长，避其所短。在一般情况下适用书面谈判的交易，在特殊情况下也可以改用口头谈判。在实际工作中，既要正确选择又要灵活运用谈判形式。

值得注意的是，只要是通过谈判达成交易，无论是采取口头谈判，还是采取书面谈判，都必须签订书面合同。交易谈判的内容烦琐而复杂，每项内容都关系到双方的经济利益，把谈判的结果用书面合同反映出来，就会加强签约双方的责任心，促使双方按照合同办事。一旦出现问题，发生纠纷，也有据可查，便于公平合理处理问题，签订书面合同对口头谈判的作用显而易见，因为“口说无凭”，要“立据为证”。同样，书面谈判的成交也要以合同为证，虽然在书面谈判的过程中，也采用书面形式，但这只是反映谈判过程的情况，而不能表明成交的确立。

案例链接

某单位欲购进计算机500台，为产生批量效益，先打出求购100台的采购广告，商家纷纷而至。该单位将面谈的情况和网上查询的信息综合分析，得到一个重要的提示：近期内市场行情可能处于价格下滑期，延期采购可能更为有利，这就为进一步了解市场提供了时间保障。

接着，该单位采用电子商务业务，利用网络优势展开深入的市场调查，并将规模采购分为100、300、500台三个批量，要求供应商将各批量的优惠价格、供货时间、分期付款的承诺情况、保修期限等关键条款以电子邮件的形式传过来，从中选出三位供应商，再来单位面谈，最后以低于市场价15%的优惠价和两年内分三次等量等期付款的分期付款承诺签订了500台计算机的采购合同。

五、掌握商务谈判的过程

1. 谈判准备阶段

谈判准备阶段是指谈判正式开始以前的阶段，其主要任务是进行环境调查、搜集相关情报、选择谈判对象、制定谈判方案与计划、组织谈判人员、建立与对方的关系等。准备阶段是商务谈判重要的阶段之一，良好的谈判准备有助于增强谈判的实力，建立良好的关系，影响对方的期望，为谈判的进行和成功创造良好的条件。

2. 谈判开局阶段

谈判开局阶段是指谈判开始以后到实质性谈判开始之前的阶段，是谈判的前奏和铺垫。虽然这个阶段不长，但它在整个谈判过程中起着非常关键的作用，它为谈判奠定了一定的氛围和格局，影响和制约着以后谈判的进行。因为这是谈判双方的首次正式亮相和谈判实力的首次较量，直接关系到谈判的主动权。开局阶段的主要任务是建立良好的第一印象、创造合适的谈判气氛、谋求有利的谈判地位等。

3. 谈判摸底阶段

谈判摸底阶段是指实质性谈判开始后到报价之前的阶段。在这个阶段，谈判双方通常会交流各自谈判的意图和想法，试探对方的需求和虚实，协商谈判的具体议程，进行谈判情况的审核与倡议，并首次对双方无争议的问题达成一致，同时评估报价和讨价还价的形势，为其做好准备。摸底阶段，虽然不能直接决定谈判的结果，但是它却关系着双方对最关键问题（价格）谈判的成效；同时，在此过程中，双方通过互相的摸底，也在不断调整自己的谈判期望与策略。

4. 谈判磋商阶段

谈判磋商阶段是指一方报价以后至成交之前的阶段，是整个谈判的核心阶段，也是谈判中最艰难的，是谈判策略与技巧运用的集中体现，直接决定着谈判的结果。它包括报价、讨价、还价、要求、抗争、异议处理、压力与反压力、僵局处理、让步等诸多活动和任务。磋商阶段与摸底阶段往往不是截然分开的，而是相互交织在一起的，即双方如果在价格问题上暂时谈不拢，又会回到其他问题继续洽谈，再次进行摸底，直至最后攻克价格这个堡垒。

5. 谈判成交阶段

谈判成交阶段是指双方在主要交易条件基本达成一致以后，到协议签订完毕的阶段。成交阶段的开始，并不代表谈判双方的所有问题都已解决，而是指提出成交的时机已经到了。

实际上，这个阶段双方往往需要对价格及主要交易条件进行最后的谈判和确认，但是此时双方的利益分歧已经不大了，可以提出成交了。成交阶段的主要任务是对前期谈判进行总结回顾，进行最后的报价和让步，促使成交，拟定合同条款及对合同进行审核与签订等。

6. 协议后阶段

合同的签订代表着谈判告一段落，但并不意味着谈判活动的完结，谈判的真正目的不是签订合同，而是履行合同。因此，协议签订后的阶段也是谈判过程的重要组成部分。该阶段的主要任务是对谈判进行总结和资料管理，确保合同的履行与维护双方的关系。

| 同步练习 |

关于西瓜的谈判

一位法国人，他家有一片小农场，种的是西瓜。他的家里经常有人来电话，要订购他的西瓜，但是每一次都被他拒绝了。有一天，来了一位客人，是个小男孩，约有12岁，他说要订购西瓜，也被法国人回绝了。这时，这个小男孩却不走，法国人做什么，他都跟着。小男孩在法国人身边，专讲自己的故事，一直讲了近一个小时。站在瓜田里的法国人听完小男孩的故事，开口了："说够了吧？"他对小男孩说，"喏，那边那个大西瓜给你好了，一个法郎。""可是，我只有一毛钱"，小男孩说。"一毛钱？"那个法国人听了，便指着瓜田里的另一个西瓜说："那么，给你那边那个较小的绿色的瓜，好吧？"他一面说，一面对旁边站着的小男孩眨了眨眼睛。"好吧，我就要那一个"，男孩说，"请不要摘下来，我弟弟会来取。两个礼拜以后，由我弟弟来取货。先生，你知道，我只管采购，我弟弟负责运输和送货。我们各有各的责任。"

请根据上述案例划分商务谈判的各个阶段。

（资料来源：刘文广. 商务谈判［M］. 北京：高等教育出版社，2002）

任务结果

根据任务情境，进行谈判过程设计。小组讨论后，写下你的答案。

任务二

领悟商务谈判

任务情境

李鸣的手机是半年前用2999元买回来的，当时是最新款的RX，但现在市场上又刚推出了新款的RZ。虽说用的时间不长，但手机上还是有些刮痕了，为了卖出好价钱，李鸣特意花了15元钱买了一个非常好看的手机壳将手机给套上。

交易当天，李鸣特意将手机的原装盒子及所有配件带上，满心喜悦地去谈判了。

同学见面，李鸣拿出手机，

“这就是我要卖的手机，其实我真的很舍不得，当时为了买这个手机，我三个月都没吃早餐，不是因为要到外地读书，我都不想将它卖掉……”

同学拿着手机左右看看，李鸣接着说：“这手机我才用了半年，一直都用手机套套着，爱护得很好的！你看，连手机套都还是那么新！”

同学开口了：“那你卖多少钱？”

“我也不要多，买回来的时候是3399元的，我现在2699元卖吧！”

“不是吧！太贵了！不要以为我不知道啊！现在新的才卖这个价！”

“你不知道，我这里面有我另外买的一张64G内存卡啊。”

“那也不能跟新的一个价啊！”

李鸣正想再一次降价，但突然一想，说：“那你能出多少钱啊？”

“1500。”

“也真够狠的。”李鸣心想，并问道：“你喜欢RX什么呢？”

……

这场谈判应该怎么继续下去呢？李鸣怎么做才能既卖出好价钱，又让对方觉得赚了呢？

任务实施

商务谈判既要遵循谈判的基本原则，也要考虑谈判对手的心理和利益诉求。精明的谈判者要想取得优异的谈判成果，必须具备良好的心理素质，并且能根据对方的心理来施展谈判策略。谈判除了报价条件的磋商安排之外，还是谈判双方之间计策与心理的较量。只有抓住对方的心理和需求，巧妙加以诱导，才能使己方利益得到实现，也使对方感到满意，从而获得谈判成功。

一、掌握商务谈判的原则

1．平等互利原则

平等互利原则是商务谈判的一条重要原则，指谈判双方在法律地位上是对等的，在自愿合作的基础上建立商务谈判关系，并通过公平协商、平等交易来实现双方权利与义务的对等，做到互通有无，互惠互利。

【视频链接】
领悟商务谈判

谈判各方没有高低贵贱之分。在现代社会、经济条件下，交易双方不管是法人还是自然人，也不管经济实力的强与弱，在法律意义上都具有独立的资格，谈判双方的法律地位是平等的。同时，商品交换客观上要求自愿让渡。在商务谈判过程中，双方的观点、利益或行为方式等方面的分歧是客观存在的，存在的分歧只能通过平等协商来解决，不应该也不可能违背任何一方的意愿，将自己的意志强加给对方。

谈判各方需要都应给予满足。一场成功的商务谈判，每一方都必须通过谈判实现某些需要，否则，对方就没有理由参加，一旦一方退出，那么另一方也不会获得任何利益。如果一方带着彻底击败另一方的想法来参与谈判，那么就是在心理上没有做好谈判的准备。只要对方发现不能得到某些预期的利益时，就会停止谈判，或者得到的比给予的少得多，那么也会不愿意继续谈判。因此，参与谈判的各方都必须清醒地认识到，要在平等互利基础之上进行商务谈判，尽可能体现出各方的互利和互惠性。要用“双赢”的思想指导谈判，“大家好才是真的好”。如果谈判结果是“一赢一输”，那实则为双输。

| 案例链接 |

美国钢铁大王戴尔·卡耐基曾经有过这样一个谈判。有一段时间，他每个季度都有10天租用纽约一家饭店的舞厅举办系列讲座。后来在某个季度开始时，他突然接到这家饭店的一封要求提高租金的信，将租金提高了2倍。当时举办系列讲座的票已经印好了，并且已经都发出去了。卡耐基当然不愿意支付提高的那部分租金。几天后，他去见饭店经理。他说：“收到你的通知，我有些震惊。但是，我一点儿也不埋怨你们。如果我处在你们的位置，可能也会写一封类似的通知。作为一个饭店经理，你的责任是尽可能多为饭店谋取利益。如果不这样，你就可能被解雇。如果你提高租金，那么让我们拿一张纸写下将给你带来的好处和坏处。”接着，他在纸中间画了一条线，左边写“利”，右边写“弊”，在利的一边写下了“舞厅，供租用”。然后说：“如果，舞厅空置，那么可以出租供舞会或会议使用，这是非常有利的，因为这些活动给你带来的利润远比办系列讲座的收入多。如果我在一个季度中连续20个晚上占用你的舞厅，这意味着你失去一些非常有利可图的生意。”

“现在让我们考虑一个‘弊’。首先你并不能从我这里获得更多的收入，只会获得的更少，实际上你是在取消这笔收入，因为我付不起你要求的价，所以我只能被迫改在其他的地方办讲座。其次，对你来说，还有一‘弊’。这个讲座吸引了很多有知识、有文化的人来你的饭店。这对你来说是个很好的广告，是不是？实际上，你花了5000美元在报上登个广告也吸引不了比我讲座更多的人来这个饭店。这对于饭店来说是很有价值的。”

卡耐基把两项“弊”写了下来。然后交给经理说：“我希望你能仔细考虑一下，权衡一下利弊，然后告诉我你的决定。”第二天，卡耐基收到一封信，通知他租金只提高原来的1.5倍，而不是2倍。

2. 人事分开原则

所谓人事分开原则，就是在谈判中区分人与问题。把对谈判对手的态度与对讨论的问题区分开来，就事论事，不要因人误事。把关系与实质分开，以一种向前看的眼光，将双方的关系建立在正确认识、明朗的态度、适当的情绪上，即“对事不对人”或者“对人不对事”，这样才能实现双赢。

遵循这一原则时应该注意区分谈判者的两种利益：谈判双方都会有两种利益表现，一是能达成满足自身利益的协议，这是谈判的实质利益，也是谈判者进行谈判的直接动机；二是谋求谈判双方的合作关系，这是谈判的长远利益，因此，谈判时应注意短期利益和长期利益双结合。同时谈判者之间应做到互相信任，在谈判中，你对别人信任，别人才会给你更多的信任，才能建立起谈判的信任关系。

｜案例链接｜

一家日本的美资企业，工人由于不满工资待遇和工作环境而罢工。该企业的老板派代表去和工人谈判，最后达成一致。此后，工人自发地把因罢工而拖延的工作加班完成。当老板感到疑惑的时候有一个工人告诉他："我们罢工，是因为你没有认真对待我们的要求，但是这是我们的公司，我们爱我们的公司，尽管我们对你感到失望。"

3. 求同存异原则

谈判作为一种谋求一致而进行的协商活动，谈判双方一定存在利益上的一致与分歧，因此为了实现谈判的成功，谈判者应当遵循求大同存小异的原则。求大同是指谈判各方在总体上、原则上必须保持一致，摒弃细枝末节的分歧，从而使参与谈判的各方都感到满意，这是谈判的基础。存小异，就是谈判各方必须做出适当的让步，容许与自己的利益要求不一致的小异存在于谈判协议之中。

｜案例链接｜

苏格兰某轮胎公司为了加强产品的市场竞争力，希望将公司原来的每周4天工作制改为每周工作5天，但工会拒绝了。在漫长的对抗过程中，公司一再表明，如果工会不肯合作，公司将可能被迫关闭。显然，公司的决心已下，但是工会的决心更大，始终不肯做出任何让步。双方僵持了一段时间，公司只好宣布关闭，工人随之全部失业。

分析：公司与工会的谈判陷入僵局的主要原因在于双方只看到了分歧，却未看到可能带来的共同利益，也没有就共同利益即工人延长工作时间，公司应提高工人报酬的问题进行磋商，从而造成了双方都不愿意看到的、令人遗憾的结局。

4. 客观真诚原则

遵循客观真诚原则就是要服从事实讲道理。为了更好地做到真诚客观，应从事实出发，掌握一手资料。为了使谈判时本方有充足的依据，应全面搜集信息和材料。在争取各自利益时，要以事实为依据，讲出令人信服的理由。事实是不以人的意志为转移而客观存在的，具有客观性和直观性特点，在谈判过程中比数据、资料等更有说服力。

同时在承诺交易条件时，要守信用、重信誉，这是最基本的商业道德，也是谈判双方进行交往的最基本的情感基础。守信用即遵守自己在谈判中的承诺，是取信于对方的关键；信任对方，只有信任对方，才能获得对方的信任，这是取信于人的方法；不要轻易承诺，这是取信于人的保障。

｜案例链接｜

一次出口交易会上，某国的一位商人想向我国的某拖拉机厂订购一批农用拖拉机，但他不太相信该拖拉机厂的产品质量和销路。拖拉机厂的代表没有单纯地用一些枯燥的技术指标来说服他，而是拉家常式地问道："贵国的×××经理您熟悉吗?"客商说："熟悉，当然熟悉，我们都是做农用机械生意的，还合作过呢。"厂代表说："啊，那你为什么不向他了解一下呢？去年他从我们厂买了一大批拖拉机，可是赚了一大笔呢。"客商回到住处，立即通过国际长途电话验证了某些情况，第二天高兴地与拖拉机厂签订了订购合同。

|同步练习|

某友好国家工业贸易代表团来华谈判，该国大使先找到有关领导要求促成贸易合作。有关领导指示，在可能的前提下尽量与我方达成协议。对方要求向中国出口矿山设备，要价高且质量不及先进国家水平。中方代表很为难，如果答应，中方损失太大；如果当场拒绝，又怕影响两国关系。最后中方代表想出了办法，要求对方拿出一台矿山设备到我国北方严寒地区进行一定时间的实验。如果能在零下40℃条件下正常工作，我方可以留购，对方答应回去研究。两个月后，对方答复说，他们国家最低气温为零下7.2℃，要适应我国零下40℃的工作条件，技术上有困难。于是，对方放弃了向我国出口矿山设备的想法。

问题：

（1）这场谈判中体现出哪些谈判原则？

（2）你从这场谈判中得到什么启发？

5. 公平竞争原则

公平竞争原则就是主张通过竞争达成一致，通过竞争形式的合作达到互利，通过竞争从对方承诺获得自己尽可能多的利益。这种竞争是指合法的竞争、公平的竞争、道德的竞争。谈判中要解决利益矛盾，一定会提出许多方案，双方在提出方案时，机会是均等的，不能说一方条件优越就由这一方提供方案，或者一方实力强就独揽方案提供权。在方案选择时双方同样具有公平的机会，应尊重对方的选择，选出最优方案，最大限度地满足双方的要求。其次，协议的达成和履行是公平的，协议应充分体现对各方利益的兼顾。通过公平的竞争，使谈判利益的分割让各方感到公正与公平，只有这样的协议才能得到有效的执行。第三，在履行协议上，双方都具有公平的义务和责任，不是说某一方就可以自行决定某些做法，或者一方超越合约的权利。最后，公平竞争原则还要求竞争者的地位一律平等，相关标准的适用是公平的。

|案例链接|

某国曾经与墨西哥就天然气的买卖进行谈判。但该国谈判代表以强国自居，无视墨西哥谈判代表团的感受，单方面拟定合同，并在合同文本中，将墨西哥的需求置之度外。结果，墨西哥代表团感到受到侮辱而中断了谈判。不公平的谈判的结果必然是双方利益的损失。

二、商务谈判成功的标准

谈判有其价值评判标准，成功的谈判应该是双赢的。一般来讲，成功的谈判最少应该具有以下3个价值评判标准。

1. 目标实现标准

谈判的最终结果是否达到预期的目标，它是评价一场谈判是否成功的首要标准。

2. 效益标准

商务谈判要重视效益，不仅要节约谈判成本，重视谈判自身的效益，而且也要重视谈判项目的社会效益。首先，谈判是一种投资，需要花费时间、人力、费用，只有以最短的时间、最少的人力和资金投入，达到预期的谈判目标，才是高效的谈判。同时，谈判还应该充分考虑合作项目的社会效益，努力实现组织自身效益和社会效益的统一。例如，某一投资谈判进行得很顺利，但该项目将会给社会带来环境污染、资源的大量消耗等问题，显然，这一谈判会受到社会的抵制。将经济效益和社会效益统筹兼顾，是商务谈判工作者应着重考虑的原则。

| 案例链接 |

美国约翰逊公司的研究开发部经理，从一家有名的A公司购买了一台分析仪器，使用几个月后，一个价值2.95美元的零件坏了，约翰逊公司希望A公司免费调换一只。A公司却不同意，认为零件是因为约翰逊公司使用不当造成的，并特别召集了几名高级工程师来研究，寻找证据。双方为这件事争执了很长一段时间，几位高级工程师费了九牛二虎之力终于证明了责任在约翰逊公司一方，取得了谈判的胜利。但此后20年间，约翰逊公司再未从A公司买过一个零件，且告诫公司员工，今后无论采购什么物品，宁愿多花一点钱，多跑一些路，也不与A公司发生业务关系。

3. 人际关系标准

谈判是人与人之间的一种交流与沟通活动，不仅存在利益得失的对抗，也存在人际关系的加强和削弱。谈判的结果不只是体现在利益的分配等损益关系上，还体现在人际关系上。因此，在谈判中，谈判者既要争取实现其预定目标，还要重视改善和加强双方友好的合作关系。一般而言，成功的谈判应该是在实现预期目标的前提下，谈判所获收益与所费成本之比最大，并使双方的友好合作关系得到进一步的发展和加强。

| 案例链接 |

高先生的谈判是否成功?

美国华克公司承包了一项建筑工程，要在一个特定的日期前在费城建一座庞大的办公大厦。开始时计划进行得很顺利，不料在接近完工阶段，负责供应内部装饰用的铜器承包商突然宣布无法如期交货。这样一来，整个工程不仅要耽搁了，而且还要付巨额罚金。于是华克公司与铜器承包商长途电话不断，双方争论不休。一次次交涉都没有结果。华克公司只好派高先生前往纽约。高先生一进那位承包商的办公室，就微笑着说："你知道吗？在布洛克林巴，有你这个姓氏的人只有一个。哈！我一下火车就查阅电话簿想找到你的地址，结果巧极了，有你这个姓氏的人只有你一个。"听完这句话，承包商兴致勃勃地查阅起电话簿来。"我从来不知道，不错，这是一个很不平常的姓。"承包商很有些骄傲地说。"我这个家族从荷兰移居纽约，几乎有200年了。"他继续谈论他的家族及祖先。当他说完后，高先生就称赞他居然拥有这么大的一家工厂。承包商说："这是我花了一生的心血建立起来的事业，我为它感到骄傲，你愿不愿意到车间里参观一下？"高先生欣然前往，在参观时高先生一再称赞他的组织制度健全、机器设备新颖。这位承包商高兴极了，他称这里有一些机器还是他亲自发明的呢。高先生马上又向他请教：那些机器如何操作？工作效率如何？到了中午，承包商坚持邀请高先生吃饭，他说："到处都需要铜器，但很少有人对这一行像你这样感兴趣的。"（到此为止，你一定注意到高先生一次也没有提到此次访问的真正目的。）吃完午饭，承包商说："现在我们谈谈正事吧。虽然我知道你此次来的目的，但我没有想到我们的相会竟如此的愉快。你可以带着我的保证回费城去，我保证你们要的材料如期运到。我这样做会给另一笔生意带来损失，不过我认了。"高先生轻而易举地获得了他所急需的东西，那些材料及时运到，使大厦在契约到期的那一天完工了。

（资料来源：孙绍年．商务谈判理论与实务［M］．北京：清华大学出版社，2007）

案例分析

高先生与铜器承包商的谈判非常成功。从成功谈判的三个标准来衡量：达到目标，铜器承包商承诺材料如期运到；成本最优化，除了到达谈判地的交通费用外，高先生谈判几乎没花什么费用；人际关系良好，铜器承包商将高先生当作知己。

知识链接

商务谈判成功三要素

美国著名谈判大师荷伯·科恩提出商务谈判成功取决于时间、信息、权力三要素。

1．时间

所谓时间，是指谈判期限（即谈判时间的长短和延续性）以及谈判时效（即谈判时间利用的效果）。在商务谈判中，时间可以成为一种无形的压力。在时间的压力下，对手经常会做出他们不愿意的让步，也经常会出现不应该的错误。对于时间在谈判中的运用，以下几方面值得思考：

①大多数让步行为和决定都是在最后时限甚至超过最后时限才发生的，所以谈判者一定要有耐心，学着控制你自己对时间压力的紧张反应，保持镇静，等待最有利的时间再行动。

②在一个具有高冲突性的谈判中，最佳策略就是对他方绝不泄露你真正的最后期限。

③不管对手表现得如何沉着冷静，也是有限期制约的，甚至他们所表现在外的平静常常只是掩盖着内心极大的紧张和压力。在你面临最后期限时，情况也许会改变，从而得到一个创造性的结果。

2.信息

所谓信息，是指涉及对方谈判意图、谈判条件的信息。促成成功谈判的信息要素运用有两个方面，即信息的收集分析与发出。

(1)信息的收集分析是成功的基本保证，正所谓："知彼知己，百战不殆。"首先，信息的收集工作应长期进行，记住谈判的开始时间并非是我们与对方开始接触的那个时段，而是在此之前。其次，收集的面要广，除了收集对手的针对性信息外，还要更多地注意市场信息、竞争者信息、技术信息及政策信息等外部信息。最后，收集的途径要多，从公共信息到行业信息，从大众传媒途径到人际途径，以获取更全面的信息资料，甚至对方的商业机密。

(2)及时、主动、有意识地发出信息，一来可以影响甚至改变对方的既定方案，二来也能为自己营造一个有利的"信息环境"。信息发出的方式很多。除了一般性的，如提供有关资料，回答对方咨询，告诉最新的市场行情等内容以外，重要的还是在谈判过程中运用口头语言、肢体语言、表情语言，向对方施加信息影响力。

3.权力

所谓权力，简单讲就是控制、操纵对方的能力，即谈判一方所形成的针对谈判对手的一种威慑力。它可以产生一种心理压力，使其思维丧失周密性和机动性，从而受制于己方的调动与控制。在商务谈判中，可以拥有并利用的权力包括以下几种：

(1)选择性权力。所谓选择性权力，是指通过给谈判对手制造竞争者来为己方提供更多的选择余地，从而向谈判对手制造一种威慑力。制造选择权力的一个基本原则是：尽量增多己方的选择机会，同时，尽量减少谈判对手的选择机会；利用其竞争对手，适时地向谈判对手施加压力。

(2)习惯性权力。一般情况下，人们总是按照处事习惯对待各种所面临的现象：前面路上竖了一块牌子，上写"此路不通"，看到的人就自然会绕回去，而很少有人会去问个究竟；走到菜市场会懂得讨价还价，而进入高档超市，看到印刷精美、挂放齐整的标价牌，就好像中了魔法，不再问价，乖乖地按标价付款。这就是习惯使然，但这正是谈判中可以利用的权力。将自己打扮得漂漂亮亮，对方对你的敬意也许会更多一些；把报价表、样品册印刷得精美一些，对方就会更重视你的报价；事先准备印刷好的协议文本，对方很可能以你的文本为主形成最后的合同。

(3)合法性权利。谈判中的合法权利，是指符合法律规范和道德规范的权力。运用合法权利就是借助法律、道德为自己设置一道防护屏障，从而一方面防御谈判对手的攻击；另一方面借此向谈判对手施加压力。美国某公司欲在沙特阿拉伯拓展业务。在与沙特阿拉伯的一个石油公司谈判中，双方因某些细节问题陷入了僵局。美国公司打算拖延一下时间，以便能够制定出新的策略。然而，沙特阿拉伯的谈判代表却先发制人。他们对美国谈判代表说："我们马上就要进入斋月，在斋月中，公司不进行任何业务，这是我们的宗教习惯，希望美方代表能够谅解。”对于美方而言，如果该项业务停止一个月，则会造成相当大的损失，而且“夜长梦多，事久生变”，或许他们会失去这个合作伙伴，失去一个很好的进入中东石油市场的机会。基于这种考虑，美国公司主动向沙特阿拉伯方面做出了让步，终于使谈判在斋月开始前结束，双方达成了合作协议。谈判中，如果一方能够适时地运用合法权利，从而将对手置于一种“道德风险”（或法律风险）的处境，那么谋求谈判朝有利于己方的方向发展是可以实现的。

(4) 专业知识权力。专业知识权力是源于谈判主体的专业知识或谈判能力而形成的一种威慑力。当某人认为或相信你有着丰富的专业知识、熟练的技巧或较多的经验时，他们就会尊敬你，甚至以畏惧的态度对待你。制造专业权力优势，要注意以下两点：

①必须以一定的专业知识为基础，形成双方之间的知识落差，这就要求谈判人员有较好的专业素质。

②要善于抓住时机，适时向谈判对手显露自己的专业技能和优势；一旦抓住对手的技术漏洞，要穷追不舍，绝不轻易放过。这样，一方面，可以强化己方的专业权力；另一方面，可以为今后的讨价还价积累资本。

谈判中可以制造的权力优势绝不仅限于上述提及的几种。制造权力优势贯穿于整个谈判过程的始终，如果谈判者能够将其把握好，则可以从容控制对手，操纵谈判，并取得谈判成功。

三、商务谈判心理

作为一种特定条件下的人际交往活动，商务谈判自始至终都伴随着当事人各种各样的心理活动，这些心理活动又直接影响着谈判当事人的行为活动，对商务谈判的成功与否起着决定性作用。在商务谈判中，只要重视谈判者的心理活动，深入分析和发现他们的各种需要，掌握其相应的弱点，就可以争取到谈判中的有利条件。

1. 商务谈判心理

商务谈判心理是指在商务谈判活动中谈判者的各种心理活动。它是商务谈判者在谈判活动中对各种情况、条件等客观现实的主观能动的反映。例如，当谈判人员在商务谈判中第一次与谈判对手会晤时，对方彬彬有礼，态度诚恳，易于沟通，就会对对方有好的印象，对谈判取得成功抱有希望和信心。反之，如果谈判对手态度狂妄、盛气凌人，难以友好相处，谈判人员就会对其留下坏的印象，从而对谈判的顺利开展存在忧虑。

2. 商务谈判需要与动机

商务谈判需要是商务谈判行为的心理基础。商务谈判人员，必须抓住需要—动机—行为的这一联系去对商务谈判活动进行分析，从而准确地把握商务谈判活动的脉搏。需要引发动机，动机驱动行为。商务谈判人员在商务谈判中存在着一定的商务谈判需要。商务谈判需要是一种较为特殊的需要，它对商务谈判存在着决定性的影响，因此，必须加以重视。

（1）什么是商务谈判需要。商务谈判需要，是商务谈判客观需求在谈判人员头脑中的反映。商务谈判是为商务利益活动服务的，是为满足一定的商务需求（如经济利益追求，或经营安全追求）而开展的。商务谈判的这些客观需求会在谈判人员头脑中产生相应的意识反映，这些意识反映就是商务谈判需要。商务谈判需要是商务谈判行为的心理基础。

（2）商务谈判中的需要类型。用需要理论分析商务谈判，可以发现商务谈判中的需要具体有以下两类：一是谈判的需要，这类需要是产生谈判的直接动因和谈判所要达到的目的，是谈判的关系主体的需要。例如，某购销合同谈判的需要就是购买一定数量的商品。这类需要是在谈判中必须满足或基本应得到满足的，否则，谈判就不存在。二是谈判者的需要，这类需要是指谈判的行为主体的需要。尽管这种需要并不是谈判的动力和目的，但它却直接影响着谈判的进行和结果。这类需要主要包括谈判者生理、安全、社交、自尊和自我实现的需要。

（3）注意问题。将需要层次理论应用在商务谈判中，除了应努力发现商务谈判对手的关系主体需要和行为主体需要以外，还应当做好以下工作：

①满足谈判者的基本生理需要。对谈判者而言，如果最基本的、最起码的生理需要都得不到很好的解决，一边要进行谈判，一边还要考虑如何来解决午饭问题、晚上睡觉的地方，那么这个谈判结果可想而知，基本就无法进行下去。

②营造一个安全的谈判环境和氛围。这不仅包括谈判者的人身、财产安全，更重要的是包括谈判内容本身的风险情况，以及谈判项目的资金、投资等是否安全。

③建立起一种友好、信任、平等、融洽的谈判气氛。谈判的冲突不等于谈判者的冲突，谈判双方若建立相互信任、平等友好的关系就可能使他们联合起来共同面对不可避免的分歧，寻求解决的方法，为把冲突转化为满意结果打下良好的基础。

④使用谦和的语言态度满足谈判对手被尊重和自尊的需要。语言是通向心灵的一把钥匙，谈判中谦和的语言、相互尊重的态度都能满足对方被尊重的需要，同时也能为自己赢得尊重。

⑤对于谈判者的利益需求，在不影响满足自己需要的同时，也应尽可能地使之得到满足。

⑥综合看待谈判需要，整体分析谈判需要。在谈判中，如果无法满足谈判的某项条件，可以考虑通过满足其他需要给予弥补。

知识链接

如何发现谈判对手的需要

想要发现谈判对手的需要，可以从以下几个方面入手：

第一，在谈判的准备阶段要尽可能多地收集谈判对手的有关资料，诸如谈判对手的财力状况、性格特点、社会关系、目前状态等，这些是在谈判中发现需要、了解需要、满足需要的基础，也是谈判成功的条件。比如，你要向某人购买一批物品，而你事先知道这个人是非常重视交友的，那么，在谈判时你首先应与他建立起良好的信任和友谊。这样将使你的需要通过谈判取得更大的满足。

第二，在谈判过程中要多提一些问题，在对方讲话时要注意分析其中的内在含义，借此发现对方的潜在需要和真正需要。比如，当买主对产品犹豫不决时，卖主应提出一些诱导性、启发性问题，从中发现买主的真正需要，促成交易。“你愿意付多少钱？”“你对产品有什么不满意的地方？”“你是不是担心产品的质量？”等。再比如，谈判过程中对手不断抱怨头疼、休息不好，这就说明谈判者的生理需要没有得到较好地满足，在这种情况下，首先应设法满足对手的生理需要，然后再进行谈判。如果你没有注意到这一点，而一味地考虑谈判目的，那么谈判是不会取得圆满结果的。

第三，谈判过程中要善于察言观色，通过对方的形体语言发现需要。假设你想向你的老板提出一个合理化建议。在你开始解释时，你看到老板两眼盯着窗外的一根电线杆。你继续往下说，这时老板仰到椅背上，双手做出一个尖塔形姿势，他眯缝着眼睛从“尖塔”处向你看。你却视而不见还在往下讲，老板则开始用他左手的无名指敲打他的办公桌桌面。如果你是一个善于察言观色的人，此时通过老板的一系列形体动作暗示，就应该明白你所谈的内容不能满足老板的需要，应该进行必要的调整。相反，在你谈到某一点时，老板非常专心地注视着你，身体向前尽可能地倾向于你，这就说明你所讲的内容正是他所需要的。

第四，对于一些在谈判过程中无法了解到，但对谈判又非常重要的需要，可以采取私下的形式或其他的渠道获得。比如，与谈判对手一起吃饭时闲聊，与谈判对手的相关机构或人员进行交往、交涉。总之，在谈判进行中要通过一切可能、可行的方法和渠道，尽可能全面地了解谈判对手多方位、多层次的潜在需要，并想方设法给予满足。

（资料来源：张翠英. 商务谈判理论与实训［M］. 北京：首都经济贸易大学出版社，2008）

| 案例链接 |

售货员应该怎么做?

一天晚上，一对夫妻在浏览杂志时，看到一幅广告图片中当作背景的老式时钟把气氛衬托得十分幽雅。妻子说道：“这座钟是不是你见过最漂亮的一个？把它放在我们的过道或客厅当中，看起来一定不错吧?”丈夫回答：“的确不错！我也正想找个类似的钟挂在家里，不知道多少钱？广告上没有标明价格。”研究之后，他们决定要去古董店中找寻那座钟，并且商定假如找到那座钟，只能出500元以内的价格。经过3个月的搜寻，他们终于在一家古董展示会场的橱窗里看到那座钟，妻子兴奋地叫起来：“就是这座钟！没错，就是这座钟!”丈夫说：“记住，我们绝不能超出500 元的预算。”他们走近那个展示摊位。“哦喔!”妻子说道，“时钟上的标价是750元，我们还是回家算了，我们说过只有500元的预算，记得吗?”“我记得”，丈夫说，“不过我们还是试一试吧，我们已经找了那么久，不差这一下了。”他们私下商谈，指定丈夫作为谈判者。丈夫鼓起勇气，对那座钟的售货员说：“我注意到你们有座钟要卖，我知道定价就贴在钟座上，而且蒙了不少灰尘，显得这座钟有些旧了。”丈夫紧接着又说：“告诉你我的打算吧，我给你出个价，只出一次价买那座钟，就这么说定。我想你可能会吓一跳，你准备好了吗?”他停了一下以增加效果，“你听着——250元。”那座钟的售货员连眼也不眨一下，说道：“卖了，那钟是你的了。”

那个丈夫的第一个反应是什么？得意扬扬？“我真是棒透了，不但获得了优惠，而且又得到了我要的东西。”不！绝不！他最初的反应必然是：“我真蠢！我该对那家伙出价150元才对!”你也知道他的第二个反应：“这座钟怎么这么便宜？一定是有什么问题!”夫妻俩把钟挂在家里的客厅中。那座钟看起来非常美丽，而且似乎也没什么毛病，但是他和妻子却始终感到不安。那晚他们安歇之后，半夜曾三度起来。为什么？因为他们断定没有听到时钟的声响，这座老式时钟成了他们的心病。

（资料来源：高建军，卞纪兰. 商务谈判实务［M］. 北京：北京航空航天大学出版社，2007）

案例分析

这对夫妻以超乎想象的低价格轻易购得心仪已久的老式时钟，没有欣喜庆幸，而是感到惶惑不安，后悔不迭。其关键问题在于售货员没有把握顾客寻求购买安全的心理，并针对性地给予满足。售货员正确的做法应是夸赞这对夫妻的眼力，并展示时钟的技术资料及商家对其质量的保证承诺，经过反复讨价还价最终将该时钟售给该夫妇。

任务结果

根据任务情境，对谈判对白进行继续设计。先写下自己的答案，然后进行小组讨论，再以小组为单位进行谈判模拟。

巩固练习

一、单选题

1. 谈判产生需要的基本条件是（　　）。

A. 产生需求并希望得到满足，同时这种需求还无法自我满足

B. 知道并愿意为需求的满足付出代价

C. 谈判的对方同时存在上述两个问题

D. 满足A或B一个即可

2. “一方所得必使另一方所失”这是典型的（　　）谈判。

A. 合作型　　B. 双赢　　C. 竞争型　　D. 原则式

3. 下列商务谈判方式中，应用最广泛、最普遍、最经常的谈判方式是哪一种（　　）。

A. 面对面谈判　　B. 电话谈判　　C. 函电谈判　　D. 网上谈判

4. 在进行商务谈判时，下列（　　）是第一位的。

A. 利益　　B. 策略　　C. 诚信　　D. 合法

5. 商务谈判追求的主要目的是（　　）。

A. 让对方接受自己的观点　　B. 让对方接受自己的行为

C. 平等的谈判结果　　D. 互惠的经济利益

二、多选题

1. 商务谈判的基本要素包括（　　）。

A. 商务谈判主体　　B. 商务谈判客体

C. 商务谈判目标　　D. 商务谈判方法

2. 商务谈判原则遵循（　　）。

A. 合法原则　　B. 双赢原则

C. 诚实守信原则　　D. 最低目标利益原则

3. 按双方所采取的态度与方针来划分，可以将商务谈判分成以下（　　）类型。

A. 客场谈判　　B. 立场型谈判

C. 让步型谈判　　D. 原则型谈判

E. 主场谈判

4. 商务谈判必须贯彻的原则是（　　）。

A. 将人与问题分开　　B. 集中于利益而非立场

C. 构思彼此有利的方案　　D. 坚持客观标准

E. 集中于立场而非利益

5. 商务谈判需要包括（　　）。

A. 谈判需要　　B. 谈判者需要　　C. 谈判心理　　D. 谈判动机

三、判断题

（　　）1. 谈判双方在立场上关注越多，就越能注意调和双方利益，也就越可能达成协议。

（　　）2. 谈判行为主体既可以是组织或企业，也可以是自然人。

（　　）3. “双赢”谈判是把谈判当作一个合作的过程，能和对手像伙伴一样，共同去找到满足双方需要的方案，使费用更合理、风险更小。

四、简答题

1. 商务谈判的特点有哪些？

2. 商务谈判的基本原则是什么？

3. 评价谈判成功与否的标志有哪三个？

五、实践训练

对话企业谈判实战专家

背景资料：

谈判是与对方短兵相接、博弈竞争的商务活动。来自一线谈判专家鲜活的谈判实例、他们对于谈判的独特理解和感悟，以及他们的谈判实战经验与技巧，将使谈判的初学者对谈判有更真切的感受和更深入的理解。请以当地支柱产业中的知名企业为对象，进行面对面访谈。

任务要求：

1. 学生以小组为单位，自行联系学校所在地较知名企业的谈判专家（如销售主管、营销总监等）。

2. 请谈判专家讲述其谈判的经历和感悟。

3. 请谈判专家与学生互动交流。

4. 学生将谈判专家的谈判过程记录下来。

项目二

服装 C2B 购销谈判

知识目标

- 了解商务谈判中报价的含义、报价应考虑的因素、报价策略、报价原则、报价方式等与报价有关的基本知识
- 熟练掌握和运用商务谈判中的报价方法、技巧和策略
- 熟悉掌握价格解释和评论的含义和应遵循的原则

能力目标

- 能够在价格谈判时做出合理的价格评论和价格解释
- 能够合理做出报价
- 初步具备灵活选择各种讨价还价方式的能力

教学建议

- 建议课内4学时，课外2学时。课内教学可在普通多媒体教室内或实训室进行
- 建议分组教学，组内学生分别代表买卖双方进行讨价还价的训练

情境导入

李鸣在大学的生活学习正式开始之后，发现周边的同学穿着都很时尚，而且经过打听之后发现这些时尚衣服性价比都挺高的，李鸣刚上大学，手里还有家人和亲戚朋友给的“奖励”，并且知道东莞是服装制造名城，经过一番考虑，决定买几套时尚衣服打扮一下自己。经朋友介绍，他去到虎门服装城，开启购买时尚衣服之旅。在逛市场的过程中，发现一套时尚休闲服饰，他走进了店里，准备和老板谈谈……

实施方法

消费者在购买服装过程中，会对其适用性、价格和款式等考虑的比较仔细，并且经常会货比三家。本项目的内容是针对个人向商家购买服装的购销谈判，主要任务是要会询价、了解报价的各项影响因素和策略、对价格进行解释和评论、讨价还价策略等，所以服装C2B购销谈判的主要谈判程序如下图所示。

询价

↓

报价

↓

价格解释与评论

↓

讨价还价

根据购销谈判工作过程活动顺序和职业教育学习规律，“服装C2B购销谈判”工作可以分解成以下工作任务。

任务一　询价与报价

↓

任务二　价格解释与评论

↓

任务三　讨价还价

任务一
询价与报价

任务情境

李鸣来到虎门，感觉虎门确实是名不虚传，热闹非凡，放眼看去都是衣服！衣服！衣服！真可谓是眼花缭乱，李鸣逛了半天，都还没买到心头好。突然，他看见眼前的一家“新人类”服饰店，里面的衣服全都是自己喜欢的文艺风格，于是他走了进去。

老板热情接待，李鸣看了三四套衣服，经过仔细挑选和试穿，看中了其中的一套，于是决定购买此套衣服。但当他拿起衣服的吊牌一看，被吓了一跳！衣服的吊牌价是260元，裤子的吊牌价是380元。李鸣心想：不是东莞虎门的衣服既质优又便宜的吗？怎么这么贵！我一学生怎么能消费得起？走吧，又不甘心空手而归；不走，价格又似乎太高了。李鸣陷入了沉默，这时李鸣应该怎么办呢？

任务实施

罗杰·道森曾言：谈判在人们的现实生活中可以说是无处不在，它不仅是危机处理的艺术，实际上，任何时候当需要跟另外一个人面对面严肃地讨论一件重要的事项时，你就是在谈判了。你如果不懂得谈判，你就无法开创一个双赢的局面。李鸣所遇到的情况正是要与老板面对面严肃地讨论价格问题。不谈一谈，怎么知道就不能以相宜的价钱买到衣服呢？

对于李鸣先是要打破沉默，主动询价，吊牌价不一定就是售价，其次，在报价环节要了解报价的相关知识，这样可以为后面的购销谈判打下基础。比如知道对方报价一般要考虑哪些因素、对方一般用什么方法、什么策略报价，所以李鸣在这项任务中要了解上述内容，以更好地为后面的价格评论打下基础。

个人购销谈判的核心问题是价格磋商，磋商阶段是指谈判开始后到结束之前，各方就实质性事项进行洽谈的过程，本任务谈判人员主要的工作为询价、报价、价格解释、价格评论、讨价还价。

一、明确询价及报价含义

询价即是买方向卖方询问商品价格，或者同行竞争对手之间互相打听相关产品在市场上的价格，目的是从询价中获得最准确的价格信息，以便在报价过程中对所购买的商品做出及时、正确的定价，从而保证准确控制投资额、节省资金、降低成本。

在询价后，谈判双方就有关交易内容的讨论，即开始报价。广义的报价泛指谈判的一方对另一方提出的所有要求，包括商品的数量、质量、包装、价格、装运、保险、支付、商检、索赔、仲裁等交易条件；狭义的报价指谈判一方向另一方报出商品的交易价格，这里讨论的报价指狭义的报价。

二、知道影响报价的因素

影响报价的因素主要体现在以下几个方面。

1. 市场行情

市场行情是指该谈判标的物在市场上的一般价格及波动范围。市场行情是市场供求状况的反映，直接影响商品的价格，是报价的主要依据。谈判者必须掌握市场的供求状况、商品价格水平及变化趋势，使谈判的报价符合市场行情。

2. 产品成本

产品成本是指单位产品的生产成本、管理及营销费用决定的最低价格。从长远看，任何产品的价格都必须高于成本费用，只有这样，才能以收入来抵偿生产成本和经营费用，否则企业将无法持续经营。

3. 谈判者需求

谈判者对产品的需求取向及需求迫切程度不同，他们对价格的接受度也不相同。面料质地一般、款式新颖、价格较高的时装，追求时尚的年轻人可以接受，而讲求实惠的老年人则不能接受。同样的商品，急需的人较少考虑价格，而非急需的人则斤斤计较。

4. 产品技术含量

产品的技术含量越高，该产品的成本估算就越困难。同时，可以参照的同类产品也较少，价格的伸缩性也就较大。

5. 附带条件和服务

谈判标的物附带的条件和服务，如质量保证、提前交货、安装调试、免费维修、供应配件等，能为客户带来安全感和许多实际利益，人们往往愿意“多花钱，买放心”“多花钱，买便利”，为此支付费用。

6. 产品和企业的声誉

产品和企业的声誉对价格有重要影响。人们对优质名牌产品的价格，或对声誉卓著的企业的报价，往往有信任感。因此，人们宁肯出高价买优质名品，也不愿意与轻合同、不守信誉的企业打交道。

7. 交易性质

大宗交易或“一揽子”交易要比小笔生意或单一买卖更能减少价格在谈判中的阻力。在大宗交易中，万元的价格差额可能算不了什么；而在小笔生意中，蝇头小利也会锱铢必较。

在“一揽子”交易中，货物质量不等，价格贵贱不同，交易者往往不会精确计算价格。

8．支付方式

商务谈判中，货款的支付方式是现金结算，还是使用支票、信用卡结算，或以产品抵偿；是一次性付款，还是分期付款或延期付款等，这些都对价格有重要影响。

9．交货期

交货期如在商品销售旺季，成交价会高一些；若在销售淡季，成交价则会较低。一般而言，交货期越短，成交价相对越高；交货期越长，成交价相对越低。

10．竞争者报价

竞争者的报价对谈判报价的影响很直接。为争取谈判成功，应参照竞争对手的报价及交易条件确定己方报价，否则就会陷入被动。当然，除此之外，还有很多影响价格的因素，如是否包含包装费用、运输费用、保险费用；国家政策；对方的谈判能力；合作预期等，这就需要谈判人员根据具体情况具体分析了。

三、遵循报价原则

1．开盘价要“最”

【视频链接】
报价及报价原则

对卖方来讲，开盘价必须是“最高的”，相应地，对买方来讲，开盘价必须是“最低的”，这是报价的首要原则。首先，若我们为卖方，开盘价为我方的要价确定了一个最高限度。一般来讲，除特殊情况外，开盘价一经报出，就不能再提高了。最终双方成交的价格肯定是在此开盘价格以下。若我们为买方，开盘价为我方的要价确定了一个最低限度。一般来讲，没有特殊情况，开盘价也是不能再降低的，最终双方成交的价格肯定在此开盘价格之上。其次，从人们的观念上来看，“一分钱、一分货”是多数人信奉的观点。因此，开盘价较高，会影响对方对我方提供的商品或劳务的印象和评价。再次，开盘价较高，能够为以后的讨价还价留下充分的回旋余地，使本方在谈判中更富有弹性，便于掌握成交时机。第四，开盘价的高低往往对最终成交水平具有实质性的影响，即开盘价高，最终成交价的水平也就比较高；开盘价低，最终成交价的水平也相应地比较低。

2．开盘价必须合情合理

开盘价要报得高一些，但绝不是指要漫天要价。恰恰相反，高的同时必须合乎情理，能够讲得通。如果报价过高，又讲不出道理，对方必然会认为你缺少诚意，或者被逼无奈而中止谈判；或者相对地“漫天要价”；或者提出质疑，而我们又无法解释，其结果只好是被迫无条件地让步。在这种情况下，有时即使你已将交易条件降低到较公平合理的水平上，对方仍会认为尚有“水分”可挤，因而还是穷追不舍。可见，开盘价脱离现实，便会自找麻烦。

【视频链接】
开盘价要合乎情理

3. 报价应该坚定、明确、完整，且不加任何解释和说明

报价态度要坚决、果断，语气要坚定不移，表达必须十分肯定、干脆，就好像没有任何商量的余地一样。如果用“大致”“据说”“大概”“可能”“应该是”“估计”这些含糊其辞的语言，对方就会感到报价不实，认为报价方对报价都没什么信心，报价就是不堪一击的。

只有坚决果断，这样才能让对方觉得诚实、认真，才能显示出你的自信心。任何欲言又止，吞吞吐吐的行为，必然会导致对方的不良感受，甚至会产生不信任感。所以，报价要明朗，以便对方准确了解你的期望。

4. 开盘报价要明确、清晰而完整，以便对方能够准确地了解我方的期望

报价时不要对本方所报价格作过多的解释、说明和辩解，因为对方不管我方报价的水分多少都会提出质疑。如是在对方还没有提出问题之前，便主动加以说明，会提醒对方意识到我方最关心的问题，而这种问题有可能是对方尚未考虑过的问题。因此，有时过多地说明和解释，会使对方从中找出破绽或突破口，猛烈地反击，甚至会使我们十分难堪，无法收场。

知识链接

罗杰·道森在《优势谈判》一书中这样说：谈判开始之后，买卖双方都会争取让对方首先报价。由于必须有一方首先打破僵局，所以卖方可能会首先报出 200 万美元最高的价格（这也是他们的价格范围上限）。他们也知道，价格有些过于离谱，他们甚至没有足够的勇气报出这个价格，而且他们相信，这个价格很可能会引来一片嘲笑。可让他们感到吃惊的是，买方似乎并没有感到震惊。照卖方本来的想法，买方一定会说：“你说什么？你肯定是疯了。”可事实上，他们的反应并没有那么强烈，他们可能只是说：“恐怕我们无法接受这样的价格。”瞬息之间，整个谈判的基调发生了变化。就在几分钟之前，200 万美元的价格还显得那么遥不可及，可转眼之间，卖方发现这个目标也并非完全不可能实现。于是他们开始想：“或许我应坚持一下，说不定我们真的可以得到 200 万。”

所以学会感到意外是非常重要的，因为有大多数人都相信“耳听为虚，眼见为实”。对于大多数人来说，眼睛看到的东西要远比耳朵听到的更有说服力。在所有谈判对象当中，至少有 70% 只相信自己的眼睛。所以，

◆ 对方提出报价之后，一定要做出一副感到意外的样子。记住，他们并没有指望你会接受他们的第一次报价；但如果你并没有感到意外，对方会觉得你完全有可能接受他们的条件。

◆ 在你表示有些意外之后，对方通常会做出一些让步。如果你不表示意外，对方通常就会变得更加强硬。

◆ 假设对方只相信他所看到的，除非你还有其他方式可以影响他。

◆ 即便不是在与对方面对面地谈判，你仍然可以让他感觉到你的震惊，比如说在电话中表示惊讶往往也会收到同样的效果。

四、了解报价方式

1．书面报价

书面报价通常是指谈判一方事先提供了较详尽的文字材料、数据和图表等，将本企业愿意承担的义务，以书面形式表达清楚，使对方有时间针对报价作充分的准备，使谈判进程更为紧凑。但书面形式在客观上易成为该企业承担责任的记录，限制了企业在谈判后期的让步和变化。况且文字形式缺少口头表达的“热情”，在翻译成另外一种文字时，精细的内容不易翻译。因此，对实力强大的谈判者，书面报价是有利的；双方实力相当时，也可使用书面报价；对实力较弱的对手则不宜采用书面报价。

2．口头报价

口头报价具有很大的灵活性，谈判者可以根据谈判的进程来调整、变更自己的谈判战术，先磋商，后承担义务，没有义务约束感。

但一些复杂的要求，如统计数字、计划图表等，难以用口头阐述清楚。另外，如果对方事先对情况一无所知，他可能一开始并不急于展开谈判，直到他了解了基本情况才进行谈判，从而影响谈判进度。

五、理解报价策略

1．报价时机策略

价格谈判中，报价时机是一个策略性很强的问题。有时，卖方的报价比较合理，但并没有使买方产生交易欲望，原因往往是此时买方正在关注商品的使用价值。所以，价格谈判中，应当首先让对方充分了解商品的使用价值和为对方带来的实际利益，待对方对此发生兴趣后再来谈价格问题。经验表明，提出报价的最佳时机，一般是对方询问价格时，因为这说明对方已对商品产生了交易欲望，此时报价往往水到渠成。

有时，在谈判开始的时候对方就询问价格，这时最好的策略应当是充耳不闻。因为此时对方对商品或项目尚缺乏真正的兴趣，过早报价会徒增谈判的阻力。应当首先谈该商品或项目能为交易者带来的好处和利益，待对方的交易欲望已被调动起来再报价。当然，对方坚持即时报价，也不能故意拖延，否则，就会使对方感到不尊重甚至反感，此时应善于采取建设性的态度，把价格同对方可获得的好处和利益联系起来。

（1）先报价的利与弊。先报价的有利之处在于：一方面，先报价对谈判的影响较大，它实际上等于为谈判划定了一个框架和基准线，最终协议将在这个范围内达成。比如，卖方报价某种计算机每台FOB1000美元，那么经过双方磋商之后，最终成交价格一定不会超过1000美元这个界线的。另一方面，先报价如果出乎对方的预料和设想，往往会打乱对方的原有部署，甚至动摇对方原来的期望值，使其失去信心。比如，卖方首先报价某货物FOB1000美元一吨，而买方心里却只能承受400美元一吨，这与卖方报价相差甚远，即使经过进一步磋商也很难达成协议，因此，只好改变原来部署，要么提价，要么告吹。总之，先报价在整个谈判中都会持续地起作用，因此，先报价比后报价的影响要大得多。

先报价的弊端在于一方面：对方听了我方的报价后，可以对他们原有的想法进行最后的调整。由于我方的先报价，对方对我方的交易条件的起点有所了解，他们就可以修改原先准备的报价，获得本来得不到的好处。正如上边所举的例子，卖方报价每台计算机F0B1000美元，而买方原来准备的报价可能为1100美元一台。这种情况下，很显然，在卖方报价以后，买方马上就会修改其原来准备的报价，于是其报价肯定会低于1000美元。那么对于买方来讲，后报价至少可以使他获得100美元的好处。另一方面，先报价后，对方还会试图在磋商过程中迫使我方按照他们的路子谈下去。其最常用的做法是：采取一切手段，集中力量攻击我方的报价，逼迫我方一步一步地降价，而并不透露他们究竟肯出多高的报价。

（2）何时先报价利大于弊。一般来讲，我们要通过分析双方谈判力的对比情况来决定何时先报价。

如果己方的谈判力强于对方，或者与对方相比，在谈判中处于相对有利的地位，那么己方先报价就是有利的。尤其是当对方对交易的行情不太熟悉的情况下，先报价的利益更大。因为这样可为谈判先划定一个基准线，同时，由于本方了解行情，还会适当掌握成交的条件，对己方无疑是利大于弊。

如果通过调查研究，估计到双方的谈判力相当，谈判过程中一定会竞争得十分激烈，那么，同样应该先报价，以便争取更大的影响。

如果己方谈判力明显弱于对方，特别是缺乏谈判经验的情况下，应该让对方先报价，因为这样做可以通过对方的报价来观察对方，同时也可以扩大自己的思路和视野，然后再确定应对己方的报价做哪些相应的调整。

以上仅就一般情况而言。有些国际及国内业务的谈判，谁先报价几乎已有惯例可以遵循。比如货物买卖业务的谈判，多半是由卖方首先报价，然后买方还价，经过几轮磋商后再告成交。相反，由买方先出价的情况几乎是不存在的。

2. 报价差别策略

同一商品，因客户性质、购买数量、需求急缓、交易时间、交货地点、支付方式等方面的不同，会形成不同的购销价格。这种价格差别，体现了商品交易中的市场需求导向，在报价策略中应重视运用。例如，对老客户或大批量需求的客户，为巩固良好的客户关系或建立起稳定的交易联系，可适当实行价格折扣；对新客户，有时为开拓新市场，亦可给予适当让价；对某些需求弹性较小的商品，可适当实行高价策略；对方“等米下锅”，价格则不宜下降；旺季较淡季，价格自然较高；交货地点较远程或区位优越者，应有适当加价；支付方式，一次付款较分期付款或延期付款，价格须给予优惠等。

3. 报价对比策略

价格谈判中，使用报价对比策略，往往可以增强报价的可信度和说服力，一般有很好的效果。报价对比可以从多方面进行。例如，将本企业商品的价格与另一可比商品的价格进行对比，以突出相同使用价值的不同价格；将本企业商品及其附加各种利益后的价格与可比商品不附加各种利益的价格进行对比，以突出不同使用价值的不同价格；将本企业商品的价格与竞争者同一商品的价格进行对比，以突出相同商品的不同价格等。

4. 报价分割策略

这种报价策略，主要是为了迎合买方的求廉心理，将商品的计量单位细分化，然后按照最小的计量单位报价。采用这种报价策略，能使买方对商品价格产生心理上的便宜感，容易为买方所接受。

任务结果

根据任务情境，假如你是买家，将如何询价和报价；假如你是卖家，你又将如何报价？以小组为单位进行情景模拟。

任务二

价格解释与评论

任务情境

李鸣询问衣服的价格后，老板报出了该套衣服的价格："整套买，算个优惠价，480元！"此时，李鸣又陷入了沉思：480元，虽然比吊牌价便宜了不少，但是还是贵啊！我就只有300多元在身上，最多也只能给出250元，这怎么谈啊？

任务实施

李鸣在购买衣服过程中，老板报出了"优惠价"，然而这个"优惠价"却与李鸣的"最高价"有较大的差距，如果直接还价"200元"或更低，谈成的机会感觉不大。

在谈判中，如果对方报价之后，价格差距较大，无须急于还价，可以让对方先做出价格解释，以便更好地理解卖方解释是否合理，或者对方所说理由能否成立，并且对对方的价格解释做出评论，为后面的讨价还价奠定基础。因此李鸣要了解什么是价格解释、价格解释对买卖双方的作用、在价格解释过程中一般要遵循哪些原则、如何做价格评论等。

一、了解价格解释的含义内容

价格解释是指卖方就其商品特点及其报价的价值基础、行情依据、计算方式等所做的介绍、说明或解答。

价格解释的内容应根据具体交易项目确定。如：对货物买卖价格的解释，对技术许可费、技术资料费、技术服务费等的解释，对工程承包中的料价和工价的解释，对"三来"加工中加工费的解释等。同时，价格解释的内容应该层次清楚，最好按照报价内容的次序逐一进行解释为宜。

①对货物价格的解释，如，以货币汇率变化为由进行调价的解释：

$P_t=P_0(a+bT_t/T_0)$。P_0为签约时价格，P_t为支付时价格，T_0为签约时汇率，T_t 为支付时汇率，a为不变因素所占的比率，b为汇率变化因素在调价中占的比率。

②技术费的解释，如，销售提成入门费。

③技术服务费的解释，如，教师人数×时间×教师单日费用。

④技术资料费的解释。如，以纸张页数计工本费等。

二、理解价格解释的作用

价格解释对于卖方和买方都有重要作用。从卖方来看，可以利用价格解释，充分表明所报价格的真实性、合理性，增强其说服力，软化买方的要求，以迫使买方接受报价或缩小买方讨价的期望值；从买方来看，可以通过价格解释，了解卖方报价的实质和可信程度，掌握卖方的薄弱之处，估量讨价还价的余地，进而确定价格评论应针对的要害。

三、把握价格解释的原则

价格解释的原则是有理、有利、有节。具体做法是：

（1）有问必答。报价后，对买方提出的疑点和问题，须有问必答，并坦诚、肯定，不可躲躲闪闪、吞吞吐吐。否则，会给人以不实之感，授人以压价的把柄。为此，卖方应在报价前，充分掌握各种相关资料、信息，并对买方可能提出的问题进行周密的分析、研究和准备，以通过价格解释表明报价的真实、可信。

（2）不问不答。不问不答是指买方未问到的问题，一般不必回答，以免言多语失、“此地无银”，让买方看轻自己，削弱自己在价格谈判中的地位。

（3）避实就虚。价格解释中，应多强调自己货物、技术、服务等的特点，多谈一些好讲的问题、不成问题的问题。若买方提出某些不好讲的问题，应尽量避其要害或转移视线，有的问题也可采取“拖”的办法：先诚恳记下买方的问题，承诺过几天给予答复，过几天人家不找就算了，找来再变通解答。

（4）能言勿书。价格解释，能用口头解释的，不用文字写；实在要写的，写在黑板上；非要落到纸上的，宜粗不宜细。这样，会有再解释、修改、否定的退路，从而总可处于主动。否则，白纸黑字，具体详尽，想再解释、更改，就很被动。

价格解释中，作为买方，其应对策略应当是：善于提问。即不论卖方怎样闪烁其词，也要善于提出各种问题，或单刀直入，或迂回侧击，设法把问题引导到卖方有意躲避或买方最为关心之处，迫使卖方解答，以达到买方的目的。

四、懂得价格评论

价格评论是指对交易一方所报价格及其解释的评析和论述。

价格评论对于谈判双方而言都有很大的影响，从接受报价方来看，可针对报价方价格解释中的不实之处，指出其报价的不合理之处，从而在讨价还价之前先压一压“虚头”、挤一挤“水分”，为之后的价格谈判创造有利条件；从报价方来看，其实是对报价及其解释的反馈，便于了解对方的需求、交易欲望，以及最关切的问题。

价格评论的原则是针锋相对，以理服人。具体主要包括以下技巧：

（1）既要猛烈，又要掌握节奏。猛烈，指准中求狠，即切中要害、猛烈攻击、着力渲染，报价方不承诺降价，买方就不松口。掌握节奏，就是评论时不要像“竹筒倒豆子”，一下子把所有问题都摆出来，而是要一个问题一个问题地发问、评论，把报价方一步一步地逼向被动，使其不调价就下不了台。

（2）重在说理，以理服人。对于对方的价格评论，报价方往往会以种种理由辩解，而不会轻易就范认输。因为，认输就意味着必须降价（提价），并有损自己的声誉。所以，己方必须以“价格分析材料”“报价方解释中的漏洞”等为依据，充分说理，以理服人。同时，既然是说理，评论中虽攻击猛烈，但态度、语气切忌粗暴，而应心平气和。只有在报价方死不认账，“无理搅三分”时，方可以严厉的口吻对其施加压力。

（3）既要自由发言，又要严密组织。在价格谈判中，一方参加谈判的人员虽然都可以针对对方的报价及解释发表意见，加以评论，但是，鉴于对方也在窥测己方的意图，摸己方的“底牌”，所以，绝不能每个人想怎么评论就怎么评论，而是要事先精心谋划，然后在主谈人的暗示下，其他人员适时、适度发言。这样，既显示出己方内部立场的一致，向报价方施加心理压力，又不给对方可乘之机。

（4）评论中再侦察，侦察后再评论。交易一方进行价格评论时，报价方以进一步的解释予以辩解，这是正常的现象。对此，不仅应当允许并注意倾听，而且还应善于启发，以便侦察反应。实际上，谈判需要舌头，也需要耳朵。通过报价方的辩解，可以了解更多的情况，便于调整进一步评论的方向和策略。如果又抓到了新的问题，则可使评论逐步向纵深发展，从而有利于赢得价格谈判的最终胜利。否则，不耐心听取报价方的辩解，往往之后的进一步评论就会缺乏针对性，搞不好还会转来转去就是那么几句话，反而使谈判陷入了“烂泥潭”。

知识链接

价格评论中，作为报价方，应对策略应当是：沉着解答。不论对方如何评论、怎样提问，甚至发难，也要保持沉着，始终以有理、有利、有节为原则，并注意运用答问技巧，不乱方寸。“智者千虑，必有一失”，对于对方抓住的明显矛盾之处，也不能“死要面子”，适当表现出“高姿态”，会显示交易诚意，化解冲突。

任务结果

请根据任务情境，小组进行价格解释及价格评论的对话设计并进行小组模拟。

任务三
讨价还价

任务情境

李鸣在听取了老板对服装的价格解释之后，认为此套衣服在材料上并无特别之处，款式也比较小众，肯定不是市场热销爆款，且自他进入这家店看衣服的20多分钟时间里就没有其他人进来过，因此，价格的商量应该还有较大空间。李鸣调整了自己的期望价格，希望能够用180元买到这套衣服，而这与老板的“优惠价”480元有300元的差距，究竟李鸣应该如何与老板进行谈判才能用相宜的价格买到自己喜欢的衣服呢？有什么讨价还价的策略可供李鸣选择呢？

任务实施

针对上述情况，李鸣听取了老板的价格解释之后，双方的利益差距在李鸣心中已经非常清晰。面对利益的差距，要么一方妥协，要么双方都做出让步，双方正式进入讨价还价阶段。而对于谈判者来说，很少会主动让步，因此，必须掌握一些讨价还价的技巧，以获得更有利的谈判力量。在此任务中谈判人员的主要工作是了解讨价还价的含义，知道不同阶段的讨价应对策略，懂得还价前的筹划和还价的策略。

一、讨价

1. 了解讨价的含义

讨价是指谈判中的一方首先报价之后，另一方认为离自己的期望目标太远，而要求报价方改善报价的行为。这种讨价要求既是实质性的也是策略性的，其策略性作用是误导对方对己方的判断，改变对方的期望值，并为己方的还价做准备。讨价策略的运用包括讨价方式的选择和讨价之后对谈判对手的分析。

2. 清晰讨价的阶段

讨价一般分为三个阶段，不同的阶段采用不同的讨价方式。

第一阶段，由于讨价刚开始，对卖方价格的具体情况尚欠了解，因而，讨价的策略是全面讨价，即要求对方从总体上改善报价。

第二阶段，讨价进入具体内容，这时的讨价策略是针对性讨价。即在对方报价的基础上，找出明显不合理、“虚头”、含“水分”大的项目，针对这些明显不合理的部分要求把“水分”挤出去以改善报价。

第三阶段，是讨价的最后阶段，讨价方在做出讨价表示并得到对方反应之后，必须对此进行策略性分析。

若首次讨价，就能得到对方改善报价的反应，这就说明对方报价中的策略性虚报部分可能较大，价格中所含的“虚头”“水分”较多，或者也可能表明对方急于促成交易的心理。但是一般来说，报价者开始都会固守自己的价格立场，不会轻易还价。另外，即使报价方做出改善报价的反应，还要分析其让步是否具有实质性内容。对于买方，要讨价几次合适，没有永远不变的确定答案，这要根据价格分析情况与卖方的价格解释和价格的改善状况而定，只要对方没有大幅度的明显让步，就意味着还有降价的可能。

一般而言，卖家为了实现他的利润目标，不暴露他的底价，他可能在做了一二次价格改善之后，就会打住，会说：“这是我最后的价格了，不能再降价了，已无利润可言了，已与进货价差不多啦，仅仅挣一个跑腿钱而已。”“你说，到底多少钱要?”卖方常会表现出态度诚恳，表情楚楚动人，语气和蔼，时而态度低下，时而态度强硬，请求买方接受他的第二次、第三次改善价格，或者要求买方还价。商场如战场，此时，只要没有实质性改善，讨价方就应继续抓住报价中的实质性内容或关键的谬误不放，不要为卖方的“表演”所感动。同时，应依据对方的权限、成交的决心继续实施讨价策略。

讨价要对事不对人，对人和蔼，对事坚决。要注意采用循循善诱的办法，启发对方，诱使对方降价，并为还价做好准备。如果在讨价还价的阶段就采取硬挤硬压的手段，会使谈判过早进入僵局阶段，不利于谈判的顺利进行，应尽可能使谈判保持和气生财的气氛，以求取得最好的效果。

【视频链接】
唐僧杀价

卖方有时会以“生产厂家把价签给写错了”“价格正在调整”“与生产商商量商量，看看能不能降价”等为借口，来调整价格，作为买方应给卖方一个台阶下，鼓励他继续降价。

二、还价

还价是指在谈判过程中，买卖双方对对方所报条件不满所进行的反复争议，对交易条件或内容的一增一减的过程。为了使谈判进行下去，卖方在作了数次调价以后，往往会要求买方还价，买方也应还价以表示对对方的尊重和自己的诚意，同时也给谈判确定了方向。还价一定要谨慎，还得好，则可谈性强，对双方都有利，还得不好，不仅自己的利益要受到损失，而且还可能引起对方的误解或反感，使谈判陷入僵局，甚至破裂。

一般情况下，谈判的一方报价以后，另一方不会无条件地全部接受所报价格，而是相应地做出这样或那样的反应。谈判中的还价，实际上就是针对谈判对手的首次报价，己方所做出的反应性报价。还价以讨价作为基础。在一方首先报价以后，另一方一般不会全盘接受，而是根据对方的报价，在经过一次或几次讨价之后，估计其保留价格和策略性虚报部分，推测对方可妥协的范围，然后根据己方的既定策略，提出自己可接受的价格，反馈给对方。如果说报价划定了讨价还价范围的一个边界的话，那么，还价将划定与其对立的另一条边界；双方将在这两条边界所规定的界区内展开激烈的讨价还价。

1. 筹划还价策略

由于报价具有试探性质，即报出一个价格看一看对方的反应怎么样，然后再调整自己的讨价还价策略。因此，还价的时候，还价者一定要小心，既不能让对方套出自己的真实想法，又要给对方一定的信息，同时还要表明自己在这一商务谈判中的智慧和能力。

在多数情况下，当一方报价以后，另一方不要马上回答，而应根据对方的报价内容，再对自己先前的想法加以调整，准备好一套方案后，再进行还价，以实现“后发制人”。

还价策略的精髓就在于“后发制人”。要想发挥“后发制人”的威力，就必须在还价前针对对方的报价做出周密的筹划。

（1）应根据对方对己方讨价所做出的反应和自己所掌握的市场行情及商品比价资料，对报价内容进行全面的分析，推算出对方所报价格中水分的大小，并尽力揣摩对方的真实意图，从中找出对方报价虚头最大、我方反驳论据最充分的部分作为突破口，同时找出报价中相对薄弱的环节，作为己方还价的筹码。

（2）根据所掌握的信息对整个交易做出通盘考虑，估量对方及己方的期望值和保留价格，制定出己方还价方案中的最高目标、中间目标、最低目标。把所有的问题都列出来，分清主次、先后和轻重缓急，设计出相应的对策，以保证在还价时自己的设想、目标可以得以贯彻执行。

（3）根据己方的目标设计出几种不同的备选方案，方案中哪些条款不能让步，哪些条款可以灵活掌握，灵活的幅度有多大，这样才便于保持己方在谈判立场上的灵活性，使谈判的斗争与合作充满各种可能性，使谈判协议更易于达成。

2. 理解还价方式

（1）根据价格评论划分。谈判还价的方式根据价格评论的不同，可以分为按分析比价还价和按分析成本还价两种。

按分析比价还价是指己方不了解所谈产品本身的价值，而以其相近的同类产品的价格或竞争者产品的价格做参考进行还价。这种还价的关键是所选择的用作对比的产品是否具有可比性，只有比价合理才能使对方信服。

按分析成本还价是指己方能计算出所谈产品的成本，然后以此为基础再加上一定百分比的利润作为依据进行还价。这种还价的关键是所计算成本的准确性。成本计算得越准确，谈判还价的说服力越强。

（2）根据每次还价项目的多少划分。按谈判中每次还价项目的多少，谈判还价方式有单项还价、分组还价和总体还价三种。

单项还价是指对主要设备或商品逐项、逐个进行还价，对技术费、培训费、技术咨询费、工程设计费、包装费、运输费逐项还价。如，对成套设备，按主机、辅机、备件等的项目还价。

分组还价是指把谈判对象划分成若干项目，并按每个项目报价中所含水分的多少分成几个档次，然后逐一还价。对价格高的在还价时可以多压一点，对价格低的还价时可以少压一点，对不同档次的商品或项目采用区别对待、分类处理的办法。

总体还价，又叫一揽子还价，是指不分报价中各部分所含水分的差异，均按同一个百分比还价。

以上的还价方式怎样选取应用，应本着哪种方式更有道理，更具说服力，就采用哪种方式的原则，因为还价讲理反映“识货”“识礼”“识人”。强调“讲理”，并不排斥技巧性，况且怎么能做到“讲出道理来”本身就有技巧在内。

具体地讲，两种性质还价的选取决定于手中掌握的比价材料。如果比价材料丰富且完备，自然应选按比价还价，这对于买方来讲简便、容易操作，对卖方来讲容易接受；反之，就用分析成本还价。在选定了还价的性质之后，再来结合具体情况选用具体技巧。

如果卖方价格解释清楚，买方手中比价材料丰富，卖方成交心切，且有耐心及时间时，采用逐项还价对买方有利，对卖方也充分体现了“理”字，卖方也不会拒绝，他可以逐项防守。

如果卖方价格解释不足，买方掌握的价格材料少，但卖方有成交的信心，然而又性急，时间也紧时，采用分组还价的方式对双方都有利。

如果卖方报价粗，而且态度强硬，或双方相持时间较长，但都有成交愿望，在卖方已做一两次调价后，买方也可采用以“货物”和“软件或技术费”两大块还价。不过，该价应还得巧。“巧”就是既考虑了对方改善过报价的态度，又抓住了他们理亏的地方；既考虑到买方自己的支付能力，又注意掌握卖方的情绪，留有合理的妥协余地，做到在保护买方利益的同时，使卖方还感到有获利的希望而不丧失成交的信心。

如果不是单项采购，所有大系统、成套项目的交易谈判中，第一次还价不宜以“总体价”来还价。当然，不是绝对不可能，只是这样做，难度大，不易做好，不易说理，容易伤感情。而左一项，右一项，一点一点地砍，对方慢慢地疼，也许就能忍受住，而且还保全了对方的面子和自尊心，等到最后回头看时，虽有疼处，但合同总算到手了。此外对价格差距较大的商务谈判，卖方往往急于知道买方总的价格态度，以决定其最终立场，这时如果买方过早地抛出总价，也许在重砍之下把卖方吓跑，使谈判夭折。卖方没有拿到总还价，就意味着谈判未结束。在这种情况下，卖方不会轻率走掉，否则就没有完成使命，回去也不好交代，所以有经验的卖方一般不会干这种“失礼又失策”的事。当然，在经过评论、解释、讨价还价的几个周期的相持以后，就可以适时还总价了。

3. 确定还价起点

一旦买方选定了还价的性质和方式以后，还价最关键的问题是确定还价起点，即以什么条件作为第一次还价。还价的起点是买方第一次公开报出的打算成交的条件，其高低直接关系到自己的利益，也反映出谈判者的谈判水平。

这第一锤子敲得好坏，对双方以后都有很大影响。如果能敲出双方讨价还价的兴趣和热情，说明第一次还价得当，成交前景就看好；如果能使卖方跟着买方的还价走，则更是高明，因为它有利于按照买方所希望的价格成交；如果敲不好，则不是惹恼卖方，破坏谈判气氛，就是使自己陷于被动。所以，确定还价起点，必须十分慎重。

还价的目的不是仅仅为了提供与对方报价的差异，而应着眼于如何使对方承认这些差异，并愿意向双方互利性的协议靠拢。所以，还价起点的总体要求是，既能够保持价格磋商过程得以进行，同时还价起点要低，力求使自己的还价给对方造成压力，影响或改变对方的判断。此外，还价起点又不能太低，还价起点的高度必须接近对方的目标，使对方有接受的可能性。由于先前的报价实际为谈判定了一定的范围和框框，并形成对该价格的深刻印象，使还价一方很难对此范围和框框有大的突破。比如一方先报出6万元，对方很少有勇气还价600元。还价起点的确定，从原则上讲，是既要低，但又不能太低，要接近谈判的成交目标。从量上讲，还价起点的确定有三个参照因数，即报价中的含水量、与自己目标价格的差距和准备还价的次数。同时还应考虑、分析卖方在买方价格评价和讨论后，其价格改善了多少。

三、选择讨价还价策略

视频链接 ▶ 讨价还价技巧

压价技巧

抗压价技巧

1. 投石问路策略

要想在谈判中掌握主动权，就要尽可能地了解对方情况，尽可能地了解和掌握当我方采取某一步骤时，对方的反应、意图或打算。投石问路就是了解对方情况的一种战略战术。与假设条件策略相比，运用此策略的一方主要是在价格条款中试探对方的虚实。例如，一方想要试探对方在价格上有无回旋的余地，就可提议："如果我方增加购买数量，你们可否考虑优惠一下价格呢?"或者再具体一些："购买数量为1000时，单价是10元；如果购买数量为2000、5000或10000时，单价又是多少呢?"这样，买方就可以根据卖主的开价，进行选择比较，讨价还价。

一般来讲，任何一块"石头"都能使买方更进一步了解卖方的商业习惯和动机，而且对方难以拒绝。选择投石问路时提问的形式主要有：

（1）如果我们和您签订了为期一年的合同，贵方的价格优惠是多少?

（2）如果我们以现金支付或采取分期付款的形式，贵方的产品价格有什么差别?

（3）如果我们给您方提供生产产品所需的原材料，成品价又是多少呢?

（4）我方有意购买你们其他系列的产品，能否在价格上再优惠些呢?

（5）如果货物运输由我们解决，贵方的价格是多少呢?

（6）如果我们要求你们培训技术人员，你们可否按现价出售这套设备?

（7）如果我方要求对原产品有所改动，价格上是否有变化?

（8）假设我们买下您的全部存货，报价又是多少?

反过来，如果对方使用投石问路策略，我方应采取以下措施：

（1）找出买方购买的真正意图，根据对方情况估计其购买规模。

（2）如果买方投出一个"石头"，最好立刻向对方回敬一个。如对方探询数量与价格之间的优惠比例，我方可立刻要求对方订货。

（3）并不是提出所有问题都要正面回答、马上回答，有些问题拖后回答，效果也许更好。

（4）使对方投出的石头为己方探路。如对方询问订货数额为2000、5000、10000时的优惠价格，你可以反问："你希望优惠多少?""你是根据什么算出的优惠比例呢?"

（5）有的时候，买方的投石问路反倒为卖方创造了极好的机会，针对买方想要知道更多资料信息的心理，卖方可以提出许多建议，促使双方达成更好的交易。

2. 抬价压价策略

这种策略技巧是商务谈判中应用最为普遍、效果最为显著的方法。常见的做法是：谈判中没有一方一开价，另一方就马上同意，双方拍板成交的，都要经过多次的抬价、压价，才能互相妥协，确定一个一致的价格标准。所以，谈判高手也是抬价压价的高手。

由于谈判时抬价一方不清楚对方要求多少，在什么情况下妥协，所以这一策略运用的关键就是抬到多高才是对方能够接受的。一般地讲，抬价是建立在科学的计算，精确的观察、判断、分析基础上的；当然，忍耐力、经验、能力和信心也是十分重要的。事实证明，抬高价往往会有令人意想不到的收获。许多人常常在双方已商定好的价格基础上，又反悔变卦，抬高价格，而且往往能如愿以偿。

抬价作用还在于：卖方能较好地遏制买方的进一步要求，从而更好地维护己方利益。美国谈判专家麦科马克列举他参加谈判的一次亲身经历，很好地说明了这一问题。有一次，他代表公司交涉一项购买协议，对方开始的开价是50万元，他和公司的成本分析人员都深信，只要用44万元就可以完成这笔交易。一个月后，他开始和对方谈判，但对方却又声明原先的报价有误，现在开价60万元。这反倒使麦科马克先生怀疑自己原先的估计是否正确。直到最后，当他以50万元的价格与对方成交时，竟然感到非常满意。这是因为，他认为是以低于对手要价10万元之差达成了交易，而对方则成功地遏制了他的进一步要求。

在讨价还价中，双方都不能确定对方能走多远，能得到什么。因此，时间越久，局势就会越有利于有信心、有耐力的一方。

压价可以说是对抬价的破解。如果是买方先报价格，可以低于预期目标进行报价，留出讨价还价的余地。如果是卖方先报价，买方压价，则可以采取多种方式：

（1）揭穿对方的把戏，直接指出实质。比如算出对方产品的成本费用，挤出对方报价的水分。

（2）制定一个不能超过预算的金额，或是一个价格的上下限。然后围绕这些标准，进行讨价还价。

（3）用反抬价来回击。如果在价格上迁就对方，必须在其他方面获得补偿。

（4）召开小组会议，集思广益，思考对策。

（5）在合同没有签订好以前，要求对方做出某种保证，以防反悔。

（6）使对方在合同上签署的人越多越好，这样，对方就难以改口。

3. 目标分解策略

讨价还价是复杂的谈判战术之一。是否善于讨价还价，反映了一个谈判者的综合能力与素质。我们不要把讨价还价局限在要求对方降价或我方降价的问题上。例如，一些技术交易项目或大型谈判项目涉及许多方面，技术构成也比较复杂，包括专利权、专有技术、人员培训、技术资料、图纸交换等方面。因此，在对方报价时，价格水分较大。如果我们笼统地在价格上要求对方作机械性的让步，既盲目，效果也不理想。比较好的做法是，把对方报价的目标分解，从中寻找出哪些技术是我们需要的，价格应是多少，哪些是我们不需要的，哪一部分价格水分较大，这样，讨价还价就有利得多。

例如，我国一家公司与德国仪表行业的一家公司进行一项技术引进谈判。对方向我方转让时间继电器的生产技术，价格是40万美元。德方依靠技术实力与产品名牌，在转让价格上坚持不让步，双方僵持下来，谈判难以进展。最后我方采取目标分解策略，要求德商就转让技术分项报价。结果，通过对德商分项报价的研究，我方发现德商提供的技术转让明细表上的一种时间继电器元件——石英振子技术，我国国内厂家已经引进并消化吸收，完全可以不再引进。以此为突破口，我方与德方洽商，逐项讨论技术价格，将转让费由40万美元降至25万美元，取得了较为理想的谈判结果。

运用这一策略的另一种方式，就是将目标分解后，进行对比分析，非常有说服力。例如，一家药品公司向兽医们出售一种昂贵的兽药，价格比竞争产品贵很多，所以，销售人员在向兽医们推销时，重点强调每头牛只需花3美分，这样价格就微不足道了；但如果他们介绍每一包要花30美元，显然就是一大笔款项了。

4. 价格诱惑策略

价格在谈判中十分重要。这是因为，许多谈判就是价格谈判。即使不是价格谈判，双方也要商定价格条款。价格最直接地反映了谈判者双方各自的切身利益。自然，围绕价格的战术策略，常常具有冒险性和诱惑性。

价格诱惑，就是卖方利用买方担心市场价格上涨的心理，诱使对方迅速签订购买协议的策略。例如，在购买设备谈判中，卖方提出年底之前，价格随市场行情大约上涨5%。如果对方打算购买这批设备，在年底前签协议，就可以以目前的价格享受优惠，合同执行可按年底算。如果此时市场价格确实浮动较大，那么这一建议就很有吸引力。买方就有可能乘价格未变之机，匆忙与对方签约。这种做法看起来似乎是照顾了买方的利益，实际上并非如此，买方甚至会因此吃大亏，其原因主要有以下三点：第一，在上述情况下，买方在签署合同时，往往没有对包括价格在内的各项合同条款从头到尾地进行仔细认真的谈判，实际上只是在卖方事先准备好的标准式样合同上签字，很少能做大的修改、补充。这样，买方应争取的各项优惠条件和让步，就很难写入这种改动余地很小的合同中。第二，由于合同签订得仓促，很多重要问题都被忽视。卖方也常常会由于事先已“照顾了买方的利益”而在谈判中坚持立场，寸利不让。买方也会为了达成协议，过于迁就对方。第三，谈判人员签订这种价格保值合同时，为抓住时机，常常顾不上请示其上级或公司董事会的同意而“果断”拍板，由于合同的实际执行要等到很久以后，因此，它所包括的一切潜在问题不会立即暴露出来。但一旦出现，其后果已无可挽回了。

由此可见，价格诱惑的实质，就是利用买方担心市场价格上涨的心理，把谈判对手的注意力吸引到价格问题上来，使其忽略对其他重要合同条款的讨价还价，进而在这些方面争得让步与优惠。对于买方来讲，尽管避免了可能由涨价带来的损失，但可能会在其他方面付出更大的价格，牺牲了更重要的实际利益。

因此，买方一定要慎重对待价格诱惑，必须坚持做到：首先，计划和具体步骤一经研究确定，就要不动摇地去执行，排除外界的各种干扰。所有列出的谈判要点，都要与对方认真磋商，绝不随意迁就。其次，买方要根据实际需要确定订货单，不要被卖方在价格上的诱惑所迷惑，买下一些并不需要的辅助产品和配件，切忌在时间上受对方期限的约束而匆忙做出决定。再次，买方要反复协商，推敲各种项目合同条款，充分考虑各种利弊关系。签订合同之前，还要再一次确认。为确保决策正确，请示上级、召集谈判小组会议都是十分必要的。

视频链接

《爸爸去哪儿》
视频片段
——不同的
讨价还价方法

任务结果

请根据任务情境，完成如下任务：

1．小组通过网络收集讨价还价的策略。
2．设计购销谈判场景及讨价还价情节。
3．进行小组视频拍摄。

巩固练习

一、单选题

1．商务谈判理想的报价方式是（　　）。

A．书面报价

B．口头报价

C．书面报价或口头报价

D．书面报价为主，口头报价补充

2．在所有的商务谈判方式中，应用最广泛、最普遍、最经常的谈判方式是（　　）。

A．面对面谈判　　B．电话谈判

C．焊点谈判　　D．网上谈判

3．报价影响谈判的实质性进展，卖方的报价应该是（　　）。

A．最高　　B．最低

C．高到对方难以接受的地步　　D．高到卖方难以找到理由的地步

4. 如果己方的谈判实力强于对方，一般应该（　　）。

A. 己方先报价　　B. 己方后报价

C. 己方与对方同时报价　　D. 无所谓先后

5. 谈判报价的基本原则是（　　）。

A. 报价水平最高　　B. 报价水平最低

C. 对方接受　　D. 对方接受与自身利益相结合

二、多选题

1. 进行报价解释时必须遵循的原则是（　　）。

A. 不问不答　　B. 有问必答

C. 避虚就实　　D. 能言不书

E. 实虚都要全盘托出

2. 买方还价中，在每次还价幅度已定的情况下，（　　）。

A. 当准备还价次数较多时，还价起点就要较低

B. 当准备还价次数较多时，还价起点就要较高

C. 当准备还价次数较少时，还价起点就要较高

D. 当准备还价次数较少时，还价起点就要较低

E. 还价起点的高低与还价次数并没有直接关系

3. 在谈判的报价前为自己设立一个“最低可接纳水平”的好处是（　　）。

A. 可避免拒绝有利条件

B. 可避免接纳不利条件

C. 可限制谈判者的权力

D. 联合谈判时，可为避免各个谈判者各行其是

E. 可迫使对方让步

三、判断题

（　　）1. 在商务谈判中并非任何问题都要回答，有些问题并不值得回答。

（　　）2. 谈判一定要讨价还价，讨价还价就是谈判。

（　　）3. 报价要坚定、明确、完整，并且要加以详细的说明和解释。

（　　）4. 讨价是一方报价后，另一方认为与自己所期望的目标差距过大，因而要求报价方重新报价的行为。

四、简答题

1. 影响报价的因素是什么？

2. 报价时应遵循哪些原则？

3. 价格解释的原则包括哪些？

4. 价格评论的技巧是什么？

5. 简述讨价还价的三个阶段及步骤。

五、实训项目

1. 了解学校所在地服装市场，不同品牌的服装报价受到哪些具体因素影响，形成调研报告。

2. 课堂跳蚤市场

背景资料：

在班内利用一节课的时间开展课堂跳蚤市场，班内同学相互进行推销商品谈判。

任务要求：

1. 了解班内其他同学需求，根据需求收集小组内的闲置物品作为销售物品并定好价格，价格范围在1～20元。

2. 课堂上将闲置物品销售给其他小组成员，进行价格谈判。

项目三

家具 B2C 购销谈判

知识目标

- 了解谈判前信息收集的重要性
- 了解谈判目标的基本知识
- 了解讨价还价中让步的基本模式

能力目标

- 能够在实际谈判中完成谈判信息的调研及收集
- 能够根据具体情况设定不同层次的谈判目标及选择谈判内容
- 能够熟练运用讨价还价
- 能够在磋商中运用让步模式进行让步

教学建议

- 课内教学可在普通多媒体教室或实训室进行
- 本项目将选购品购销谈判完整展现，教学应结合情境展现内容对照进行
- 建议组织学生回忆自己购买选购品的谈判经历，总结各种经历的相似之处
- 配合视频材料观看视频

情境导入

李鸣在大学的学习生活正式开始。虽然就读的是电子商务专业，但一直想利用大学时间创业的他，刚踏进大学门槛就开始挖掘创业的机会。他发现电子商务已经逐渐在取代传统的零售业，而微店正在悄然兴起，门槛低，易操作，且启动费用不高！同时经过调查，他发现本校内的女生都愿意在美容化妆上花费，于是决定从女生的护肤品做起，并且拉上了一些营销专业的同学合伙，建立自己的微店和淘宝店。由于正值微信营销热潮，加上营销班的同学点子特别多，于是他们的淘宝店生意越来越红火，渐渐积累了很多粉丝。

经过一年的用心经营，李鸣的网店已经做到了4钻级别。对于网店的发展壮大，他们很有信心，但宿舍太小，已经不能满足他们的仓储需求了，而且也对其他同学有较大影响，因此，李鸣在学校附近租了一个房间作为网店工作室，但这房子没有任何家具，他们需要购买一些家具以作办公之用。对于这个网店工作室，李鸣打算作为他们的创业基地，业务拓展都以此为据点了，所以必须搞得像模像样，但太豪华他们毕竟是学生也没那么多钱，太简陋呢也不行，商量来商量去，他们决定每位合伙人出2000元，凑1万元买些家具回来将工作室布置一番。

他们走了几个家具店，不是太贵就是不上档次，好不容易看上了，却又差2000元没谈成……

实施方法

家具是消费者购买频率比较低的消费品，在商品中属于选购品，消费者在购买前会对其适用性、价格和款式仔细比较，会花费比较多的时间和精力用来收集信息和做比较。除家具以外，选购品还有手机、相机、电脑、汽车、家电、旅游服务……

本项目的家具B2C购销谈判主要针对的是个人向商家购买家具的购销谈判，谈判过程除了要收集信息外，需要的谈判技巧会更多，对于谈判内容也不是仅限于价格谈判，主要的谈判程序如下图所示。

收集谈判信息

↓

确定谈判内容

↓

谈判让步

根据购销谈判工作过程活动顺序和职业教育学习规律，结合前一项目所讲授内容，本项目工作可以分解成以下工作任务。

任务一　收集分析谈判信息

↓

任务二　确定商务谈判目标

↓

任务三　磋商中的让步

任务一
收集分析谈判信息

任务情境

李鸣为了能够更好地拓展自己的电商业务，租了一个房子作为工作室，要购置家具布置一下。虽然学校所在的城市是家具名城，做家具的厂家商家特别多，但李鸣他们对家具行业并不了解，据说外形相似但材质不同价格可以相差几倍到几十倍，家具有什么材料，哪些地方比较集中，比较便宜，卖多少价钱，他并不是很清楚。虽然跑了几个家具店，但价格都相差很大，懵懵懂懂什么都不知道，肯定没法以较低的价格成交。于是李鸣准备了解一下行情，毕竟这次准备投入1万元也不是个小数目。但那么多信息，需要具体了解哪些？在哪里收集？怎么收集呢？

任务实施

通过李鸣的问题可以看出，在科技飞快发展的今天，了解信息、掌握知识已经成为人们成功地进行各项活动的保证。商务谈判的信息收集工作是谈判前期的基础工作，是商务谈判活动中的一个重要环节。虽然要准备的内容繁杂，困难很多，但一定不能马虎大意。作为拟定谈判策略和争取谈判成功的出发点，商务谈判前的信息准备工作越充分，成功的可能性就越大。谈判人员能因此增加自信，从而从容应对谈判过程中的变化，在谈判中处于主动地位，抢占先机。谈判人员在此任务实施中的主要工作是调查谈判背景、选择谈判信息调查方法、分析信息。

一、调查谈判背景

谈判前需要对谈判相关内容进行调查。调查内容包括以下几个方面。

1. 了解谈判相关环境

谈判不是在真空中进行的，而是在一定的法律制度和某一特定的政治、经济、文化、技术、商业惯例等环境中进行的，这些外界环境会直接或间接地影响谈判效果。作为谈判者来说，至少要对和本次谈判有关的上述因素事先作通盘了解，以免谈判时因不熟悉相关情况而违法或吃亏。这些环境包括：

（1）政治环境。主要包括政治制度与体制、政局、政府态度、政府制定的法律法规等。

- 政治环境是否稳定？
- 国家政策是否会改变法律从而增强对企业的监管并收取更多的赋税？

◆ 政府的经济政策是什么？

◆ 政府是否与其他组织签订过贸易协定，如欧盟、东盟等。

◆ 政府与买卖双方之间的政治关系如何？例如，阿拉伯国家有时往往拒绝与以色列有政治关系的国家或企业进行商业贸易。

（2）宗教信仰。

◆ 该国或该地区占主导地位的宗教信仰是什么？

◆ 在某些国家，宗教影响很大，法律制度是根据宗教教义来制定的，人们的行为是否被认可，要看是否符合宗教精神。

（3）法律制度。

◆ 在谈判时要明了谈判的议题是否合法？是否符合当事人所在国家或地区的经济法律和财税政策？

◆ 谈判时用于解决问题的法律标准是怎样的？

◆ 用于解决实际问题的方法是否能遵循法律规定？

（4）商业做法。

◆ 企业决策的程序如何？

◆ 是否做任何事情都能见诸文字？

◆ 律师的作用如何？

◆ 有没有工业间谍活动？

◆ 在工作中是否有贿赂现象？如果有，方式如何？例如，有些国家是不行贿就做不成交易的。我们不赞成靠行贿来做生意，但是我们必须了解这些方面的信息。

（5）社会习俗。

◆ 信奉人数最多的宗教是什么？

◆ 这个国家对待国外产品和服务的态度如何？

◆ 衣着、称呼方面，什么才是合乎规范的标准？

◆ 是否只能在工作时间洽谈业务？在业余时间是否也可以洽谈业务？

◆ 女子是否可以参与经营业务？如果参与，是否与男子拥有同等的权力？

◆ 语言障碍是否会影响产品的市场推广？

（6）技术信息。

◆ 与商务谈判有关的产品与其他产品相比，在性能、质地、标准、规格等方面的优劣势以及该产品生命周期的竞争性方面的资料。

◆ 同类产品在专利权转让或应用方面的材料。

◆ 与商务谈判有关的产品在生产单位的人工素质、技术力量和设备状态方面的材料。

◆ 与谈判有关的产品的配套设备和零部件的生产与供给状况以及售后服务方面的资料。

◆ 商务谈判有关的产品开发前景和开发费用方面的资料。

◆ 与商务谈判有关的产品的品质或性能的重要数据或指标及其各种鉴定方法，以及导致该产品发生技术问题的各种潜在因素。

2. 掌握市场行情

市场环境信息是商务交易的微观环境因素，具体包括国内外市场分布的信息、消费需求方面的信息、产品销售方面的信息等。这些信息对交易条件的影响一般比较直接，对谈判双方了解各自的实力与优劣势，并以此为依据制定相应谈判策略来说是必不可少的。

（1）国内外市场分布。国内外市场分布方面的信息主要包括：与商务谈判相关的商品市场的政治经济条件，分布的地理位置，运输条件，市场辐射的范围，市场潜力和容量以及各个方面的经济联系等。

（2）市场需求信息。市场需求信息包括：与商务谈判有关的商品的市场需求量现状，消费者的数量及其构成，消费者可支配收入及购买力，市场潜在需求量及其消费趋势，消费者对该商品及其服务的特殊要求等方面。

（3）产品销售信息。产品销售信息包括：与商务谈判有关的商品的市场销售量，商品的销售价格，该商品的市场寿命周期，拥有该类商品的家庭占有率，购买该类产品的频率，季节性因素，消费者对新老产品的评价以及要求。通过对产品销售方面的调查，可以促使谈判人员大体掌握市场需求量和销售量，有助于确定未来的谈判对象及产品销售量。

（4）产品竞争信息。产品竞争信息包括：主要竞争对手的数目，主要竞争对手的生产能力，经营状况，主要竞争对手的产品种类、价格、质量、知名度、信誉度和市场占有率，主要竞争对手的营销能力，所使用销售组织的形态、规模和力量，消费者偏爱的品牌与价格水平，主要竞争对手所提供的售后服务等。

视频链接

《那年花开月正圆》
视频片段
——了解市场行情

3. 了解谈判对手

谈判所应具备的最有价值的信息资料是有关对手的情况。只有摸清对手的实际情况才能对症下药，制定相应对策。因此，弄清对方虚实是谈判人员在谈判的准备和计划阶段应当下大力气解决的问题。

（1）对方的资信情况。对于组织而言，包括对方经济组织的历史、合法资格、银行信用等级、权威机构的评定等；对于个人而言，包括合法资格以及个人信用。

对谈判双方进行资信情况的调查研究，是谈判前准备工作极其重要的一步。缺少必要的资信情况分析，谈判对方主体资格不合格或不具备与合同要求基本相当的履约能力，那么所签订的协议就是无效协议或者是没有履行保障的协议，谈判就会前功尽弃，蒙受巨大损失。对谈判对方资信的调查包括两方面的内容：一是对方主体的合法资格；二是对方的商业信誉与履约能力。

■ **对客商合法资格的审查**

商务谈判的结果是有一定的经济法律关系的，参加一定的经济法律关系而享受权利和义务关系的组织或个人，叫作经济法律关系主体。作为参加商务谈判的企业组织必须具有法人资格。

法人应具备3个条件：一是法人必须有经营场所，组织机构是决定和执行法人各项事务的主体。二是法人必须有自己的财产，这是法人参加经济活动的物质基础与保证。三是法人必须具有权利能力和行为能力。所谓权利能力是指法人可以享受权利和承担义务，而行为能力则是法人可以通过自己的行为享有权利和承担义务。满足了这3方面的条件后，在某个国家进行注册登记，即可成为该国的法人。

针对对方法人资格的审查，可以要求对方提供证明文件，如法人成立地注册登记证明、法人所属资格证明和企业法人营业执照等。谈判人员不仅要详细掌握对方企业名称、企业住所、成立时间、注册资本、经营范围等，还要弄清对方法人的组织性质，是股份有限公司还是有限责任公司，是母公司还是子公司或分公司。同时，还要确定其法人的国籍，即是受哪个国家法律管辖，因为国籍不同，使用的法律也不同。与此同时，对于对方提供的证明文件首先要通过一定的手段和途径进行验证。

对客商合法资格的审查还应该包括对前来谈判的客商的代表资格或签约资格进行审查。从法律角度讲，只有董事长和总经理才能代表其公司或企业进行签约。当对方当事人找到保证人时，还应对保证人进行调查，了解其是否具有担保资格和能力；在对方委托第三者谈判或签约时，应对代理人的情况加以了解，了解其是否拥有足够权利和资格代表委托人参加谈判。

■ **对谈判对方资本、信用和商业信誉的调查**

对谈判双方资本审查主要是审查对方的注册资本、资产负债表、收支情况等有关情况。对方具备了法律意义上的主体资格，并不一定具备很强的行为能力。因此，应该通过审计后的年度报告，银行、资信征询机构出具的证明来证实。

（2）对方的实力。包括谈判对手的经营范围、注册资本、固定资产、流动资金、资产负债、技术装备水平、产销规模、市场占有率、销售渠道、人员素质、行业地位等。需要注意的是不同的经济组织对于债务承担不同的法律责任。独资企业：债务由业主资产抵偿，出资者对企业承担无限责任。合伙企业：合伙人对整个合伙企业所欠的债务负有无限责任。公司企业：出资者按出资额对公司承担有限责任。同时要搞清楚公司的性质，是母公司、子公司还是分公司，慎防落入对方“拉大旗做虎皮”的圈套。

（3）对方的需求。要了解清楚对方与我方谈判的目的、意图，对实现谈判目标的迫切程度，是否真诚等。有的谈判对手主动寻找己方进行谈判，其目的并非真正要购买企业的产品，而是借谈判之名向第三者施加压力，这样的谈判无疑会使企业徒劳无功。有的企业可能是行情侦查，有的可能还有别的企图。无论是哪一种目的，都应当事先查明，以便采取适当的对策。

视频链接

《谈判官》
视频片段
——分析谈判对手需求

案例链接

浙江省某机械有限公司生产部部长赵先生访谈内容记录

问：那您接触过谈判工作吗？比如与别的公司在价格方面的谈判？

答：接触过。

问：那麻烦您具体谈一下！

答：那是在2003年，我们跟浙江的钱江摩托合作，原来我们公司准备销售给对方的钢圈是42元/套的，后来我去他们公司谈判将价格提高到了45.5元/套，中间3.5元就是我们增加的利润。

问：将原售价提高！您是怎么做到的？

答：因为我了解到钱江摩托急于要一批货，原来给他生产配套钢圈的厂家卖给他们的价格是45元/套。当时对方厂家供应不上货，所以钱江摩托主动找上我们，而且我们的产品质量比原来的生产厂家好。

问：也就是说您在谈判前搜集了这些信息？

答：对，所以我把价格定位在46元，比原来的厂家高出1元/套，经过谈判后把价格确定为45.5元/套。之前钱江摩托把我们定位在42元/套，我们也决定卖给对方，因为42元/套的价格的利润也能达到12%。

问：那为什么又没有同意呢？

答：因为我掌握了对方的信息，我们的利润还有上升的空间，所以我就提高了价格。

问：那你们为什么不坚持46元/套呢？

答：因为我们考虑到对方要保持16%的利润，且对方急需钢圈，而当时我们公司的业务也不忙，我们掌握了充分的信息，知道原生产厂家的价格是45元，我们必须高于他们，所以对方提出45.5元，我们也就同意了。

问：那您经过这一次的谈判，有什么心得、体会？

答：我认为谈判的主要诀窍是市场调查。第一步就是要掌握信息，了解市场信息，知己知彼，百战不殆。如果不了解这些，就会导致盲目的谈判，可能就会失去商机。掌握对方的价格等信息，使自己的利润有上升的空间，同时要保证对方也有利润，这样就能达到双赢的目的。

问：那在谈判过程中，是不是一定要有强硬的态度？

答：那是不行的，在谈判前要做好预算。比如原材料成本、人工成本、水电费等，加上一定的利润，不能报虚价，和对方谈一定要真心实意，否则对方不会和你谈。

（资料来源：王建明．商务谈判实战经验和技巧——对五十位商务谈判人员的深度访谈［M］．北京：机械工业出版社，2011，编者略有修改）

（4）谈判时限。谈判时限主要指对方所拥有的谈判时间及其谈判的最后时限。谈判时限与谈判任务量、谈判策略、谈判结果都有重要关系。谈判人员需要在一定的时间内完成特定的谈判任务，可供谈判的时间长短与谈判人员的技能发挥状况成正比。时间越短，对谈判人员而言，用以完成谈判任务的选择机会就越少，哪一方可供谈判的时间越长，他就拥有较大的主动权。了解对方的谈判时限，就可以了解对方在谈判中会采取何种态度，何种策略，我方就可制定相应的策略。

（5）谈判代表。要了解对方谈判人员其他情况，要从多方面搜集对方信息，以便全面掌握谈判对手情况。首先，要弄清楚对方谈判人员的权限有多大，对谈判获得多少实质性的结果有重要影响。不了解谈判对手的权力范围，将没有足够决策权的人作为谈判对象，不仅在浪费时间，甚至可能会错过更好的交易机会。一般来说，对方参加谈判人员的规格越高，权限也就越大；如果对方参加谈判的人员规格较低，我们就应该了解对方参加谈判人员是否得到授权，对方参加谈判的人员在多大程度上能独立做出决定，有没有决定是否让步的权力等。其次，要弄清楚对方谈判班子的组成情况，即主谈人背景（能力，权限，特长及弱点是什么，此人对此次谈判抱何种态度，倾向意见如何等），谈判班子的内部相互关系，谈判班子成员的个人情况，包括谈判成员的资历，能力，信念，性格，心理类型，个人作风，爱好与禁忌等。再次，对方的谈判目标，也要了解对方对我方的信任程度，包括对我方经营与财务状况、付款能力、谈判能力等多种因素的评价和信任程度。

视频链接 ▶ 视频片段——了解谈判代表情况

4．对我方情况的了解

在谈判前的准备工作中，不仅要调查分析谈判对方的情况，还应该正确了解和评估我方的状况。没有对自身的客观评估，就不会客观地认定对方的实力。自我评估首先要看到自身所具备的实力和优势，同时要客观地分析自己的需要和实现需要所欠缺的优势条件。

对于卖方来说，要了解自己产品的规格、产品性能、主要用途、质量、品种、数量、销售情况，商品的市场竞争力，供应能力及经营手段、经营策略等；对于买方来说，要清楚自己的财务状况和支付能力。

正确地评价自己是确定目标的基础。谈判人员还应对己方的谈判人员有一个客观的了解，只有这样，才能制定出切实可行的谈判策略。

二、选择谈判信息收集方法

“知己知彼，百战不殆”。收集处理信息是谈判工作中至关重要的一环。谈判者需要通过不间断地收集各种信息，为制定目标提供依据。在面对某一具体谈判时，又要有目的地调查具体情况。调查需要运用多种信息渠道和调查方法，使调查的结果真实、全面、准确地反映现实情况。具体说来，收集信息的方法主要有以下几种。

1. 选择收集信息的方法

（1）访谈法。调查者直接面对访问对象进行问答，包括个别对象采访，也包括召集多人进行座谈。这种方法的特点是可以有针对性地抽样选择访谈对象，可以直接感受到对方的态度、心情和表述。

（2）问卷法。问卷的设计要讲究科学性和针对性，既有封闭式问题又要有开放式问题。这种方法的特点是可以广泛收集相关信息，利于实现调查者的主导意向，易于整理分析，难点在于如何调动被调查者填写问卷的积极性以及保证填写内容的真实性。

（3）文献法。从公开出版的报纸、杂志、书籍中收集，也可以从未公开的各种资料、文件、报告中收集。文献法的特点是可以收集到比较权威、比较准确的信息，但是要注意信息是否陈旧，过时。

（4）电子媒体收集法。电子媒体指电话、电脑、电视、广播等媒体。通过电子媒体收集信息可以及时获取最新信息。网络信息收集可以通过搜索引擎快速地收集到大量信息，而且覆盖面广，操作方便。

（5）观察法。观察法是指调查者亲临调查现场收集事物情境动态信息。这种方法可以补充以上几种方法的不足。通过亲自观察得到最为真实可靠的信息。

（6）实验法。实验法就是对调研内容进行现场实验的方法。例如，利用商务活动的运转方式，商品试销、试购、谈判模拟等方法来收集事物动态信息。这种方法比观察法又进一步，可以发现一些在静态时不易发现的新信息，其具体的形式又是多样的。例如，谈判人员可以向那些曾经与谈判对手有过交往的人员进行了解，也可以通过函电方法直接同谈判对手联系。对于重大谈判还可以安排非正式的初次洽谈。这种预备性接洽好处很多，它不仅可以使双方有机会正面观察谈判对手的意图，而且还可以使对方对己方的谈判诚意有所了解，有助于谈判双方在平等、互利、互谅的谈判气氛中进行合作。

2. 把握信息收集的原则

（1）可靠性。收集的信息要力求真实可靠，要选用经过验证的结论，经过审核的数据和经过确认的事实。

（2）全面性。收集的信息要力求全面系统，应该从整体上反映事物的本质，不能仅仅靠支离破碎的信息来评估某些事物。

（3）可比性。收集的信息要具有可比性。一方面可以横向比较，针对同一问题收集多个资料，就可以在比较中得出正确的结论；另一方面可以纵向比较，通过事物的过去分析其现在和未来的发展趋势，找出事物发展的规律性。

（4）针对性。收集信息是一项内容繁杂的工作，需要耗费大量的精力和时间，短时间内不可能把所有背景都调查清楚，因此，要进行有针对性的调查。要将与谈判有最密切联系的资料作为重点调查内容，要将最急需了解的问题作为优先调查内容，这样才能提高调查效率，争取时间，把握主动。

（5）长期性。收集信息既是谈判前的一项准备工作，又是企业一件长期的任务。在企业经营管理工作中重视信息的重要作用，建立完善的信息收集网络，不间断地将各种重要信息随时进行收集存档，就可以为企业经营、商务谈判不失时机地提供各种决策依据。

三、分析信息

通过信息搜集工作，可以获得大量来自各方面的信息，要使这些原始信息情报发挥作用，必须进行去粗取精、去伪存真的分析筛选工作。因为在商务谈判前有些企业和组织会故意提供虚假信息，掩盖自己的真实意图。另外，由于各种原因，有时搜集到的信息可能是片面的、不完全的，通过信息分析，能够得以辨别，去伪存真。同时，在保证信息真实、可靠的基础上，结合谈判项目的具体内容，对各种各样的信息进行排队，以确定哪些信息是重要的，哪些是次要的，这样才能更好地为后面的谈判工作提供依据。分析信息一般分为以下四个程序。

1. 审读

谈判人员要对收集到的信息资料进行认真的审查和阅读。审读时，要对访问或观察记录中反映的调查对象的实际情况做事实鉴别，并将数据资料按问题分类，如市场信息、技术信息、管理信息、现在能用、以后能用等，选取有意义的内容，为下一步分析工作做好准备。

2. 分析

这一阶段开始对资料进行研究和分析，可以从以下三方面进行：

（1）对比分析。将被分析的资料进行对比，找出异同点，从而分析事物和现象的特征及其相互联系。例如，在调查洗衣机销售情况时，通过对普通洗衣机的销售分析，得出结论，可以用来推断全自动洗衣机的销售变化规律及特点。

（2）推理分析。由一般的前提推导出个别性结论。就是把调查资料的整体分解为各个因素、各个方面，形成分类资料，并通过对这些分类资料进行研究，分别把握其特征和本质，然后将这些通过分类研究得到的认识联结起来，形成对调查资料整体和综合性认识的逻辑方法。

（3）归纳分析。将具体、个别或特殊的事例推导出一般性规律及特征。通过对信息加以对比、归类、概括，进行一定的理性提升，以形成相对抽象的认识。

3. 整理

将筛选后的资料进行整理，做出完整的检索目录和内容提要，以便检索查询，为谈判提供及时的资料依据。

知识链接

收集信息注意事项

1．前提正确，再下手：明确研究目的，明确资料用途和资料收集的重点内容。

2．收集信息，广撒网：通过各种渠道收集大量的相关信息，注意要有耐心。

3．阅读筛选，重质量：快速阅读所有收集到的信息，筛选出最能说明问题的信息，果断“干掉”没有价值的信息。

4．浓缩整理，看逻辑：注重文字展示的逻辑性。不要把所有的文字都搬上屏幕，也不要假设没其他人对所有信息都了如指掌。

案例链接

在20世纪60年代我国开始大庆油田的建设时，有关大庆的一切信息几乎都是保密的。除了少数一些有关方面人员以外，一般外界连大庆油田的具体地址都不知道，但是日本人却不仅知道，而且还掌握得非常准确。他们对我国大庆油田有关的信息收集，既没有派间谍、特务，也没有收买有关领导和一般群众，完全依靠对我国有关大庆油田公开资料的收集与综合分析。

1960年7月，《中国画报》封面上登出了一张大庆石油工人艰苦创业的照片，画面上，工人们身穿大棉袄，正冒着鹅毛大雪奋力拼搏。日本人根据这一张照片分析出，大庆油田可能是在东三省北部的某个地点。

接着，在《人民日报》上日本人又看到这样一篇报道，说王进喜到了马家窑，说了一声：“好大的油海啊！我们要把中国石油落后的帽子扔到太平洋里去。”于是，日本人找来地图，发现马家窑是位于黑龙江省海伦县东南的一个村子，在兆安铁路上一个小车站以东的10余公里处。

接着，日文版的《中国人民》杂志里又有报道说，中国工人阶级发扬了“一不怕苦，二不怕死”的精神，大庆石油设备不用马拉车推，完全靠肩扛人抬运到工地。日本人据此分析出，大庆的石油钻井离马家窑远不了，远了人工是扛不动的。

当1964年王进喜光荣出席第三届全国人民代表大会的消息见报时，日本人肯定地得出结论：大庆油田出油了，不出油王进喜当不了人民代表。

他们进一步根据《人民日报》上一幅大庆油田钻塔的照片，从钻台上手柄的架式等方面推算出油井的直径，再根据油井直径和国务院的政府工作报告，用当时公布的全国石油产量减去原来的石油产量，估算出平时大庆油田的石油产量，在这个基础上，他们很快设计出适合大庆油田操作的石油设备。

这样，当我国大庆油田突然宣布向世界各国征求石油设备的设计方案时，其他各国都没有准备，而唯独日本人胸有成竹，早已准备好了与大庆油田现有情况完全吻合的方案与设备，在与大庆油田代表的谈判中一举中标。

任务结果

请根据任务情境，收集家具购买的相关信息。每个人首先写下自己的答案，然后进行小组讨论。经过讨论后，如果你的答案有改变，请重新写下你的答案。

任务二

确定商务谈判目标

任务情境

李鸣经过信息收集、筛选和整理，基本掌握了家具的相关行业信息、价格信息等，也明确了自己的需求，确定了工作室所需要家具的类型，并且知道了大致的价格范围。对于李鸣他们来说，1万元是他们的底线，但肯定是越少越好！之前的谈判经历差2000元没谈成使他们耿耿于怀，这次已经收集好信息了，他们觉得一定能够拿下那套家具，但为了避免大家口径不一致，他们出发前协商了一下价格范围……

任务实施

李鸣在出发前协商价格范围，其实就是制定谈判目标。谈判目标是指谈判要达到的具体目标，是指明谈判的方向、要达到的目的和企业对本次谈判的期望水平。商务谈判的目标主要是以满意的条件达成一笔交易，确定正确的谈判目标是保证谈判成功的基础。

明确谈判需求后，就要制定出具体的谈判目标。任何一种谈判都应以既定的谈判目标为导向，谈判目标的内容依谈判类别、各方需求的不同而不同。一般确定谈判目标主要包括：明确谈判目标所涉及的内容，划分谈判目标层次，分析谈判目标的可行性。

一、明确谈判目标所涉及的内容

一般商品交易谈判，其谈判目标所涉及的内容包括如下几个方面。

1. 商品价格目标

商品价格目标是买方或卖方对购买或销售的商品可接受的单价和理想成交单价的规定，又包括贴现、回扣、价格、调整和价格极限等内容。商品价格是谈判中最核心的内容。商品价格的高低直接影响到买卖双方的最终利益，决定着商务谈判的成败。

商品价格主要受到生产成本、质量标准等级、交易数量、供求关系、企业经营策略及谈判策略等因素影响。

2. 商品品质目标

商品品质目标是买方或卖方对购进或销售的商品在品质、规格、等级、标准、商标、牌号、产地等方面的具体要求。商品的品质是商品的内在质量和外观形态的综合。内在质量指商品的化学成分、物理机械性能、生物学特征等的内在因素，外观形态则指商品的造型、结构、颜色及味道等技术指标或要求。每一种具体的商品都会表现为一定的规格和品质。

3. 商品数量目标

商品数量目标是买方或卖方对购进或销售商品数量的要求。数量也是商品购销的主要交易条件，它既影响合同的总金额，又与单价直接相关，且卖方的报价也会与买方的订购数量相挂钩。对于数量问题，谈判中应根据商品性质和交易需要选用适当的计量单位，如重量单位、长度单位、个数单位等。其中，重量需要特别注意，需对毛重、净重和皮重等予以明确。

4. 支付方式目标

支付方式目标是买方或卖方对购进或销售商品理想的和可接受的货款支付方式的规定。商品的支付，是购销谈判中的一项重要问题。在不同的支付条件下，尽管表面支付的价格总额不变，但对买方的实际支付和卖方的实际收入却可能有很大的影响。所以，谈判各方都应努力争取对自身有利的支付条件。

关于支付需要注意的一些问题：

（1）支付手段。货物买卖中的支付手段分为现金结算和非现金结算两种，如采用票据结算需要做出明确规定。

（2）支付时间。支付时间的早晚影响到交易双方的实际收益和风险分担，需根据自身资金周转状况商定具体的支付时间，以免日后再生枝节。对分期付款，须明确首付时间及金额，以及之后的分期次数及各期的时间与金额；对延期付款，应订立具体的付款时间和进度。

5. 保证期目标

保证期目标是卖方将货物卖出后的担保期限，担保的范围主要包括货物的品质和适用性等。关于保证期限的长短，从来都是商务谈判中双方据理力争的焦点问题之一。卖方一般会尽力缩短保证期，因为保证期越长，卖方承担的风险越大，可能花费的成本也就越高；买方总是希望保证期越长越好，因为保证期越长，买方获得的保障程度越高。但是，由于保证期的长短事关卖方信誉及竞争力，事关交易能否做成和怎么做成的问题，因此，卖方在通常情况下会仔细考虑保证期问题。通常卖方根据出现的情况，可以确定关于保证期的最低可接受条件，如果自己能确认在保证期内风险不大，就可以答应对方延长保证期的要求。

6. 服务目标

在选购品中的服务主要包括旅游服务、教育服务、咨询服务。

（1）旅游服务项目的谈判内容。主要包括旅游地区、旅游景点、交通工具、食宿条件、导游服务、文化娱乐、旅游时间、旅游费用、费用边界、退款规定、旅游购物、违约责任、安全保险等。

（2）教育服务项目的谈判内容。主要包括教育层次、培养目标、教学内容、师资状况、教学设施、学习时间、学费标准等。

（3）咨询服务项目的谈判内容。主要包括收费标准、完成时间、质量效果等。

7. 商品包装目标

包装是指在流通过程中，为了保护商品，便利运输储存、促进销售，按照一定的技术方法和要求，采用一定的材料、容器、辅助物料来盛装、包扎商品及其活动。商品包装是商品生产的继续，是商品生产的最后一道工序。商品包装起着保护商品、宣传商品、便于运输、减少货损、节约运费和仓容、使商品增值和方便消费的作用，因此，商品包装也是商务谈判的重要内容。商品包装分为运输包装（也称外包装、大包装）和销售包装（也称内包装、小包装）。商品买卖中，除了少数散装、裸货外，绝大多数商品需要包装。在商务谈判中交易各方一般主要就包装材料、包装方式、包装标志和包装费用等进行协商。

8. 交货时间目标

把商品按照合同规定的时间地点、完整地交付给买方，这是卖方的责任和义务，也是商品购销谈判的重要内容。如果卖方不能在合同规定的时间地点装运和交货，即构成违约，买方有权撤销合同并要求赔偿。交接货的时间地点，对谈判各方来说，应争取与自己的生产计划和营销计划相适应。

二、划分谈判目标层次

由于谈判目标是一种主观的预测性的目标，它的实现还需要参加谈判的各方根据自身利益的需要、他人利益的需要和各种客观因素的可能来制定谈判的目标系统和设定目标层次，并在谈判中经过各方不厌其烦地讨价还价来达到某一目标层次。谈判的具体目标可以划分为四个层次：最高期望目标、实际需要目标、可接受目标、最低限度目标，如下图所示。

假设有一套真皮（二层皮）沙发3+2+1，按照市面价格，约8000元。此时买方卖方的目标可能是：卖方实际想以9000元成交，但会开价10000元，而买方想以8000元成交，还价7000元，双方都不会以自己的实际价格来作为第一次报价：

	卖方	买方
最高期望目标	10000元	7000元
实际需要目标	9000元	8000元
可接受目标	7000~9000元	8000~9000元
最低限度目标	7000元	9000元

1. 最高期望目标

最高期望目标是对我方最有利的一种理想目标，实现这个目标，将最大化地满足我方利益。当然我方的最高期望目标可能是对方最不愿意接受的条件，因此最高目标一般是可望而不可即的理想方向，实现的可能性很小，因为商务谈判是双方利益分配的过程，没有哪个谈判者会心甘情愿地把自己的利益全部让给他人；同样，任何谈判者也不可能指望在每次谈判中都独占鳌头。尽管如此，确立最高期望目标是很有必要的，它激励谈判人员尽最大努力去实现，也可以很清楚地评价出谈判最终结果与最高期望目标存在多大差距。

知识链接

美国著名谈判专家卡洛斯对2000多名谈判人员进行实际调查发现，一个好的谈判者必须坚持“喊价要狠”的准则。这个“狠”的尺度往往接近最高期望目标。美国著名谈判专家亨利·基辛格（Henry Kissinger）曾说：“谈判桌前的结果完全取决于你能在多大程度上抬高自己的要求。”

最高期望目标是谈判开始的话题，如果一个诚实的谈判者一开始就提出他实际想要达到的目标，由于谈判心理作用和对手的实际利益，他最终是不可能达到这个目标的。

假如你在销售二手车，其中一辆车子已经放了6个月还无人问津，其实际销售价格是约16万元，在销售过程中你一定要开出比16万元高的价格，如18.9万元，那才可以有谈判的空间；而大部分客户都不会接受你的第一次报价，因为在客户的心里会认为销售人员的第一次报价都是“狮子大开口”，为了使谈判主动权掌握在自己手中，客户会故意压低还价，只同意出13万元。如此这般，几经交锋，双方谈判结果就会在13万～18.9万元，可能略高于或略低于16万元。

但如果作为销售人员，在谈判前想：“如果我要价太高，旁边那么多竞争对手，肯定谈不成的，还是把价格压低一些，以实际价格报价，这样才可能得到这张订单。”或是想：“如果我要价太高，他们可能会笑话我的。”那一般情况下你需要的实际价格是达不到的。

2. 实际需要目标

实际需要目标是谈判各方根据各种主客观因素，经过对谈判对手的全面评估，对企业利益的全面考虑、科学论证后，纳入谈判计划的谈判目标。这是谈判者调动各种积极性，使用各种谈判手段要达到的谈判目标。如上例的汽车销售价格16万元，就是实际需要目标。

实际需要目标有如下特点：

（1）是秘而不宣的内部机密，一般只在谈判过程中某几个微妙时段提出。

（2）是谈判者“坚守的最后防线”。如果达不到这一目标，谈判可能陷入僵局，谈判小组需要再重新调整对策。

（3）一般由谈判对手挑明，而己方则“见好就收”或“给台阶就下”。

（4）该目标关系到谈判一方的主要或全部经济利益，对谈判者有着强烈的驱动力。

3. 可接受目标

可接受目标实际上是一个区间或者范围，是谈判双方努力争取或做出让步的范围。它能满足谈判一方的部分要求，实现部分经济利益。在上述的例子中，买方因为各种原因只能出价15万元，没有满足卖方的全部需求，这种情况经常发生。因此，谈判者在谈判前制定谈判方案时，应充分估计这种情况，并制定相应的谈判措施和目标。对于卖方，如果此车不出手的话，继续放下去可能会更加掉价，所以在同意价格的情况下可以要求买方一次性付款，或现金付款，或减少赠送礼品来挽回部分损失的利益。

4. 最低限度目标

最低限度目标就是通常所说的底线。最低要求是在谈判中毫无退让余地，必须达到的最基本目标。若不能实现，宁可谈判破裂也不能妥协让步。最低限度目标是谈判者必须坚守的最后一道防线。

实际需要目标是一个定值，它是谈判一方依据实际经济条件做出的“预算”。最优期望值是一个随机值，只要高于实际需要目标即可，这是谈判的起点，是讨价还价的“筹码”。争取实际需要目标和最优期望目标，坚持可接受目标，死守最低限度目标，否则终止或取消谈判。

知识链接

假设在公司的某次谈判中以产品的出售价格为谈判目标，则以上四种目标可以表述为：

最高期望目标是每台售价1400元；

实际需要目标是每台售价1200元；

最低目标是每台售价800元；

可接受目标是每台售价800~1200元。

值得注意的是，谈判中只有价格目标情况比较少见。一般的情况是存在多个谈判目标，需要考虑谈判目标的先后顺序。

三、优化谈判目标

商务谈判目标的确定过程是一个不断优化的过程。对于多重目标必须进行综合衡量，通过对比、筛选、剔除、合并等手段减少目标数量，并根据其重要性加以排序，确定是否要达到所有的目标，判断哪些目标可以舍弃，哪些目标可以争取达到，哪些目标是万万不能降低要求的。与此同时，还应考虑长期目标和短期目标的关系问题。最终确定各目标的主次和连带关系，使各目标之间在内容上保持协调性、一致性，避免互相抵触。

例如，某商家欲采购某种商品进行销售，可以作如下考虑：

◆ 只考虑价格，牺牲质量以低价进货。

◆ 只考虑质量，以高价购入高质量商品，期望能以高价销售保证利润。

◆ 质量与价格相结合加以广告宣传。

◆ 能否得到免费的广告宣传。

◆ 将价格、质量和免费的广告宣传三个因素结合起来加以综合考虑。

在上述五种可能的目标内容中，不难看出，价格和质量问题是基本目标内容，若这两个问题得不到解决，谈判就不可能取得成功。免费广告是最高目标或最优期望目标，是在价格和质量不做出任何让步的情况下才追求的目标，而价格和质量是不可能因为免费广告而放弃的目标。

需要指出的是，谈判的具体目标并不是一成不变的，它可以根据交易过程中各种价值和风险因素做出适当的调整和修改，主要注意以下问题。

1. 分清重要目标和次要目标

谈判之前一定要把目标写下来，并根据优先等级做相应的排序。目标要分轻重缓急，哪个是最重要的目标，哪个是次要目标，把最终目标、现实目标和最低限度目标一一排列。另外，谈判时，是否应该留有余地，在准备时要制定一个最低限度目标。

2. 分清哪些可以让步，哪些不能让步

列出目标的优先顺序之后，还要分清哪些是可以让步的，哪些是不能让步的，必须明确，同时要简要、清楚地用一句话来描述。因为谈判是一个复杂的过程，如果写得很长很多，就需要花很多的时间去理解，比较麻烦，也容易出错，还可能导致在不应该让步的地方做了让步，该让步的地方却没有让步，使谈判陷入僵局。

3. 设定谈判对手的需求

明确什么是己方想要和需要的之后，接下来要明确谈判对手想要和需要的内容。在确定谈判目标的时候，一定要分清自己想要的和需要的内容并罗列出来，包括价格、数量、质量、交货日期、付款、折扣、培训、售后服务等。在谈判前，先列出自己的谈判目标，再列出对方的目标，考虑对方可能关心的内容，尽可能一一列出。设定目标时，作为卖方，最关注的可能是价格、付款，然后才是数量、质量。对于买方，最关注的不一定是价格，有可能是质量和售后服务。

任务结果

请根据任务情境中李鸣的预算，帮助李鸣规划他的谈判目标。先在下方写下自己的答案，再进行小组讨论。经讨论后如果答案有更改，请重新写下你的答案。

最高期望目标：

实际需要目标：

可接受目标：

最低限度目标：

任务三

磋商中的让步

任务情境

经过分析，李鸣认为这套家具非常符合工作室的需求，大气且实用，给出了8000元的价格，对方要13500元，实际李鸣希望以8800元成交，双方争执不下。李鸣应该如何解决目前所形成的局面？

任务实施

对于任何谈判来说，让步是双方达成有效协议所必不可少的步骤，也是谈判实践中重要的一环，无论你是久经沙场，还是初次上阵，都应对让步给予百分百的重视。但在具体的实践中，到底该如何让步，让多少，什么时候让，却非常复杂，如何让步是谈判工作中颇费心思的棘手工作。有经验的谈判人员往往会以很少的让步来换取对方较大的让步，并且会使对方心满意足，愉快地接受。相反，没有经验的谈判者即使做出较大的让步，仍不能达到应有的效果，甚至前功尽弃。可以说，让步本身就是一种策略，它体现了谈判者用主动满足对方需要的方式来换取自己需要得到满足的实质。

一、把握让步的原则

让步涉及买卖双方的切身利益，因此，不可随意让步。让步的基本原则应是以小换大。为了达到这一目的，就要事先确定在哪些问题上与对方讨价还价、在哪些方面可以做出让步、让步的幅度有多大。让步时应遵循以下原则：

（1）只有在必须的时候才做出让步，不要轻易地让步。

（2）要以让步换让步。

（3）不要在重要问题上先做让步。

（4）让步要选择恰当的时机。

（5）让步要分轻重缓急。

（6）每次让步都要让对方感觉为最后一次让步。

（7）让步意图不要表现得太明显。

【视频链接】
让步原则

二、设计让步步骤

在磋商中让步，应该有步骤地进行：

第一，应先考虑两个主要因素：一是因权衡对方要求而做出的让步所付出的代价与不做让步所受的影响之间的利害关系与后果；二是考虑对方对获得己方这项让步的重视程度以及对方对获得这项让步的成功的估计。

第二，列出让步磋商清单。首先要列出己方务必要取得的项目清单，以及为了达到此目的的对策和措施；其次就需要列明己方可以让步的项目清单，并尽可能正确地预测和计划让步的程度。

第三，保持和谐的洽谈气氛，制定一个新的双方都同意磋商的方案，开始实际磋商。

第四，在让步磋商时，尽量让对方先表达意向，并给予足够的时间让其表明所有的要求，然后给其最圆满的解释，即使是相同的理由，也不妨多说一次。同时，要借助温和、礼貌、谦虚的言辞去制造良好的洽谈气氛。人们在满意时，往往乐意付出高价。若上述做法还不能收到预期效果，则可考虑通过让步，逐渐使双方的意见取得一致，促进交易。

三、确定让步的方式

让步的方式与让步幅度密切相关。所谓让步幅度就是指每次让步数额的大小。在商务谈判实践中，人们总结了8中常见的让步方式。不同的让步方式可以传递不同的信息，产生不同的效果。选择、采取哪种让步方式，取决于谈判对手的经验、准备采取的谈判策略以及谈判各方的反应等。

假设有一位卖家急于出售他的别墅，其最高期望价格是880万元，底线是820万元，其让步幅度为60万元，假定卖家决定让步60万元，分四次让步，让步方式可以归结为如下：

让步方式		第一次	第二次	第三次	第四次
方式一	冒险型	0	0	0	60
方式二	刺激型	15	15	15	15
方式三	递增式	8	13	17	22
方式四	希望型	22	17	13	8
方式五	妥协型	26	20	12	2
方式六	危险型	59	0	0	1
方式七	反弹型	50	10	-1	+1
方式八	一次性	60	0	0	0

1. 方式一：冒险型让步

前三个阶段，始终坚持原有的报价，不肯做丝毫退让，到最后一个阶段才一次性让出全部利益。这种方式的优点是在谈判的前期和中期，无论买方作任何表示，卖方始终坚持初始报价，不愿做丝毫退让。而到了谈判后期，一次让出己方的全部可让利润，对方会有险胜感，故此会特别珍惜这种让步，会不失机会地握手言和。其缺点是由于谈判让步的开始阶段一再坚持寸步不让的策略，可能失去合作伙伴，具有较大风险性；同时，易给对方传递己方缺乏诚意的信息，进而影响谈判的结局。

2. 方式二：刺激型让步

等额的让步容易使对方相信，只要他有足够的耐性，对方就会继续退让。这种方式的优点是平稳持久，步步为营，不会让对方轻易占了便宜；缺点是对方每次讨价还价都有等额利润，一旦停止让步，就很难说服对方，并有可能造成谈判的终止或破裂。

3. 方式三：递增式让步

递增式让步可以让对方相信，只要坚持下去就还能获得更大的收益，其期望会随时间的推延而增大。其优点是这种方式具有很大的吸引力，能产生一种诱惑力，使对方沿着己方的思路往前走；缺点是己方的“水分”越挤越多，会导致对方期望越来越大，很可能使己方遭受重大损失。

4. 方式四：希望型让步

己方逐步减少其让步金额，显示出己方的立场越来越强硬，不会轻易让步。对于买方来说，虽然己方仍存在让步的可能，但让步的幅度越来越小。这种方式的优点是比较自然，易为人们所接收；由于采取了一次比一次更为审慎的让步策略，一般不会产生让步上的失误，有利于谈判各方在等价交换、利益均沾的条件下达成协议。其缺点是这种让步由大到小，对于买方来说，越争取利益越小，因而往往会使买方感觉不好，故终局情绪不会太高。

5. 方式五：妥协型让步

己方表示了较强的妥协意愿，但又告诉对方己方所能做出的让步是有限的。这种方式的优点是让步的起点适中，能给对方传递合作且有利可图的信息；让步的幅度越来越小，可以给对方一种接近尾声的感觉，容易促使对方尽快拍板，最终能保护自己的较大利益。缺点是由于这种策略表现为由多到少，容易让买方失望，一般适合谈判高手来使用。

6. 方式六：危险型让步

己方在前两个阶段大幅度让步，大大提高了对方的期望水平，而在第三阶段又拒绝做出任何让步，买方往往很难接受这一变化，容易使谈判陷入僵局。卖方虽然在最后又做了一定让步，但与买方的期望相比，可能仍有很大的差距。

7. 方式七：反弹型让步

反弹型让步方式是开始时大幅度递减，但后来又出现反弹。这种方式给人以软弱、憨厚、老实之感，谈判成功率较高。其优点是在初期让出绝大部分可让利益，有可能换得对方较大的回报。第三阶段的加价显示了较为坚定的立场，第四阶段为表善意而让出小利，显示出己方的诚意，使对手难以拒绝签约。其缺点是开始时大幅让利，有可能出乎买方的意料，如遇到贪婪的对手，会刺激对手变本加厉、得寸进尺，如果第三阶段遭到拒绝后，可能导致谈判出现僵局或败局。

8. 方式八：一次性让步

一次性让步方式是一开始就拿出全部可让利益，以达到以诚制胜的目的。这种方式的优点是由于卖方一开始就让出自己全部可让利益，给对方以合作感、信任感、富有强大诱惑力，故比较容易打动对方，使之采取回报行为，促成和局。其缺点是这种方式操之过急，会刺激买方提高期望从而继续讨价还价，并且，由于一次性大步让利，可能会失掉本来能够力争到的利益。

| 同步练习 |

我国某口岸机械公司欲订购一台生产设备。在取得了报价单并经过估价之后，决定邀请拥有生产该设备先进技术的某西方国家的客商前来我国进一步洽谈。在谈判中，双方集中讨论了价格问题。一开始我方表示愿意出价10万美元，而对方的报价则是20万美元，同其报价单上列的价格完全一样。在比较了第一回合各自的报价后，双方都预计可能成交的价格范围在14万美元至15万美元，他们还估计要经过好几回合的讨价还价，双方才可能就价格调控取得一致意见。

假如你是我方谈判代表，以下三种让步幅度和节奏你觉得哪种更适合？请说明理由。

1. 直接与外国客商说：“为取得一致，消除差距，咱们双方最好都互谅互让，14万美元这个价格兼顾了双方的利益，因而比较现实！”

2. 向对方表示我方愿意考虑的让步不超过5000美元，即10.5万美元。

3. 由10万美元增加到11.4万美元，然后依次增加，但增加幅度越来越小。

你有更好的让步方式吗？

| 同步练习 |

让我们先来思考这样一个问题：如果你能在原来价格的基础上让步100万元，分成四步让步，你如何做？

四、选择让步时机

让步的时机与谈判的顺利进行有着密切的关系，让步时机的选择影响让步效果。在适当的时机和场合做出适当适时的让步，能使谈判让步的作用发挥到最大、所起到的作用最佳。让步时机的选择需根据当时的需要，既可我方先于对方让步，也可后于对方让步，甚至双方同时做出让步。

但在谈判的实际过程中，时机是非常难以把握的。如果让步过早，会使对方误认为是“顺带”得到的小让步，这将会使对方得寸进尺；如果让步过晚，除非让步价值十分重大（一般少见），否则它将失去应有的作用，对控制谈判结果影响不大或不发生任何影响。一般而言，让步的主要部分应放在成交期之前，以影响成交条件，而处于次要的、象征性的让步放在最后时刻，作为最后“甜头”，但必须注意强调这种让步的终局性。如果迫不得已，己方再不做出让步就有可能使谈判夭折的话，也必须把握住“此失彼补”这一原则。即这一方面（或此问题）虽然己方给了对方优惠，但在另一方面（或其他地方）必须加倍地，至少均等地获取回报。当然，在谈判时，如果发觉此问题己方若是让步可以换取彼此更大的好处时，也应毫不犹豫地给其让步，以保持全盘的优势。让步时机选择的关键在于应使己方的小让步给对方造成大满足的感受。

五、选择让步的实施策略

磋商中，每一次让步不但是为了追求自己的满足，同时还要充分考虑到对方的最大满足。谈判双方在不同利益问题上相互给予对方让步，以达成谈判和局为最终目标。以己方的让步换取对方在另一问题上的让步的策略，称为互利互惠的让步策略；在时空上，以未来利益上的让步换取对方近期利益上的让步称为予远利谋近惠的让步策略；若谈判一方以不作任何让步为条件而获得对方的让步也是有可能的，称为己方丝毫无损的让步策略。

1. 互利互惠的让步策略

谈判不会是仅仅有利于某一方的洽谈。一方做出了让步，必然期望对方对此有所补偿，获得更大的让步。一方在做出让步后，能否获得对方互惠互利的让步，在很大程度上取决于该方商谈的方式：一种是所谓的横向谈判，即采取横向铺开的方法，几个议题同时讨论、同时展开、同时向前推进；另一种是所谓的纵向深入方法，即先集中解决某一个议题，而在开始解决其他议题时，已对这个议题进行了全面深入的研究讨论。采用纵向商谈，双方往往会在某一个议题上争持不下，而在经过一番努力之后，往往会出现单方让步的局面。横向谈判则把各个议题联系在一起，双方可以在各议题上进行利益交换，达成互惠式让步。争取互惠式让步，需要谈判者具有开阔的思路和视野。除了某些己方必须得到的利益必须坚持以外，不要太固执于某一个问题的让步，而应统观全局，分清利害关系，避重就轻，灵活地使本方的利益在某方面能够得到补偿。

为了能顺利地争取对方互惠互利的让步，商务谈判人员可采取的技巧是：

（1）当己方谈判人员做出让步时，应向对方表明。做出这个让步是与公司政策或公司主管的指示相悖的。因此，己方只同意这样一个让步，即贵方也必须在某个问题上有所回报，这样我们回去也好有个交代。

（2）把己方的让步与对方的让步直接联系起来，表明己方可以做出这次让步，只要在己方要求对方让步的问题上能达成一致，一切就不存在问题了。

比较而言，前一种言之有理，言中有情，易获得成功；后一种则直来直去，比较生硬。

2. 予远利谋近惠的让步策略

在商务谈判中，参加谈判的各方均持有不同的愿望和需要，有的对未来很乐观，有的则很悲观；有的希望马上达成交易，有的却希望能够等上一段时间。因此，谈判者自然也就表现为对谈判的两种满足形式，即对现实谈判交易的满足和对未来交易的满足。而对未来的满足程度完全凭借谈判人员自己的感觉。

对于有些谈判人员来说，可以通过给予其期待的满足或未来的满足而避免给予其现实的满足，即为了避免现实的让步而给予对方以远利。比如，当对方在谈判中要求己方在某一问题上做出让步时，己方可以强调保持与己方的业务关系将能给对方带来长期的利益，而本次交易对是否能够成功地建立和发展双方之间的这种长期业务关系是至关重要的，向对方说明远利和近利之间的利害关系。如果对方是精明的商人，是会取远利而弃近惠的。其实，对己方来讲，采取予远利谋近惠的让步策略，并未付出什么现实的东西，却获得近惠，何乐而不为!

3．丝毫无损的让步策略

丝毫无损的让步策略是指在谈判过程中，当谈判的对方就某个交易条件要求己方做出让步，其要求的确有些理由，而对方又不愿意在这个问题上做出实质性的让步时，采取这样一种处理的办法，即首先认真地倾听对方的诉说，并向对方表示："我方充分地理解您的要求，也认为您的要求是有一定的合理性的，但就我方目前的条件而言，因受种种因素的限制，实在难以接受您的要求。我们保证在这个问题上我方给予其他客户的条件绝对不比给您的好，希望您能够谅解。"如果不是什么大的问题，对方听了上述一番话以后，往往会自己放弃要求。

谈判是有一定艺术性的。人们对自己争取某个事物的行为的评价并不完全取决于最终的行为结果，还取决于人们在争取过程中的感受，有时感受比结果还重要。在这里，己方认真倾听对方的意见，肯定其要求的合理性，满足了对方受人尊敬的要求；保证其条件待遇不低于其他客户，进一步强化了这种受人尊敬需求的效果，迎合了人们普遍存在的互相攀比、横向比较的心理。

莎士比亚曾经说过："人们满意时，就会付出高价。"以下的每个让步都会提高对方的满意程度，而己方又丝毫无损：

- ◆ 注意倾听对方所说的话。
- ◆ 尽量给他最圆满的解释，使他满意。
- ◆ 如果你说了某些话，就证明给他看。
- ◆ 即使是相同的理由，也要一再地说给他听。
- ◆ 对待他温和而有礼貌。
- ◆ 向他保证其他顾客的待遇都没有他好。
- ◆ 尽量重复指出这次交易将会提供给他完美的售后服务。
- ◆ 向他说明其他有能力及受尊敬的人也做了相同的选择。
- ◆ 让他亲自去调查某些事情。
- ◆ 如果可能，向他保证未来交易的优待。
- ◆ 让公司中高级主管亲自出马，使对方更满意而有信心。
- ◆ 让他了解商品的优点及市场的情况。

六、衡量让步结果

买卖双方可以通过比较己方在让步后具体的利益得失与己方在做出让步后所取得的谈判

地位，以及讨价还价力量的变化来进行衡量。让步后的结果主要有三种情况：

第一种情况是让步，但一无所获；

第二种情况是让步，同时有所获；

第三种情况是让步，但大有所获。

任务结果

根据任务情境，请帮助李鸣规划他的让步方式、让步策略并设计对白。

巩固练习

一、单选题

1.（　　）是商务谈判必须实现的目标，是谈判的最低要求。

A. 最低限度目标　　B. 可接受目标

C. 最优期望目标　　D. 最理想目标

2. 对谈判对手进行（　　）调查研究，是谈判前准备工作极其重要的一步。

A. 客商身份　　B. 资信状况

C. 参加谈判人员权限　　D. 谈判目的

3. 商务谈判的核心内容是（　　）。

A. 政治利益　　B. 质量

C. 经济利益　　D. 价格

4. 下列哪些不是积极的让步条件？（　　）

A. 让步可以获取长远利益

B. 局部的让步可以获得整体利益

C. 让步可以最大限度地实现自身利益

D. 让步可以获得局部利益

5. 卖方有 100 元的让步权限，要求四次让完，合适的让步方式是（　　）。

A. 25/25/25/25　　B. 50/0/50/0

C. 40/30/20/10　　D. 0/0/50/50

6. 符合谈判让步原则的做法是（　　）。

A. 做同等让步　　B. 让步幅度要大

C. 让步节奏要快　　D. 在重要问题上不要轻易让步

二、多选题

1. 谈判目标有以下 4 个不同层次（　　）。

A. 最优期望目标　　B. 双方满意目标

C. 可接受目标　　D. 实际需要目标

E. 最低限度目标

2. 让步原则有（　　）。
   A. 让步幅度不能过大
   B. 让步绝不能无偿让步
   C. 让步要恰如其分
   D. 让步不要太快
   E. 不承诺作同等级的让步

三、判断题

（　　）1. 在谈判中，要避免提出那些可能会阻碍对方让步的问题。

（　　）2. 让步的基本准则是“以小换大”。

（　　）3. 车轮战术策略是典型的迫使对方让步的策略。

（　　）4. 直接调查不属于商务谈判调查的手段。

（　　）5. 确定谈判目标是谈判计划的中心内容，也是谈判时的公开观点。

（　　）6. 发现让步欠妥后，让步不能收回。

（　　）7. 实际需要目标一般会在谈判议程中公开。

（　　）8. 实际需要目标是谈判各方根据主客观因素，考虑到各方面情况，经过科学论证、预测和核算后纳入谈判计划的目标。

四、简答题

1. 谈判信息包括哪些方面的内容？收集谈判信息的方法有哪几种？
2. 什么是最优目标、实际需要目标、可接受目标、最低限度目标？
3. 让步模式有哪几种？各有什么特点？其适用条件是什么？

五、实训项目

1. 假设你有一个创业项目，需要场地展示你们的产品，而校内有一生产性实训基地——××超市，你们希望能够在超市内寻得一个展位。

问题：你该如何完成此项任务，应该收集哪些方面的信息？根据以上情境角色进行模拟谈判。

2. 你是校内生产性实训基地——××超市的负责人，超市成立数年以来，为确保食品用品安全，对所有进驻超市的商品都有严格的管理制度。乘着“创新创业”之风，你希望引入一些相关项目，增加实训基地的亮点。

问题：你该如何完成此项任务，应收集哪些信息？根据以上情境角色进行模拟谈判。

项目四

玩具 B2B 购销谈判

知识目标

- 理解认定谈判双方实力的方法
- 了解谈判议程安排的步骤
- 掌握营造商务谈判开局气氛的技巧
- 掌握打破僵局的技巧

能力目标

- 能够在实际谈判中运用认定双方谈判实力的方法
- 能够做好谈判议程安排
- 能够营造恰当的谈判开局气氛并能在开局中摸清对方底细
- 能化解谈判僵局并制造僵局

教学建议

- 课内教学可在普通多媒体教室或实训室进行
- 本项目将推销谈判完整展现，教学应结合情境展现内容对照进行
- 模拟训练应尽可能多设计运用谈判技巧，使谈判过程丰满，充分体现谈判博弈特征
- 建议组织学生回忆自己推销产品的谈判经历，总结各种经历的相似之处
- 配合视频材料观看视频

| 情境导入 |

经过一年多时间的用心经营，李鸣的网店也做大了，同时还加入了几个合伙人，并雇用了一些师弟师妹负责客户及发货，网店已经经营得像模像样。但对于网店如何发展壮大，李鸣开始担心。自问现阶段店里卖的主要是针对学生用的零散小商品，这种商品本来进货价就不便宜，利润非常低，价格没有什么竞争优势，怎么做都做不过浙江义乌那边的网店，而且竞争对手也越来越多。于是李鸣决定重新定位网店商品。

李鸣认真研究分析，发现很多网店做得成功，主要有两方面的原因：一是商品独特，其他地方没得卖；二是利用地区价格差异，形成价格优势，而独特的商品一时半会儿是找不到的，于是李鸣就将目标瞄准了具有地区价格差异的商品。李鸣所在地区有几大支柱产业，分别是：①电子信息制造业；②电气机械制造业；③纺织服装制造业；④家具制造业；⑤玩具制造业；⑥造纸及纸制品业；⑦食品饮料制造业；⑧化工制品制造业。

据有淘宝网开店经验的人士建议，通过对淘宝网店上出售产品的细分发现，适合淘宝开店销售的商品一般具备下面的特点：

（1）体积较小：主要是方便运输，降低运输的成本。

（2）附加值较高：价值低过运费的单件商品是不适合网上销售的。

（3）具备独特性或时尚性：网店销售不错的商品往往都是独具特色或者十分时尚的。

（4）价格较合理：如果网下可以用相同的价格买到，就不会有人在网上购买了。

（5）通过网站了解就可以激起浏览者的购买欲：如果这件商品必须要亲自见到才可以达到购买所需要的信任，那么就不适合在网上开店销售。

（6）网下没有，只有网上才能买到，比如外贸订单产品或者直接从国外带回来的产品。

根据以上建议，李鸣仔细地对8大行业进行甄选，最终选择了从玩具产品入手，一是本地玩具企业较多，选择空间大，能形成价格优势；二是相对其他行业，自己对玩具行业更加熟悉，且投入资金不需要太多；三是玩具受众明确；四是完全具备经验人士建议的6个特点。

就这样，李鸣开始收集资料，包括玩具企业的经营情况，现在玩具生产的成本核算、本地的主要企业等。当将玩具行业信息资料掌握得差不多后，他利用课余时间逐个走访本地的玩具生产商，希望能够与玩具企业建立长期合作关系，并且获得足够多的优惠。可好几个企业都对这个20出头的毛小子爱理不理的。终于，有一家小型电子玩具生产企业（以下简称“A公司”）的许老板欣赏李鸣的创业的劲头，愿意与他谈一谈。

对于此次谈判，李鸣感觉是一次难得的机会，李鸣希望能够争取到该公司产品的网络代理权，如果能谈成，将会是他电商事业发展的转折点。可他应该怎样来把握这次谈判呢？

实施方法

从以上材料可以看出，李鸣购买玩具是用于销售，在商品中属于产业用品。产业用品是购买后用来进一步加工或用于企业经营的产品，包括材料、部件、装备和附属设备等。产业用品与便利品、选购品等消费品的显著区别在于其购买目的，如一消费者购买一台割草机在自家草坪使用，则是选购品；如果用于美化环境，就是产业用品。

产业用品购销谈判较前面项目谈判复杂，其谈判对象是用于再生产或再销售的，多为商家对商家的谈判（以下简称B2B谈判）。B2B的谈判涉及程序较多，除了前面两个项目程序外，还要评估双方谈判实力、安排议程、营造开局气氛、处理谈判僵局，其谈判过程如下图所示。

收集并分析谈判信息

↓

谈判双方实力分析与评估

↓

确定谈判目标

↓

安排谈判议程

↓

谈判开局

↓

磋商

根据购销谈判工作过程活动顺序和职业教育学习规律，结合前面项目所讲内容，本项目工作可以分解成以下工作任务。

任务一　分析与评估谈判双方实力

↓

任务二　安排谈判议程

↓

任务三　谈判开局

↓

任务四　处理谈判僵局

任务一

分析与评估谈判双方实力

任务情境

去A公司谈判前，李鸣对A公司的经营状况、行业排名等进行了一番调查，得知A公司主要经营电动玩具为主，属于刚刚起步企业，在当地知名度不算高，但是其产品创新，市场反应不错，现属于拓展市场阶段。

李鸣虽然有开网店的成功经验，也对玩具行业做了些调查研究，但之前并未涉足，从谈判双方实力来看，李鸣的实力明显弱于A公司。于是，李鸣跑去向市场营销的老师请教，将情况一五一十地告诉了老师，老师笑眯眯地说："从公司实力上来说你们就是明显弱于A公司，但从'谈判实力'来说，却未必。"李鸣听了一脸茫然，这究竟是怎样呢？

任务实施

谈判实力是指影响双方在谈判过程中的相关关系、地位和谈判最终结果的各种因素的总和，以及这些因素对各方的有利程度。它与企业实力不同，企业实力是指从总体上看一个企业的规模、技术水平、人员素质和市场占有率等方面均处于何种水平。企业实力是形成谈判实力的潜在基础，但并不一定直接构成谈判实力。例如，如果谈判的内容正好是实力很强的某一企业的薄弱之处，那么这个企业的谈判实力是弱而不是强。就一般情况而言，企业实力强有利于形成和强化其谈判实力，而谈判实力较强的企业却不一定就说明企业实力一定很强。

谈判前进行调查研究、收集整理谈判资料的目的之一就是在于分析谈判双方的实力对比关系，是本方处于优势还是对方处于优势，还是双方实力相等、势均力敌，从而确立己方的谈判地位及相应对策。显然，双方实力对比关系不同，谈判者为自己制定的谈判目标以及攻防策略也就不一样。因此，分析谈判双方实力对比关系十分重要；但由于影响双方实力的因素非常多，且受到许多人为因素的影响，所以，分析、判断和评估双方实力对比关系又十分微妙。正如谈判专家指出的，你实际上处于优势或劣势和对方觉得你是优势或劣势，两者之间可能有很大不同。当然，分析、判断、评估双方实力也绝非无规律可循，问题的复杂性需要谈判人员运用知识和经验发挥创造力。一般来说，分析评估双方实力可以从以下几个方面进行。

一、谈判者的知识

实力来源于知识，谈判者掌握的知识越多，其力量就越大。俗话说，知识就是力量的源泉，知识能引起别人的敬重，从而能将敬重转化为自身实力。

二、对商业行情的了解程度

商业行情是极为宝贵的资源，它可以转化为财富，只有在掌握了充分的市场信息行情的前提下，才有可能制定出有针对性的谈判战略和战术。谈判的一方如果对交易产品本身的市场行情了解得越多、越详细，那么该方在谈判中就越是处于有利地位，相应的谈判实力也就越强；反之，不了解市场行情或知之甚少，则显然不会有很强的谈判实力。

三、与对手的关系

谈判者过去与对手的交易关系如何，这是对方不得不考虑的一个因素，也是谈判者谈判实力的一个来源。与过去曾有过愉快合作的谈判对手合作，还是与从未合作过的且对对方毫不了解的对手谈判，或者与之前曾有不愉快或破裂的谈判，但出于商业目的重新回到谈判桌旁的谈判对手重新开始谈判，这些不同的对手关系决定了双方不同的谈判实力。

四、企业信誉

实力源于企业的信誉。一个声誉好、交易公正和关心他人的企业的谈判者形象本身就是一种力量，是成功的象征。企业的商业信誉越高，社会影响越大，该企业的谈判实力就越强，反之则相反。

五、交易内容对双方的重要程度

交易谈判的成功标志着谈判双方各自满足了某种程度的需要，但这并不意味着交易内容对各方的重要程度是一样的。实际上，交易内容本身对于双方来讲，其重要程度往往存在差异，这也就决定了双方在谈判实力上必然会存在差异。一般来说，交易内容对某一方越是重要，越希望通过谈判达成交易，那么该方在谈判中的实力就越弱，反之则越强。比如，在货物交易的谈判中，卖方的商品十分紧俏，不愁找不到买主，而买方急于采购，很显然，在这种情况下，卖方的谈判实力要远远强于买方。

六、给对方的安全感

实力与安全感相互关联。只有使对方感到与己方成交是可靠的、确定的，己方才有实力可言。如果一方给人不确定和不扎实的感觉，就显示不出自己的实力。

七、谈判艺术与技巧的运用

买卖双方的交易谈判最终是要由具体的谈判者来完成的，谈判者所具有的谈判经验和战术水平对谈判结果有直接影响。一个经验丰富的谈判高手与一个初出茅庐的谈判新手相对，所具有的优势和劣势是非常明显的。我们在实战中往往看到，本来在谈判中并不占有优势的一方却取得了于本方有利的谈判结果，这就是因为谈判中的技巧运用发挥了积极的作用。熟悉掌握谈判技巧的一方因为较好地把握了谈判中的有利因素，并尽可能回避各种不利因素，从而使本方的谈判实力得到了增强。

八、谈判者的地位

实力也可能源于谈判者的地位和级别。级别和地位是实力的重要构成要素。在关键的谈判中，由级别较高的谈判者出面会起到压人一头的作用。

九、冒险精神

商务谈判处处都有风险，谈判者敢于承担风险的精神越强，实力通常就越大，反之，如果不敢冒风险，就不可能显示出自己的实力来。当年马云在找孙正义投资时，既没有穿西装，也没有打领带，只是很随意地穿了一件外衣，这是不符合谈判礼仪的，但是马云就是依靠自己的创意和不怕输的精神赢得了孙正义的认可，并从他手中拿到了投资。再如卖家如果敢冒卖不出的风险，其实力就越强；同理，作为买家，如果敢冒商品供应不上的风险，他的实力也越强。冒险精神要求我们要勇于创新，勇于开拓，乐于冒险。但是冒险不等于铤而走险，也不等于与事实反着来。它要求我们在理智的情况下，在分析自己与谈判对手实际的情况下，敢于创新，以取得意外的收获。

十、竞争者的状况

业务往来中，经常是存在多个买主对应多个卖主的情况。如果多个卖主对应较少的买主，即形成了买方市场，这时无疑会使买方谈判实力增强，而使卖方谈判实力减弱；反之，如果多个买主对应较少的卖主时，就会形成卖方市场，卖方谈判实力增强，买方谈判实力减弱。

十一、退路

达不成协议怎么办？谈判破裂后是否有退路？这也会影响谈判者的实力。如果你可走的只有一条路，即与对方谈判达成协议，别无他选，那么对方便会占据主动权，你的实力便会大大降低。谈判者应当牢记，千万不要在没有退路时与对方谈判。

十二、谈判时间

在谈判过程中，一方如果特别希望早日结束谈判，达成协议，那么时间因素的限制就大大削弱了其谈判实力。由于时间限制，该方就不得不做出某些对其不利的让步，导致不利的结果。例如，当买方急于购进卖方的商品，否则买方生产就会停工待料或产品脱销断档时，买方的谈判实力就低；卖方急于销售商品、回收资金时，卖方的谈判实力就会低。对于季节性较强的商品，卖方往往是为了在一定的时间内出售，有时会不惜降价进行销售。这种时间上的限制，削弱了季节性商品卖方的谈判实力。相反，谈判时间充裕的一方，将有条件调动各种资源来充分展开讨价还价，这无疑会增强该方的谈判实力。

案例链接

持续数十年的美越之战，使越南人耗尽了一切，资源设备均遭受严重破坏，民不聊生，越南人想尽快结束战争。但在怎样结束的问题上，他们却使实力雄厚的美国人着实吃了一惊。越南政府放出消息："我们要把这场战争打627年，如果我们再打128年的话，那有什么要紧的呢？打32年战争对我们来说只是一场快速战。"

越南人之所以这样做，就是利用美国国内大选，竞选人急于想结束旷日持久的战争，以换取美国民众拥护的心理。越南人这种无所谓、不在意的态度，越发使美国人着急，本来主动权在美国，但却变得十分被动，费了九牛二虎之力才使越南人坐到谈判桌上来。

在巴黎和谈时，以黎德寿为首的越南代表团，没有住旅馆，而是租用了一栋别墅，租期是两年半，而以哈里曼为首的美国代表团则是按天交付旅馆的房费。结果怎样呢？越南在最不利的条件下，取得了最理想的谈判结果，这就是耐心的力量。

从战争上来说美国完全占据着绝对的优势，但是越南人并不甘于在战争的谈判桌上也处于劣势。越南人通过分析美国人想急于结束战争，参选的美国竞选人想借助谈判来尽快结束战争的心理，抓住了对方的弱点并保持足够的耐心来最大化地争取己方的谈判利益。越南人首先宣扬不害怕持久的战争，且在巴黎和谈时做好了准备持续谈判的各项准备，结果想急于结束谈判的美国人没有将军事上的优势转化成谈判桌前的优势，自身的急躁面对对方的耐心就难免失掉更多的谈判利益了。

在实际谈判中，无数事例证明，如果你感到你的优势不明显，或局势对你不利的话，千万别忘记了利用"时间"。

十三、谈判目标是否合理

谈判目标与谈判实力相互联系、相互制约。谈判者要根据谈判实力确定谈判目标，实力强，目标可适当定得高一些。但目标定得太高又会削弱谈判实力，漫天要价的谈判者是谈不上具有谈判实力的。

十四、对交易内容与交易条件的满意程度

商务谈判双方对交易内容与交易条件的满足程度存在差异，某一方对交易内容与条件的满足程度越高，该方的谈判实力就越强。在国际货物买卖中，卖方的货物在质量、数量、交货时间上越能够满足买方的要求，谈判实力就越强，因为买方在这种情况下无法提出使对方让步的理由。

十五、买方货币支付能力及采购商品时的态度

买方的实力与其货币支付能力成正比。如果买方身无分文就根本无实力可言。这里，买方的货币支付能力并不只是指其自有的资金，而是指他能调动的资金。另外，买方在采购货物时如果对货物的要求过于严格，将会把选择的范围缩小从而降低卖方的竞争，对买方不利。相反，在不违背使用要求的条件下，拓宽对货物的要求则会使选择的范围扩大而加剧供给者之间的竞争，增强买方的实力。

通过以上各种因素的比较分析，谈判者可以通过判断评估双方的实力，基本上可以清楚谈判所面临的形势，为制定谈判策略奠定基础。同时，环境总是在不断变化的，实力评估必须采取动态的方法，必须不断地对双方实力进行再评价和再判断。

任务结果

请根据本任务情境内容，分别以 A 公司及李鸣为主体，对谈判双方的实力进行分析，填到下表中。同时对于弱势一方提出提升谈判实力的建议。

比较项目		情况描述			
		我方优势	我方劣势	对方优势	对方劣势
1	谈判者的知识				
2	对商业行情的了解程度				
3	与对手的关系				
4	企业信誉				
5	交易内容对对方的重要程度				
6	给对方的安全感				
7	谈判艺术与技巧的应用				
8	谈判者的地位				
9	冒险精神				
10	竞争者的状况				
11	退路				
12	谈判时间				
13	谈判目标是否合理				
14	对交易内容与交易条件的满意程度				
15	买方货币支付能力及采购商品时的态度				

任务二
安排谈判议程

任务情境

李鸣在谈判前得知A公司的谈判人员主要有公司总经理许老板、销售部周经理，他们都是业内的经营猛将，谈判稍有差错就会丧失合作的机会。虽然谈判双方中李鸣的实力明显弱于对方，处于劣势，但李鸣还是希望尽自己最大的努力去争取谈判的成功，于是李鸣要将自己在谈判时要谈的整理一下，那究竟哪些该谈？哪些不该谈？先谈什么后谈什么呢？

任务实施

谈判议程的安排对谈判双方非常重要，可以说议程本身就是一种策略，必须高度重视这项工作。谈判议程一般要说明谈判时间的安排、谈判议题的确定、议题先后顺序的安排及各议题的时间分配。

一、安排谈判时间

谈判时间的安排是否恰当会对谈判结果产生很大的影响。中国在战术上讲求天时、地利、人和，时间安排就是为谈判争夺“天时”之利。谈判时间的安排就是要确定谈判在何时举行、为期多久、何时结束、每项议题大致的时间等。若是一系列的谈判需要分阶段进行的话，还应对各阶段的谈判时间做出安排。

谈判时间的安排是议程中的重要环节。如果时间安排得很仓促，准备不充分，匆忙上阵，心浮气躁，就很难沉着冷静地在谈判中实施各种策略；如果时间安排得很拖延，不仅会耗费大量的时间和精力，而且随着时间的推延，各种环境因素都会发生变化，还可能会错过一些重要的机遇。

案例链接

在谈判中，日本人最善于运用最后期限策略。德国某大公司应日方邀请去日本进行为期十天的访问，以草签协议的形式洽谈一笔生意，双方都很重视。德方派出了由公司总裁带队，由财务、法务等部门负责人及其夫人组成的庞大代表团，代表团抵达日本时受到了热烈的欢迎。在前往宾馆的途中，日方社长夫人询问德方公司总裁夫人：“这次是你们第一次光临日本吧？一定要好好旅游一番。”总裁夫人讲：“我们对日本文化仰慕已久，真希望有机会领略一下东方悠久的文化、风土人情。但是，实在遗憾，我们已经订了下周五回国的返程机票。”日方听后称会妥善安排时间。

结果，日方把前五天的时间都用来安排德方的旅游观光，晚上还安排宴会，以示热情。交易洽商终于在第六天开始，但每天都早早结束，为的是客人能够去打高尔夫球。终于在第九天谈到重点了，日方又搬出了堆积如山的资料，“诚心诚意”地向德方提供一切信息，尽管德方每个人都竭尽全力寻找不利于己方的条款，但尚有6%的合同条款无法仔细推敲，就已经到了签约时间。德方进退两难，不签，高规格、大规模的代表团兴师动众来到日本，却空手而归，显然名誉扫地；签约，有许多条款尚未仔细推敲。万般无奈，德方代表团选择后者，匆忙签订了协议。

分析：为什么会出现这种情况呢？通常情况下，当一场谈判拖延太久时，你的潜意识会冲你发出尖叫："你在这次谈判上花了这么多时间，千万不要就这样空着手回去，一定要谈出点什么结果！"每次遇到这种情况，你都可以做出一些新的让步。优势谈判高手知道，无论谈判进行到何种地步，你都应该把自己已经投入的时间和金钱看成是沉没成本，应当完全忽视它们。无论你们是否达成协议，你所投入的时间和金钱都无法收回，所以一定要冷静地审查眼前的谈判条款，要反复告诫自己："我应该忘掉自己已经投入的时间和金钱，重新开始谈判！"

——（资料来源：罗杰·道森. 优势谈判［M］. 重庆：重庆出版社，2008）

谈判时间会极大地影响谈判者的收益。一般情况下，谈判时间越长，双方耗费的人力、物力、财力也越多。但是这种耗费不一定是对称的，随着时间的推移也可能存在一方的耗费不断增大而另一方几乎没有增加的情况。比如在拆迁谈判中，时间的拖延会对拆迁方造成巨大的损失，而对被拆迁方几乎没有什么影响。

谈判时间还会影响谈判者的心理。谈判时间越长，投入的时间越多，卖方就越想使谈判有结果，其心理就越脆弱，所以聪明的买方都会引诱卖方投入更多的时间。谈判的剩余时间越短，谈判者感受到的压力也就越大。但是要注意，给对方在时间上的压力并非越大越好。压力的大小最好和对方将要做出的决定相一致。因此，谈判的"大赢家"一定会给自己预留足够的时间来选择谈判对手和实施各种谈判策略，让自己的谈判时间过于紧迫是极不明智的。

谈判时应对谈判时间进行有策略的规划，具体体现在以下几个方面。

1. 把谈判时间分为准备时间和实施时间

充分的准备时间有利于提高谈判实力。谈判者应当避免因为时间仓促而草率地进行谈判，被迫接受对己方不利的条件。"谈判大赢家"认为准备时间和实施时间的理想比例是8∶2或9∶1。准备时间占的比重越大，谈判者的实力就越强大，在谈判桌上的发挥就越出色。把谈判的希望寄托于谈判桌上的临时发挥将难以获得成功。

2. 把实施时间分为正常谈判时间和谈判策略应用时间

正常谈判时间是指双方都比较有诚意和合作精神，在谈判一切正常顺利的情况下所需的时间。谈判策略应用时间是指谈判者为了给自己谋取更多的利益而故意放慢节奏，应用、实施一系列谈判策略所需的时间。

3. 关注时间变化对谈判双方利益的影响

如果随着时间的推移谈判形势对己方越来越有利，则可以采取拖延的策略。在拆迁谈判中，拖延就是一种非常有用的谈判策略。钉子户每拖延一天，开发商仅利息损失可能就要好几万甚至更多。如果随着时间的推移谈判形势对己方越来越不利，则有策略的做法是找理由先和对方确定谈判的议程，然后再按照确定的议程进行谈判。若对方拖延，不按议程进行，就要承担道义上的责任和压力。

知识链接

谈判时间的选择适当与否，对谈判效果影响很大。一般来说，应注意以下几种情况：

（1）避免在身心处于低潮时进行谈判。例如夏天的午饭后、人们需要休息的时候不宜进行谈判；如去外乡异地谈判，或去国外谈判，经过长途跋涉后应避免立即开始谈判，要安排充分的休整之后再进行谈判。

（2）避免在一周休息日后的第一天早上进行谈判，因为这个时候人们在心理上可能仍未进入工作状态。

（3）避免在连续紧张工作后进行谈判，这时，人们的思绪比较凌乱。

（4）避免在身体不适时进行谈判，因为身体不适，很难使自己专心致力于谈判之中。

（5）避免在一天中最疲劳的时间进行谈判。现代心理学、生理学研究认为，傍晚4时至6时是人一天的疲劳在心理上、肉体上都已达顶峰的时候，容易焦躁不安，思考力减弱，工作最没有效率，因此在这个时候进行谈判是不适宜的。

另外，在贸易谈判中，如果是卖方谈判者，则应主动避开买方市场；如果是买方谈判者，则要尽量避开卖方市场，因为这两种情况都难以进行平等互利的谈判，不要在最急需某种商品或急需出售某种产品时进行谈判，要有一个适当的提前量，做到“凡事预则立”。同时要注意时间因素的重要性，如夏天买棉衣，冬天买风扇，落市时去买菜，在淡季去旅游，选择对自己最有利的时机。

| 同步练习 |

有国外客人（新接触的）来中国洽谈订单事宜，因客人时间上安排很紧张，只给你一个下午的时间，晚上就要飞到其他城市去。这时候应该怎么安排？

二、确定谈判议题

所谓谈判议题就是谈判双方提出和讨论的各种问题。确定谈判议题首先须明确己方要提出哪些问题，要讨论哪些问题。要把所有问题全盘进行比较和分析：哪些问题是主要议题，要列入重点讨论范围；哪些问题是非重点问题；哪些问题可以忽略。这些问题之间是什么关系，在逻辑上有什么联系；还要预测对方会提出什么问题，哪些问题是己方必须认真对待、全力以赴去解决的；哪些问题可以根据情况做出让步；哪些问题可以不予讨论。确定议题一般分为以下四步进行：

（1）将与本次谈判有关的、需要双方展开讨论的所有问题罗列出来，尽可能不要遗漏。

（2）将罗列出的问题进行分析，确定哪些问题是重点问题，哪些问题是非重点问题，哪些问题可以忽略以及问题之间的逻辑关系。

（3）根据对己方有利还是不利这一标准，将所有问题进行分类。尽可能将对己方有利的问题列入谈判议题，而将对己方不利的问题排除在议题之外，或者只选择对己方不利但危害不大的问题列入议题，而将危害大的问题排除在外，目的是使议题的安排有利于己方。

（4）最后，确定哪些问题是对方关心的核心问题，己方必须认真对待；哪些问题是对方的附属问题，对方可以做出让步。

| 同步练习 |

A糖果企业是一家中小型企业，成立不久，主要以生产棒棒糖为主，拥有授权品牌及自主品牌。由于该企业产品新颖，质量和口感都不错，深得客户的喜爱，产品具有较强的竞争力。但同类型的糖果企业×福记占据了各大超市的有利位置，使得A企业举步维艰。

为扩大产品影响力，A公司决定在“六一”展开大型的促销活动，计划完成本地四家超市的入场谈判。J超市是本地一家地方性知名连锁超市，门店数量多，分布合理，是A企业首先考虑的对象。

A企业销售部与J超市采购部已经约好了商谈时间，A企业将派相关人员前往J超市进行谈判。请收集超市入场谈判的相关信息，分析本次谈判双方的谈判议题。

知识链接

常见商务谈判议题的谈判要点

谈判议题	核心谈判点
价格	1. 价格成交点 2. 条件平衡点
商务文本	1. 对己方的保护度 2. 对对方的约束度
商务文本——运输条款	责任、费用、特殊要求
商务文本——验收/赔偿条款	1. 离岸质量/到岸质量 2. 验收程序的简/繁 3. 考核指标的高/低 4. 验收不合格的处理
技术附件——供货范围	1. 对标的准确描述（质量/数量及分项价格） 2. 标的变化与价格关联
技术附件——培训/指导	责任、费用、免费提供的待遇、人/日数
索赔	证据、依据、时效、善意和利益平衡点
股权转让价格	股权价值、补偿、支付方法

三、安排议题的先后顺序

安排好议题讨论顺序是一项策略和艺术，它对于在谈判中掌握主动权具有不可忽视的作用。有经验的谈判者，在谈判前便能估计到哪些问题双方不会产生分歧意见，较容易达成协议，哪些问题可能有争议。有争议的问题最好不要放在开头，这样会影响以后的谈判，可能要占用较多的时间，也可能影响双方的情绪。一开始就“卡了壳”，对于整个谈判没有好处。谈判开始应选择安排一个对自己不甚重要的问题进行谈判，在这个问题上给予对方优惠或较大的让步，借以表明融通合作的诚意。谈判最后也不要安排有争议的问题，因为放在最后可能讨论时间不充分，而且在结束谈判前可能会给双方都留下不好的印象。有争议的问题，最好安排一两个双方都满意的特别是本方能做出较大让步的问题，以作为最后的姿态，充分显示己方对达成交易的诚意。同时，也可以使对方在一定程度上得到心理上的满足，以便在结束谈判时创造一个良好的气氛，给双方留下一个好的印象。

安排谈判议题先后顺序的方法多种多样，可根据实际情况而定：

（1）先易后难。即先讨论容易解决的问题，后讨论有分歧的问题，这样可以为讨论困难的问题打好基础，能给谈判创造友好气氛。

（2）先难后易。即先集中精力和时间讨论重要的困难问题，把这些问题谈透，突出重点，以主带次，推动其他问题的解决。

（3）先讨论一般原则问题，达成原则性一致意见后，再讨论细节问题。

（4）先讨论与资金有关的问题。

（5）混合型，即把所要讨论的问题同时提出加以讨论，经过一段时间后，将已统一的意见明确起来，再对尚未解决的问题加以讨论，从而取得一致意见。

| 同步练习 |

由于近年来中国电力市场迅猛发展，每年新增的机组数量基本上是全世界新增机组数量的80%左右，所以国内三大汽轮机生产厂家都不同程度地出现了毛坯供应紧张。由于DD公司占有国内电力市场三分之一强的份额，所以毛坯供应问题就越发得凸显。转子毛坯是汽轮机最重要的毛坯件，工艺复杂，加工周期长，在中国只有两家单位可以生产，但它们的生产安排早已被几大汽轮机生产厂家挤满。

2017年，DD公司被迫开始从国外高价进口转子毛坯，主要的供应商有意大利、韩国、德国、英国等国家的重工业企业。

2018年年中，在转子毛坯最紧缺的时候，DD公司和意大利的ABC 公司签订了供货合同。按照合同，意大利ABC公司向DD公司提供了10根转子毛坯，第一根交货期定于2018年9月，然后每月交一根。之后双方进行了较好的技术沟通，双方技术人员也互访了对方企业。2018年6月，每一根转子毛坯即将进行最后的加工，估计将历时2个月，算上船运时间，刚好满足买方要求，但也可能稍有延误。这时，意大利发生了大规模的劳资纠纷，各重工企业员工在工会领导下纷纷罢工，ABC公司也卷入了这场全国性的灾难之中。虽然劳资双方相持40余天后终于化解了矛盾，但在此时，ABC公司已经无法按照供货合同按时交货，加上重新整合资源的时间，预计至少将延期2个月，这将对DD公司的整体生产计划产生重大的影响。由于双方的合同中有对延迟交货的严格巨额罚款，DD公司决定施行这一处罚条款，一来弥补损失，二来想借此措施向各国供应商提出警告。7月中旬，DD公司正式向ABC公司开出了达450万美元的罚单。

8天后，ABC公司派出由生产副总裁为首的访问团赴中国与DD公司进行谈判。谈判的中心围绕罢工事件的定位展开。虽然延迟交货已成事实，但是意大利方面认为罢工属于“不可抗力”，按照合同，由不可抗力产生的延迟交货不适用处罚条例。双方的关系很微妙：罚金数额虽然不小，但是由于DD公司也有可能会因此而面对自己的客户罚单和名誉损失，所以，按时交货比高额罚单更加重要；对ABC公司来说，高额罚款将使其利润严重下降，也会带来名誉损失。对于双方而言，由于对方都是自己重要的长期客户之一，长期稳定的合作关系才是双方利益的基础。如何体面、务实地解决这次争端成了摆在双方谈判小组面前的问题。

思考 请为以上案例确定谈判双方的议题，并根据双方的利益进行排序。

DD 公司	
议题顺序	议题
1	
2	
3	
4	

ABC 公司	
议题顺序	议题
1	
2	
3	
4	

四、安排各议题的时间

在一定的谈判时间内，合理分配好各议题所占用的时间非常重要，也可以说是谈判议程安排的关键所在。因为时间会给谈判者造成一种无形的压力，当一个人没有充分的时间去对问题进行仔细的思考，甚至没有足够的时间去了解问题的全貌时，在匆忙之间做出的决定很难占据谈判优势。

每个议题安排多少时间来讨论才适合，应视议题的重要性、复杂程度和双方分歧的大小来确定。对于双方意见分歧不会很大的议题应尽量在较短的时间内解决，以避免无谓的争辩。

知识链接

谈判者在拟定谈判议程时，要注意以下几点：

（1）议程要有互利性。即拟定的议程不仅要符合己方的需要，还要兼顾对方的实际利益和习惯做法，因为议程需要对方同意才能通过，对对方明显不利的议程，对方不仅不会同意，而且还会引起不满。在议程方面发生分歧，影响谈判气氛是不值得的。

（2）议程要具有简洁性。在一次谈判过程中，过多的谈判事项往往会形成人们的思想负担。因此建议一次谈判的议程内容最好安排在 4 个以内，多了不容易控制。

谈判是一项技术性很强的工作。为了使谈判在不损害他人利益的基础上达成对己方更为有利的协议，可以随时卓有成效地运用谈判技巧，但又不为他人觉察。一个好的谈判议程，应该能够驾驭谈判，这就好像双方作战一样，成为己方纵马驰骋的缰绳。你可能被迫退却，你可能被击败，但是只要你能够左右敌人的行动，而不是听任敌人摆布，你就仍然在某种程度上占有优势。更重要的是，你的每个士兵和整个军队都将感到自己比对方高出一筹。

当然，议程只是一个事前计划，并不代表一个合同。如果任何一方在谈判开始之后对它的形式不满意，那么就必须有勇气去修改，否则双方都负担不起因为忽视议程而导致的损失。

任务结果

请根据本任务情境中的内容，制定谈判议程，并填到下表中。

议题顺序	议题	时间安排
1		
2		
3		
4		
5		

任务三
谈判开局

任务情境

一切准备就绪后，李鸣在约定的时间，带着他的谈判团队来到A公司。A公司坐落在东莞市寮步镇。工厂大门旁边两个石狮子，气派十足。进入工厂，里面颇为宽阔，目测有5、6千平方米，厂房、员工宿舍、花园都整洁干净。

在办公楼前台表明来意后，接待员将他们带到了会议室等待。李鸣和同伴们环顾了会议室，这会议室也是相当豪华，厚绒地毯，踩上去一点声音都没有，胡桃木会议长桌，墙上还挂着企业的各类奖牌…… 李鸣一行还是第一次在这么正规豪华的场合进行洽谈，不禁紧张得手心出汗，互相对望，面面相觑。

不一会儿，许老板带着两名员工进来了。这时，紧张的李鸣应该怎么做呢？怎样才能营造良好的气氛呢？

任务实施

开局阶段是指谈判双方第一次见面后，进入具体谈判内容之前，双方相互介绍、寒暄以及就具体内容以外的话题进行交谈的阶段。开局阶段占用的时间较短，讨论的内容除去阐明议题与有关程序外，大多与谈判的主题关系不大或根本无关。但是，这个阶段却很重要。中国有句俗话："良好的开端是成功的一半。"开局阶段是为整个谈判奠定基调的阶段。

谈判开局阶段的主要任务是：营造谈判开局气氛；相互介绍，寒暄；协商议程；谈判摸底。

一、营造谈判开局气氛

谈判气氛是通过谈判人员的姿态、目光、动作、语言而建立起来的洽谈氛围。创造一种合适的气氛，能为后续的谈判打下良好的基础。

气氛影响着人们的心理、情绪、感觉和对问题的判断，虽然商务谈判不应该情绪化，但人的情绪客观存在。任何谈判个体的情绪、态度与行为都可以影响和改变谈判开局气氛；与此同时，任何谈判个体的情绪、思维都要受到谈判开局气氛的影响，从而影响到整个谈判结果。作为谈判人员在此任务实施过程中的主要任务是设计开局目标，利用谈判开局气氛营造的方式为企业营造有利的开局气氛。

（一）开局气氛的设计

在交易谈判中，双方一经接触，谈判气氛就开始形成，而谈判气氛的好坏，事关整个谈判的顺逆成败。因此，谈判者在谈判工作伊始便应根据谈判终极目标的需要，认真考虑创造出一种适宜的谈判气氛。

1. 开局气氛设计应考虑的因素

不同的商务谈判会有不同的开局气氛。谈判双方之间关系、实力对比等一系列因素会制约和影响谈判开局气氛。设计、选择谈判开局气氛，必须全面考虑以下因素，并在实施时依据谈判经验对其进行调整。

（1）考虑谈判双方企业之间的关系。

■ 双方企业过去有过业务往来且关系很好

这种友好关系应该作为双方谈判的基础。在这种情况下，开局阶段的气氛应该是热烈、友好、真诚、轻松、愉快的。开局时，己方谈判人员在语言上应该是热情洋溢的，内容上可以畅谈双方过去的友好合作关系，或两企业之间的人员交往，亦可适当称赞对方企业的进步与发展，姿态上比较自由、放松、亲切。在结束寒暄之后，可以较快地将话题转入实质性谈判。如："过去我们之间一向合作愉快，我想这一次我们仍然会合作愉快的。"

■ 双方企业过去有过业务往来，但关系一般

在这种情况下，开局的目标仍然是要争取创造一个比较友好、随和的气氛。但是，己方谈判人员在语言的热情程度上要有所控制；在内容上，可以简单聊一聊双方过去的业务往来及人员交往，亦可谈一谈双方人员在日常生活中的兴趣和爱好；姿态上可以随和自然，在适当的时候，自然地将话题引入实质性谈判。如："过去我们双方一直保持着业务往来关系，我们希望通过这一次的交易磋商，把我们双方的关系推进到一个新的高度！"

■ 双方企业过去有过业务往来，但本企业对对方企业的印象不佳

开局阶段的气氛应该是严肃的、凝重的。己方谈判人员在讲礼貌的同时，语言上应该比较严谨，甚至可以带一点冷峻；内容上可以就双方过去的关系表示出不满和遗憾，以及希望通过本次交易磋商能够改变这种状况，也可以谈论一下途中见闻、体育比赛之类的中性话题，在姿态上，应该是充满正气，并注意与对方保持 一定的距离。在适当的时候，可以慎重地将话题引入实质性谈判。如："过去我们双方之间曾有过一段时间的合作，但遗憾的是并不那么令人愉快，不过，事情已经过去，让我们从这里重新开始吧。"

■ 双方企业从来没有业务往来，本次为第一次业务接触

在开局阶段应努力创造一个友好、真诚的合作气氛，以淡化和消除双方的陌生感以及由

此带来的戒备心理，为实质性谈判奠定良好的基础。因此，谈判人员在语言上应该表现得礼貌友好，但又不失身份；在内容上，多以途中见闻、近期消息、天气状况或个人爱好等比较轻松的话题为主，也可以就个人在公司的任职情况、负责的范围、专业经历等进行一般性的询问和交谈；姿态上不卑不亢，沉稳中不失热情，自信但不骄傲。适当的时候，可以巧妙地将话题引入实质性谈判。如："这笔交易是我们双方的第一次业务交往，希望它能够成为我们双方发展长期友好合作关系的一个开端。我们是带着希望来的，我想，只要我们共同努力，我们一定会带着满意而归。"

（2）考虑双方的谈判实力。

■ 双方实力相当

为了防止一开始就强化双方的戒备心理和激起对方的敌对情绪，以致影响到后面的实质性谈判，在开局阶段，仍然要力求创造一个友好、轻松、和谐的气氛。因此，己方谈判人员在语言和姿态上要做到轻松而不失严谨，礼貌而不失自信，热情而不失沉稳。

■ 己方谈判实力明显强于对方

为了使对方能够清醒地意识到这一点，并且在谈判中不抱过高的期望，从而产生威慑作用，同时又不至于将对方吓跑，在开局阶段，在语言和姿态上，既要表现得礼貌友好，又要充分显示出己方的自信和气势。

■ 己方谈判实力弱于对方

为了不使对方在气势上占上风，从而影响后面的实质性谈判，在开局阶段，在语言和姿态上，一方面要表现出友好、积极合作的态度；另一方面也要充满自信，举止沉稳、谈吐大方，使对方不至于轻视自己。

（3）考虑双方个人之间的关系。尽管交易谈判大多是以企业为单位进行的，但具体谈判任务还是要由双方派出的谈判代表来完成。因此，谈判人员个人之间的感情必然会对谈判的进程和结果产生影响。如果双方谈判人员过去有过交往和接触，并且结下了一定的友谊，那么，在开局阶段既可以畅谈双方过去交往的情境，也可以述说离别以后的各自经历，或询问对方家庭的情况，以增进双方之间的个人感情，显示双方之间的亲密关系。实践证明，一旦双方谈判人员之间发展了良好的私人感情，那么对谈判的成功会产生很大的推进作用。

2. 选择适当的开局气氛

实践中，谈判气氛的表现形态是丰富多样和错综复杂的。一般来说，按出现于谈判开局阶段的谈判气氛的表现形态和情态的高低，可以将谈判开局气氛分为三种情况，即高调气氛、低调气氛与自然气氛。

【视频链接】
谈判开局

（1）高调气氛。高调气氛是指谈判气氛比较热烈，谈判双方情绪积极，态度主动，愉快因素成为谈判主导因素的开局气氛。高调气氛通常会对谈判的开局及谈判的顺利进展发挥积极的促进作用。在这种谈判气氛中，谈判对方往往只注意到对他自己有利的方面，而且对谈判前景的看法也倾向于乐观。因此，高调气氛易于促进协议的达成。

■ 高调气氛的表现

高调气氛主要表现为热烈、积极、友好的谈判气氛。谈判双方态度诚恳、真挚，彼此主动适应对方的需要；见面时话题活跃，口气轻松，感情愉悦，常有幽默感。双方显得精力充沛，兴致勃勃；谈判人员服装整洁，举止大方，目光和善；见面热情友好，互相让座，欣然落座，相互问候等。双方对谈判的成功都充满信心，把谈判的成功看成友谊的象征。

■ 营造高调气氛的条件

· 己方占有较大优势

· 双方企业有过业务往来，关系很好

· 双方谈判人员个人之间的关系友好

· 己方希望尽早与对方达成协议

■ 高调气氛营造

· 感情法

感情法是指通过某一特殊事件来引发普遍存在于人们心中的感情因素，并使这种感情迸发出来从而达到营造气氛的目的。谈判人员应该态度热情、情绪高涨。

| 案例链接 |

中国一家彩电生产企业准备从日本引进一条生产线，于是与日本一家公司进行了接触，双方派出各自的谈判小组就此问题进行谈判。谈判当天，双方代表刚刚就座，中方的首席代表就站了起来，他对大家说："在谈判开始之前，我有一个好消息要同大家分享，我的太太昨晚为我生了一个大胖儿子！"此话一出，中方职员纷纷起身向他祝贺，日方代表出于礼貌也起身一同道喜，整个谈判会场的气氛顿时高涨起来。后面的谈判也进行得非常顺利，中方企业最终以合理的价格成功引进了生产线。

谈判结束后，中方人员问首席代表："您太太的预产期不是还有一个月吗？怎么这么突然？"首席代表哈哈笑道："日本人谈判一向喜欢板着脸，制造冰冷气氛，为了调动对方情绪，使谈判气氛热烈起来，我唯有让我儿子'提前出生'啦！"

· 称赞法

称赞法是指通过称赞对方来削弱对方的心理防线，从而激发对方的谈判热情，调动对方的情绪，营造高调气氛。使用称赞法时要注意赞美要真心、依据事实。

| 同步练习 |

一推销员走进一家银行的经理办公室推销伪钞识别器，女经理正在埋头写一份东西，从其表情可以看出女经理情绪很糟糕，从桌上的凌乱程度可以看出这位经理一定忙了很久，推销员想：怎么才能令女经理停下手中的活高兴地接受我的推销呢？经观察，女经理有一头乌黑亮丽的长头发。

如果你是这位推销员，你将如何赞美对方？

· 幽默法

幽默法是指用幽默的方式来消除谈判对手的戒备心理，使其积极参与到谈判中，从而营造高调的谈判开局气氛。

·问题挑逗法

问题挑逗法是指提出一些尖锐问题诱使对方与自己争议，通过争议使对方逐渐进入谈判角色。这种方法通常在对方谈判热情不高时采用，类似于“激将法”。但是，这种方法很难把握好火候，在使用时应慎重，要选择好退路。

（2）低调气氛。低调气氛是指谈判气氛十分严肃、低落，谈判双方情绪消极，态度冷淡，不快因素构成谈判开局气氛。低调气氛会给谈判双方都造成较大的心理压力，在这种情况下，心理承受力弱的一方往往会妥协让步。

■ 低调气氛的表现

·冷淡、对立、严肃紧张的谈判气氛

交谈时谈判双方见面不热情、彼此互不关心；目光不相遇，相见不抬头，相近不握手，企图在衣着、语言、表情、行为等方面以优势因素压倒对方；交谈时语带双关，甚至使用讥讽的口吻等。双方处于明显的戒备、不信任的心理状态和强烈的对立情绪之中，整个开局呈剑拔弩张的局面。这种谈判气氛给整个开局蒙上了一层阴影。这一类型的谈判气氛有时是在法院等第三方参与调解、双方利益严重对立的情况下产生。

·松弛、缓慢、旷日持久的谈判气氛

商务谈判中不乏持续性、分阶段性的洽谈。这时，谈判双方人员对谈判已经感到厌倦。谈判人员进入谈判会场姗姗来迟、衣冠不整、精神不振。相见时握手例行公事、不紧不松；面部表情麻木、眼视他方；入座时左顾右盼，显出一种可谈可不谈的无所谓的态度。对双方谈判的目标不表示信心，对对方的话题不认真倾听，甚至以轻视的口吻发问，双方谈判不断转换话题，处于一种打持久战的氛围之中。

■ 营造低调谈判气氛的条件

在什么情况下营造低调气氛，应具体考虑谈判双方的实力对比和谈判双方之间的业务关系等因素。通常，可以在以下几种情况下营造低调气氛：

·己方有讨价还价的砝码，但是并不是占有绝对优势

·双方企业有过业务往来，但本企业对对方企业的印象不佳

■ 低调气氛营造方法

·感情攻击法

这里的感情攻击法与营造高调气氛的感情法性质相同，即都是以情感诱发作为营造气氛的手段，但两者的作用方向相反。在营造高调气氛的感情攻击中，是激起对方产生积极的情感，使得谈判开局充满热烈的气氛。而在营造低调气氛时，是要诱发对方产生消极情感，致使一种低沉、严肃的气氛笼罩在谈判开始阶段。

| 案例链接 |

中国某企业到美国采购大型设备，中方代表因交通堵塞耽误了时间。当他们赶到谈判会场时，比预定时间晚了半个小时。美方代表对此大为不满，花了很长时间指责中方代表迟到。中方代表觉得自己有错在先，很难为情，频频向美方道歉。谈判开始后，美方代表似乎对中方代表的错误耿耿于怀，抓着这件事紧紧不放。中方代表觉得心里愧疚，结果在价格上一让再让。

· 沉默法

沉默法是以沉默的方式来使谈判气氛降温，从而达到向对方施加心理压力的目的。沉默并非是一言不发，而是指本方尽量避免对谈判的实质问题发表议论。

案例链接

沉默和忍耐是日本商人常用的一种谈判策略。在一次美日贸易谈判中，美国代表提出美日联合向巴西开放一种新的生产设备和工艺技术，然后等待日方丰田公司代表的答复。25秒过去了，三位日商还是默不作声，低着头，双手搭在桌面上。最后，1位美商急得脱口而出："我看这样坐着总不是个事吧!"他说得非常对，但会谈也就此告终了。其实，这位美商应该再忍耐一下。

应该注意的是，在商务谈判实践中，运用沉默法并非总是一言不发，而是指己方尽量避免对谈判的实质问题发表议论。

沉默的同时要注意倾听。悉心倾听对方吐露的每一个字，注意他的措辞和他选择的表达方式，以及他的语气和声调。这些都能为你提供线索，去发现对方的一言一行背后隐含的真实动机、目的和需要，并感受到对方的情绪。

沉默倾听不但可以使你听得更明白，而且也可以使对方说得更准确。如果你听得很认真并偶尔插话说："对不起，你的意思是不是……？"对方会感到他不是在做无聊的闲谈或是进行例行公事式的谈话，他会从被听和被了解中得到满足感。因为人们一般都希望被人了解，希望表现自己，而你的认真倾听，正是满足了对方的这种心理，会使对方对你产生好感。所以，有人说，最廉价的让步就是让对方知道你在洗耳恭听。倾听是了解对方需求和发现事实真相的最简捷的途径，这就是沉默的力量。

采用沉默法时要注意以下几点：

①要有恰当的沉默理由。通常，人们采用的理由有假装对某项技术问题不理解，假装不理解对方对某个问题的陈述，假装对对方的某个礼仪失误表示十分不满。

②要沉默有度，适时进行反击，迫使对方让步。

· 疲劳战术

疲劳战术是指使对方对某一个问题或某几个问题反复进行陈述，从生理和心理上让对手感到疲劳，降低对手的热情和谈判情绪。

在商务谈判中，有时会遇到一种锋芒毕露、咄咄逼人的谈判对手。他们以种种方式表现其居高临下、先声夺人的挑战姿态。对于这类谈判者，疲劳战术是一个十分有效的策略。这种战术的目的在于通过许多回合的拉锯战，使这类谈判者感觉疲劳生厌，以此逐渐磨去其锐气。同时也扭转己方在谈判中的不利地位，等到对手筋疲力尽、头昏脑涨之时，己方即可反守为攻，促使对方接受己方的条件。

心理学研究表明，人类的心理特质有很大的差异性。在气质、性格等方面，几乎人人不同，而人们个性上的差异又使人们的行为染上其独特的色彩。一般来说，性格比较急躁、外露，对外界环境富于挑战特点的人，往往缺乏耐心、忍耐力。一旦其气势被遏制住，自信心就会丧失殆尽，很快败下阵来。遏制其气势的最好办法就是采取马拉松式的战术，攻其弱点，避其锋芒，在回避与周旋中消磨其锐气，做到以柔克刚。实行疲劳战术最忌讳的就是硬碰硬，因为这很容易激起双方的对立情绪，况且硬是对方的长处，只有以柔克刚、以软制硬，才会收效显著。此外，如果确信谈判对手比己方更急于达成协议，运用疲劳战术会很奏效。

| 案例链接 |

中东的企业家们最常采用的交易战术，就是白天天气酷热时邀请欧洲的代表观光，晚上则招待他们观赏歌舞表演。经过充分的休整，到了深夜，白天不见踪影的中东代表团的领队出现了，神采奕奕地和欧洲代表展开谈判。欧洲代表经过一天的奔波，早已疲惫不堪，只想上床早点休息。那么谈判的结果可想而知，欧洲代表常常会做出让步。

采用疲劳战术应注意以下几点：

①多准备一些问题，而且问题要合理。每个问题都能起到让对手疲劳的作用。

②避免激起对方的对立情绪，致使谈判破裂。

· 指责法

指责法是指对对手的某项错误或礼仪失误严加指责，使其感到内疚，从而达到营造低调开局气氛的目的。

| 案例链接 |

派莱克斯公司是美国最大的万向节公司，拥有广泛的国际市场销售渠道网络。1984年春，该公司亚洲经销处的多伊尔公司总裁多伊尔先生来到杭州万向节厂考察，双方签订了向美国出口“钱潮”牌万向节总成的合同书。一年以后，杭州万向节厂厂长鲁冠球赴美考察，双方再次签订了在以后五年里由杭州万向节厂每年向美方出口20万套万向节的合同。此后几年间，由于杭州万向节厂生产技术精良、产品质量达到国际标准、企业经营守信誉，因而产品在国际市场销售不断增长。

1987年9月，多伊尔和国际部经理莱比赶到杭州万向节厂，向鲁冠球提出了一个“垄断生产”要求，凡是杭州万向节厂的产品，都必须经过他们的公司才能出口。

响着空调器“丝丝”声的洽谈室内一片沉寂，紧张的气氛似乎使温度也陡然上升。扮“红脸”角色的莱比说话口气咄咄逼人：“鲁先生，你还是签这个协议为好，否则，我方将削减向贵方的订货量。”

扮“白脸”的多伊尔老成持重，“威胁之剑”不露声色地藏于他那不失身份的轻言慢语中：“尊敬的鲁先生，您会看到，这里有两种选择：一种是我们向贵厂提供技术、资金、先进设备、市场情报、代培工程师等优惠，而条件只是贵厂的产品由我们独家经销；还有一种是你们可以把产品卖给其他客户，但我们也可以转而购买其他地方，诸如印度、韩国的产品。鲁先生，您会选择哪一种呢？”

鲁冠球心想，美国人也太不讲信誉了，既然是“贸易伙伴”，那就是平等相待的；由你独家经营，不是要把我系在你的套索上吗？

想到这里，鲁冠球义正词严地说：“我厂与贵公司的关系，只是卖方和买方的关系，它的基点应该是相互合作，共同发展。至于产品，我们愿意卖给谁就卖给谁，贵公司是不应该干涉的。”

多伊尔“霍”地站起来，收拾起皮包：“很遗憾，我们将停止进口贵厂的产品!”

听完了翻译的话，鲁冠球把身体靠向沙发，尽力抑制着心中的怒火道：“那请便!多伊尔先生，倘若您能在世界各地找到比我的价格更便宜、质量又比我的更好的万向节，您可以随时终止合同。但我仍然感谢当初贵公司对我厂的支持，因此也随时欢迎贵公司来继续合作。”

不久，一份措辞严厉的函件出现在鲁冠球的办公桌上。美方在信中说，“杭州万向节厂的产品存在问题，需要检验，检验费由万向节厂支付。随即，原订购1987年出口46.5万套的万向节的计划，被削减为21万套。”“只要签订独家经营合同，检验费和削减合同等事宜可以一笔勾销”，多伊尔在捎来的信中“宽容”地说。

美方的这种背信行为，确实使杭州万向节厂一度陷入困境。数十万套万向节积压在仓库，资金流转出现困难，企业效益直线下降。但全厂职工并没有在美方的压力下屈服，在兄弟部门的大力支持下，齐心协力地开发出了60多个新品种，打开了日本、意大利、法国、澳大利亚、联邦德国、中国香港等18个国家和地区的市场，当年创汇140万美元。

这年圣诞节前，一辆豪华的轿车驶进了杭州万向节厂，走下车来的是多伊尔和莱比，他们捧出一只铜鹰，放在鲁冠球的办公桌上。

“鲁先生，我们敬佩您精明、强硬的性格，愿我们的事业像鹰一样腾飞全球!”同时，重新签订了1988年的代销合同。在这场中方供货和美方要求独家经营的谈判中，鲁冠球依靠本厂一流的产品质量和企业信誉，坚持不卑不亢、有理有节、平等互利的立场，迫使对方放弃了“独家经营”的要求，从而取得了谈判的胜利。

（3）自然气氛。自然气氛是指谈判双方情绪平稳，谈判气氛既不热烈，也不消沉。自然开局气氛便于向谈判对手进行摸底。因为谈判双方在自然气氛中传达的信息比在高调气氛和低调气氛中传送的信息要准确、真实。

◆ 自然气氛的表现

自然气氛主要表现为平静、朴实、严谨的谈判氛围。通常，谈判双方已不是谈判生手，也不是初次见面，但处于一定的形势和受到一定条件的制约；或者，谈判一方对谈判对手的情况了解甚少，对手的谈判态度不甚明朗时，谋求在平缓的气氛中开始对话是比较有利的。因此，谈判双方见面时并不热情，握手一触即弃，入座并不相让，抽烟喝茶并不互请。讲话时语言平实，句子简练，音质清晰，语速适中。双方目光对视，面带微笑一闪而过。谈判人员心态平静，谨慎自信，不事声张。双方处于一种相互提防、似有成见的氛围之中。

◆ 营造自然气氛的条件

自然气氛一般无须刻意地去营造，商务活动中的许多谈判都是在这种气氛中开始的。但是，具体考虑谈判双方的实力对比和谈判双方之间的业务关系等因素，也可以针对性地营造自然气氛。

· 谈判双方势均力敌或实力相差不多

· 双方企业有过业务往来，关系一般

· 双方企业在过去没有业务关系往来，是第一次业务接触

案例链接

A公司是一家实力雄厚的房地产开发公司，在投资的过程中，相中了B公司所拥有的一块极具升值潜力的地皮。而B公司正想通过出卖这块地皮获得资金，以将其经营范围扩展到国外。于是，双方精选了久经沙场的谈判干将，对土地转让问题展开磋商。

A公司代表："我公司的情况你们可能也有所了解。我公司是××公司和××公司（均为全国著名的大公司）合资创办的，经济实力雄厚，近年来在房地产开发领域业绩显著。在你们市去年开发的××花园收益很不错，听说你们的周总也是我们的买主啊。你们市的几家公司正在谋求与我们合作，想把他们手里的地皮转让给我们，但我们没有轻易表态。你们这块地皮对我们很有吸引力，我们准备拆迁原有的住户，开发一片居民小区。前几天，我们公司的业务人员对该地区的住户、企业进行了广泛的调查，基本上没有什么拆迁阻力。时间就是金钱啊，我们希望以最快的速度就这个问题达成协议，不知你们的想法如何?"B公司代表："很高兴能有机会与你们合作。我们之间以前虽然没有打过交道，但对你们的情况还是有所了解的。我们遍布全国的办事处也有多家住的是你们建的房子，这可能也是一种缘分吧。我们确实有出卖这块地皮的意愿，但我们并不急于脱手，因为除了你们公司外，兴华、兴运等一些公司也对这块地皮表示出了浓厚的兴趣，正在积极地与我们接洽。当然了，如果你们的条件比较合理，价钱比较理想，我们还是愿意优先与你们合作的。我们可以帮助你们简化有关手续，使你们的工程能早日开工。"

双方谈判代表都不愧是久经沙场的谈判行家。

A公司代表明确、直接地进行了自我介绍，同时又充分显示了己方的谈判地位与实力。B公司代表也表现得相当镇静，不卑不亢，在对对方的合作愿望予以回应的同时，也显示了己方不可小视的谈判实力，使己方在谈判开局时不落下风。

在商务谈判实践中，营造自然气氛要做到以下几点：

（1）注意自己的行为、礼仪。

（2）不要与谈判对手就某一问题过早地发生争论。

（3）运用中性话题开场，缓和谈判气氛。

（4）尽可能正面回答对方的提问。如果不能回答的，要采用恰当方式进行回避。

二、相互介绍、寒暄

开局阶段，主要是让参与谈判的双方通过相互介绍而认识。这个阶段时间很短，但要创造出便于双方诚恳谈判的氛围——和谐、坦诚、轻松、愉快，为整个会谈的气氛定下基调。方法是：首先，谈判人员在进入正题之前的寒暄之中，谈一些中性话题，诸如旅途经历、社会趣闻、体育新闻、文娱消息、个人爱好等话题，不要直接切入正题。其次，要注意谈判人员的形象、手势、语言，这些细节也会对谈判气氛发生影响。如果过于不修边幅会使气氛太散漫；如果过于呆板、正经，会使气氛太拘束；如果与人握手时不是有力而热情，而是一只手搭在对方肩上，则给人一种轻狂的印象。

三、协商议程

开局阶段的一项重要任务就是协商谈判议程。商务谈判双方在相互介绍寒暄后，就要对本次谈判双方的谈判议程进行协商。协商议程要注意：

（1）轻松、自然的开始。在商务谈判相互介绍谈判人员后，会出现短暂的沉默，除非客方主动发言，否则一般情况下应该由主方主动发言，以轻松、自然的开场打破沉默。

（2）双方发言机会均等。在商务谈判双方未就主要谈判议程达成一致时，谈判双方发言的机会、发言的时间要均等。

（3）协商紧密结合主题。谈判双方协商谈判目标、计划和议程安排时，应紧密结合谈判主题进行，而不必纵深讨论实质性的问题。

（4）有协商、合作意识。在谈判双方协商议程时，虽双方都可以表达己方的不同意见和想法，但是为了让谈判双方尽快达成一致，双方应多提能加快双方意见统一的问题。如果双方意见相左，只要对方的意见合理并可行，另一方就要尽量同意。

拟定议程要本着对双方有利的原则，努力做到友好协商、统筹兼顾、通盘考虑。议程要清楚地表述讨论内容，要给需要讨论的问题排序。需要讨论的议程主要有：

（1）商务谈判的时间：包括总的期限、开始时间、各轮次时间、每次时间的长短等。

（2）商务谈判地点：包括具体的谈判场所，对场所的具体要求等。

（3）商务谈判的主题：包括谈判的中心议题、解决中心议题的大原则，围绕中心议题内容的细节要求等。

（4）商务谈判的日程：包括洽谈事项的先后顺序，系列谈判的各个轮次的计划，各方谈判人员在每一轮次中的大致分工等。

（5）商务谈判的其他事项：包括成交签约的要求和准备，仲裁人的确定与邀请，谈判人员的食宿、交通、游览、休息、赠礼等事项的安排。

四、谈判摸底

谈判摸底是指谈判开局结束以后至报价之前的这段时间。谈判开局以后，随即进入双方相互了解和接触摸底阶段。在这一阶段，双方的重要任务就是探测对方的真实意图，设法弄清对方的底牌。在这方面双方都会竭尽所能，谁能够在谈判中更多地获取对方的“底牌”，掌握对方的真实动向，谁就能在谈判中掌握更多的主动权。

商务谈判的摸底阶段主要任务是表明我方意图，摸清对方的真实意图和心理期望，进行必要的审查，评估报价的形势和成交的大致轮廓，为报价、实施与调整谈判策略奠定可靠的基础。

1. 表明我方意图

表明我方意图的内容主要有：

（1）我方认为本次谈判应解决的主要问题。依据我方确定的谈判目标，对于谈判中可能涉及的主要问题，如商品交易的主要条件，表明我方的看法，提出我方所关心和重视的主要问题。

（2）陈述我方通过谈判应取得的利益。交易的主要目的是获得我方的利益。利益是隐藏在立场背后的动机，是促进谈判双方做出决定的主要因素。因此要把商务谈判的重点放在利益问题上，要让对方清楚我方的利益要求，考虑我方的利益满足问题。

（3）表明我方的首要利益。本次谈判中哪些条款对我方来讲是至关重要、难以变更的，比如商品质量、款式、价格、规格、数量或者支付方式、违约责任等。

（4）陈述我方对对方的某些问题的事先考虑。我方通过各种资料的分析、考察，为对方做出考虑，在此基础上，我方可以运用哪些方式，为双方共同达到目标，实现利益分享做出努力。

（5）表明我方在此次商务谈判中的立场、坚持的原则，我方的商业信誉度，并对双方合作可能出现的良好前景或可能发生的障碍做出推测。

2. 了解对方意图

了解对方的意图也就是探测对方的底细。任何正式的贸易谈判都应十分注意了解对方的意图。但是，在商务谈判中，每一个精明的谈判人员都不会透露自己的全部意图，总是竭力隐瞒自己的压力与危机所在，以免被对方抓住弱点。一个优秀的谈判人员往往只会恰到好处地披露一点真实意图，这就要求谈判人员透过现象看本质。了解对方意图的主要内容有：

（1）谈判对手对此次谈判议题的看法。由于谈判各方所处的地位、面临的环境、涉及的利害等的不同，对同一问题的看法也往往不尽一致。因此，了解谈判对手对问题的看法，有利于更好地解决问题。

（2）谈判对手通过谈判所要达到的目标。对于对手所追求的成交数量、价格水平、利润率等目标要特别关注。

（3）谈判对手真正关心的经济利益所在。商务谈判中，谈判对手急于解决的往往是利益问题。但是，始谈阶段的言行举止在很大程度上存在虚假性，甚至对方公开表达的目的可能与真正目的风马牛不相及。例如，对方真正关心的问题是运输，但却与你大谈包装。因此，谈判人员必须认真分析与辨别，免入圈套。

（4）谈判对手的诚意。生意场上“货比三家”是很正常的。有的谈判竞争激烈，谈判对手选择余地大，我方要想利用这一机会达成交易，就必须采用一些能真正吸引对方的条件。

知识链接

摸底是一个复杂的、动态的过程，谈判者在探测、搜集对方谈判信息的同时，对方往往也在想方设法地搜寻着己方的信息。因此谈判者不仅要学会听话听音，还要学会察言观色，同时还要善于从多个角度、多个方面去理解和证实对方的真实含义和意图，不妄自揣测，过早定论。以下是摸底的注意事项：

（1）做好自我保密。在谈判中，除由于谈判需要而必须向对方传递的信息以外，其他涉及己方的重要信息，如己方的最后期限、己方所面临的困境、己方的最低出价信息等，在谈判中都必须严格保密，切不可和盘托出。不能让对方掌握己方的信息命脉，否则会给谈判造成无法挽回的影响。当然，对于谈判人员来说，明白什么样的信息需要保密这一点非常重要。在谈判前，要能正确估计出对方对己方谈判信息的掌握情况，并由此判定在谈判中对哪些信息应该保密，保密到什么程度，以及需要注意哪些保密环节。

（2）忌轻信谈判者。不可不信对方的话语，也不可全信对方的言论，对对方的讲话要多留一个心眼，多存几个疑问，学会独立地看问题，而不可轻信盲从。

（3）忌过早锁定对方的意图。谈判中谈判者意图的显现是一个从无到有、从少到多、从虚到实的过程，是一个互相比拼、亮相的过程。因此，在谈判前期切不可过早锁定对方的意图，即使是对对方的意图有了一定的了解，也不可将其固化，而应以灵活的、开放的心态对待。

（4）忌不关注对方。在摸底过程中，另一个应该避免的现象就是不关注对方。一些谈判者在谈判中只关心自己的问题和利益，而不想关心对方的问题和利益，在对方谈话时，不是仔细倾听，而是心不在焉；不是主动去询问和探寻对方的需求，而是漠不关心。

（5）忌“一条道”到底。在谈判摸底阶段，切忌过于固执己见、刚愎自用，只允许一种声音、一种方案，听不得不同的意见，其结果必然堵塞谈判的通道。

（6）防止落入场外陷阱。在谈判中采用直接的方法探测谈判信息，势必会引起对方的警觉与防范，特别是在一些涉及重要内容的谈判中，双方的警惕性都很高，为避免“打草惊蛇”，谈判的组织者便将注意力转移到谈判场外。精心设计、安排一系列热情的场外活动，如欢迎、欢送宴会、参观、游览、娱乐、礼节性拜访等，希望通过这些热情的场外活动使对方放松警惕，在酒酣耳热之际不经意地泄露出“天机”。而在一些跨国的重大谈判中，有的甚至不惜采用“美人计、苦肉计”等手段，以猎取重要的谈判信息。因此，谈判者必须随时保持高度的警惕性，尤其是在客场谈判时，更要处处留心，谨防陷入对方的场外陷阱。否则，一旦被对方摸到了“底牌”，就会给谈判造成难以想象的损失。

任务结果

请根据任务情境进行小组讨论，帮助李鸣设计开局对白，并进行模拟。

任务四

处理谈判僵局

任务情境

李鸣通过谈判，通过双方的磋商、让步，最后A公司的报价为原报价的8.5折，不设返利。李鸣的报价为7.5折，且如果销售量达到1000箱及以上返利10%。李鸣认为自己的报价已经到了底线，不能再让；而A公司也认为自己的价格不能再低了，因此，双方争执不下，陷入了谈判僵局。虽然双方都有强烈的合作欲望，但关键问题是李鸣如何处理目前的状况走出僵局呢？

任务实施

谈判进入实质性阶段后，谈判各方往往会由于各种原因而相持不下，互不相让，这种现象是比较正常的，在争取利益的较量中也比较常见。但如果这些现象处理不当，就会使谈判陷入僵局。僵局不等于死局，但僵局的出现会对谈判双方的利益和情绪产生不良影响，进而影响谈判进程，如果处理不好，会导致谈判破裂。因此，作为谈判人员必须能够有效地控制和处理僵局，主要从以下几方面着手：正确认识僵局；僵局的处理。

一、正确认识僵局

商务谈判僵局是指在商务谈判中，当双方对所谈问题的利益要求差距较大，各方面又都不肯做出让步，而使谈判呈现出一种不进不退的僵持局面。僵局是谈判道路上最大的障碍，也是谈判过程中必然的环节。僵局可能导致谈判双方的情绪激动，甚至最终导致谈判失败；但僵局又是客观存在的，可能是谈判者故意制造的，也可能是由于误会或者立场不同而引发的，因此无须惧怕僵局，更不应该因为惧怕僵局而主动妥协。

谈判僵局会有两种结果：打破僵局继续谈判或者谈判破裂。谈判破裂是谈判双方都不希望出现的结果。为了避免僵局导致谈判破裂就要了解僵局的成因，运用科学的技巧和策略打破僵局，正确处理和应对僵局，使得谈判继续。

无论在谈判中出现何种僵局，其形成都是有一定原因的。要破解僵局，首先要了解僵局产生的原因。归纳起来，僵局形成的原因主要有以下几种。

1. 有意制造谈判僵局

在谈判过程中，谈判一方为了试探对方的决心和实力而有意给对方出难题，甚至引起争吵，从而迫使对方让步。这是一种带有高度冒险性和危险性的谈判策略，目的是使对方屈服，从而达成有利于己方的交易。

2. 合理要求的差距

从谈判双方各自的角度出发，双方各有自己的利益需求。在双方都坚持自己的成交条件，且双方的条件虽差距很大，但都合情合理的情况下，双方又都希望获得所期望的利益不肯让步时，谈判僵局出现就在所难免了。

案例链接

投资项目合作筹资方由于生产扩张的需要必须一次吸收200万元的投资，而且为了便于资金管理，最好是从一家企业获得这笔资金。投资方考虑到风险，根据投资的组合策略，一般在一个项目上投入所有流动资金的1/3，现企业流动资金有200万元，因此，考虑最合适投资额为70万元，与对方要求差距太大，双方都不愿意改变自己的投资方案，形成僵局。

3. 谈判中形成“一言堂”

即谈判一方过多谈论自己的观点和看法，而忽视给对方发言和陈述的机会，使对方产生反感从而形成僵局。

4. 立场式谈判

双方各自坚持自己的立场观点而排斥对方的立场观点，形成僵持不下的局面。在谈判过程中如果双方对各自立场观点产生主观偏见，认为己方是正确合理的，而对方是错误的，并且谁也不肯放弃自己的立场观点，往往会出现争执，陷入僵局。双方真正的利益需求被这种立场观点的争论所搅乱，而双方又为了维护自己的面子，不但不愿做出让步，反而用否定的语气指责对方，迫使对方改变立场观点，谈判就变成了不可相容的立场对立。

【视频链接】
立场式谈判产生僵局

5. 沟通障碍

即由于双方的文化背景、语言表达、人员素质等方面的差异而引发的沟通障碍，使双方不能准确、真实、全面地进行信息、观念、情感的沟通，甚至会产生误会和对立情绪，使谈判不能进行下去。例如：谈判者对问题阐述不清，使对方产生误解；翻译人员不能正确翻译，出现理解错误；由于文化背景差异较大而出现沟通障碍；主观上不愿意接受对方意见而决绝沟通等，这些都可能使谈判陷入僵局。

| 案例链接 |

卖方对问题阐述不清而产生的僵局

在某次货物买卖的报价中，卖方根据合作的规模报价有三种，大批量：300元/吨，中批量320元/吨，小批量350元/吨，双方对大、中、小批量的理解不一，但在谈判初期并没有引起买卖双方的注意，到了谈判后期，卖方说定量为100吨，可以是320元/吨，而买方认为100吨应该是大批量，订货价格应该为300元/吨。

翻译错误而产生的僵局

某跨国公司总裁访问一家中国著名的制造企业，商讨合作发展事宜。中方总经理介绍公司时说“我公司是中国二级企业……”，翻译人员直接译为“Second-class Enterprise”，不料，该公司总裁听后，原本很高的兴致突然冷淡下来，敷衍了几句立即起身告辞。在归途中，他抱怨道：“我怎么能同一个中国的二流企业合作?”（国家二级企业应该换一个概念，国内某个行业最好企业或者国家信誉第一企业，这是谈判语言技巧）

| 同步练习 |

在一次中日进出口设备的谈判中，买卖双方进行了认真的前期准备，并选定了一个重要日子由日本方来到中国谈判，一切准备就绪。中方也很重视这次合作，将谈判地点设在当地五星级宾馆的谈判室，谈判室内布置得非常温馨，我方提前在谈判室等候日本客人到来，当双方见面寒暄之后，正准备入坐时，日本客人突然面色不高兴，并有谈判代表离席，开局出现僵局。这时我方感到莫名其妙，请问，你如果是中方主谈该如何解决这一谈判初期的僵局呢？

二、僵局的处理

面对已经出现的僵局，谈判者既要沉着冷静，坦然相对，又要审时度势，积极寻找破解的方法。处理僵局，应该有清晰的思路：第一要有正确对待僵局的态度；第二对对方的反对意见要诚恳地表示欢迎，要会换位思考，能站在对方的角度上看问题；第三处理僵局要头脑冷静，言语恰当，坚持“对事不对人”；第四要避免出现争吵，必要时可以考虑有效地退让。

打破僵局的办法很多，谈判者应视具体情况而灵活应用。

1. 找出双方真正的利益需求

谈判陷入僵局并不意味着各自的利益需求无法调和，而是因为有可能没有找到真正的利益所在。因此，双方应该重新审视对各自利益的理解，努力寻求挖掘双方的共同利益，从而走出僵局。

【视频链接】
突破僵局1

针对立场观点争执而产生的僵局，首先要分析双方潜在的利益到底是什么，从而理智地克服一味希望通过坚持自己的立场来“赢”得谈判的做法。设法建立一项客观的准则，即让双方都认为是公平的，既不损害任何一方的面子，又易于实行的办事原则、程序或衡量事物的标准。此外，还要注意站在对方的角度看问题，从对方的角度分析我方的条件是否合理，同时从对方的角度提出我方的要求。

| 案例链接 |

开窗的僵局

两位乘客在火车上发生了一场争吵，其中一个想把窗户打开，而另外一个则坚持不能打开，两人吵了半天也没有结果。这时列车员走了过来，问其中一个为什么要开窗户，他回答说：“我想呼吸新鲜空气。”接着，又问另外一个为什么要关紧窗户，对方说：“我不想吹风!”列车员思索了半天，便去打开了通道上的窗户。结果，不但风没有直接吹进来，室内也有了新鲜空气，争吵的双方彼此得到了满足。

（资料来源：李冬芹，张幸花. 推销与商务谈判［M］. 大连：大连理工大学出版社，2010）

知识链接

只有当双方都表明自己的意图，你已经收集到足够的信息，并开始努力寻求双方的共同利益时，你才有可能真正地开始与对方谈判。在进行谈判时，谈判者最重要的想法往往不是“我能让对方给我什么”，而是“我怎么才能提供给他们一些既不会改变我的立场，又能够对他们有价值的东西”。

面对谈判双方“你死我活”的争论，人们一般认为只有法庭才能解决。其实有些僵局不必麻烦第三者，双方只要推心置腹地交换一下意见，就可化解一场冲突。例如，双方都死守自己的立场不让步，这时谈判一方不妨这样说：“你瞧，我们这种态度怎么能解决问题呢？我们各有不同的利益和目的，为什么不相互交换一下彼此的感受和需要呢？”现实谈判中有许多僵局是运用这种方法化解的。本来谈判双方是对立的，而有了交换意见的态度后，双方就会转为合作了，最终双方会找出解决的办法，双方的需要都可获得满足。

（资料来源：罗杰 · 道森．优势谈判［M］．刘祥亚译．重庆：重庆出版社，2008）

2．提供多种方案选择

多种方案选择是一种典型的打破僵局的方法，如果双方仅仅采用一种方案进行谈判，当这种方案不能为双方同时接受时，就容易形成僵局。为此，谈判方在谈判准备期间可以准备多种可供选择的方案。一旦一种方案遇到障碍，就可以提供其他的备用方案供对方选择，使谈判顺利进行下去。

当对方坚持条件而使谈判陷入僵局时，己方可以将是否接受对方的条件改为让对方选择自己的条件来打破僵局。可以提出多种方案，如两条生产线，可以放在一个厂房，也可以放在两个不同的厂房，还可以合并成一条线等方案；价格、机票、住宿、交通在内的为A价，在外的为B价等，让对方从中选择。当对方认为其中的某一方案可以接受时，僵局就被破解了。

| 同步练习 |

某投资公司与一名牌绿茶企业合作，投资开发绿茶保健产品，绿茶企业根据生产需要要求对方一次性投资100万元，对方怕投资风险，要求分期投资，而分期投资，由于绿茶企业缺乏生产流动资金，市场规模不够，投资利润较低。双方就一次投资多少，投资回报如何计算上产生分歧，导致僵局。

思考：如果你是绿茶生产企业（融资方），如何提供多种方案来取得对方的投资呢？如果你是投资方，如何提供多种投资方案来规避风险呢？

3．转换议题

即先撇开有争执的问题，换一个新的议题与对方磋商。当其他议题取得成功时，再回过头来重新讨论原来陷入僵局的议题，就会比较容易地达成协议。

例如，在价格谈判上双方互不相让，僵住了，可以暂时先将其搁一旁，改谈交货期、售后服务等其他问题，如果在这些议题上双方感到满意了，再重新回头来谈价格问题，阻力就会小一些，商量的余地也就会更大一些，使谈判出现新转机。

【视频链接】
突破僵局2

知识链接

在谈判中，有时碰到一些问题，当双方僵持不下时，可以把它暂时搁置起来先讨论别的问题，等条件成熟后再回头解决这些问题。以下情况应用这一技巧是合适的：

（1）如果你不能马上给对方一个比较满意的答复，应先放置一边。

（2）反驳对方的反对意见缺乏足够的例证时，应暂时搁下。

（3）立即回答会使己方陷入矛盾之中，最好不要马上回答。

（4）对方的反对意见会随着谈判的深入而逐渐减少或削弱，己方可以不要立即回答。

（5）对方提出的反对意见离题甚远，己方可以不迅速回答。

（6）对于谈判人员由于心情不佳而提出的一些借口或反对意见，最好不予答复。

4. 感情牌

打感情牌是当谈判陷入僵局时，谈判一方巧妙地利用感情因素和手段，影响和改变对方的观点和立场，从而缓解谈判僵局的方法。运用此方法，可以采用向对方讲述己方的诚意，叙旧情，强调合作的成果，宴请娱乐等方式。

【视频链接】
突破僵局3

当谈判中出现僵局时，一方可在不失国格、人格的前提下稍施“伎俩”，如说可怜话：“这样决定下来，回去要挨批、革职、降薪水”“求求您，高抬贵手吧”；如装可怜相：有的日本商人在谈判桌上作揖等。

案例链接

曾有一位日本商人在与买家谈判时，在二次降价后，坚守价格，不肯退让，于是双方对峙，形成僵局。为了打破僵局，这位日本商人邀请买方去其居住的旅馆洽谈，买方人员走进他们的房间，只见主谈人头上缠着毛巾，腰上围着毛毯，脸上挂着愁容，表现出一副病态。据他讲：“头痛、胃疼、腰难受，被你们压得心里急。”心里急，不假；头痛也可能是真的。这一招很有感染力，使买方认为“他可怜，话语真切”，主动让步。日本商人打感情牌博取对方的同情心，感动对方，促成协议达成。

5. 更换谈判人员

谈判人员在争议问题时言语伤害了对方，或谈判人员的主张欠妥，使谈判陷入僵局，可调换人员。在这种情况下调换人员也常蕴含了向对方致歉的意思，向对方发出信号：我方已做好了妥协、退让的准备，希望对方能做出相应的灵活表示。

在现代生活中，人们更加重视自己的面子和尊严。所以，谈判一旦出现僵局，谁都不肯先缓和或做些让步。及时变换谈判组成员是一个很体面的缓和式让步技巧。需要指出的是，变换谈判组成员必须是在迫不得已的条件下使用，其次是要取得对方的同意。例如，美国一家公司与日本一家公司进行一次比较重要的贸易谈判，美国派出了自认为最精明的谈判小组，大都是30岁左右的年轻人，还有一名女性。但到日本后却受到了冷遇，不仅总公司经理不肯出面，就连分部的负责人也不肯出面接待。在日本人看来，年轻人，尤其是女性，不适宜主持如此重要的会谈。美方迫不得已撤换了这几个谈判人员，日本人才肯出面洽谈。

6. 休会策略

休会指谈判人员为缓和谈判气氛，共同商定暂停谈判，使双方有机会冷静下来，客观地分析形势，采取相应的对策。休会须商定再次谈判的时间、地点，并在休会之前，务必向对方重申己方意见，引起对方的注意，使对方有充裕的时间进行考虑。

当谈判双方精疲力尽，对某一问题的谈判毫无进展时，可建议暂时休息，以便缓和一下气氛，同时双方可借此机会养精蓄锐，准备以良好的心情继续谈判。

一般情况下，休息的建议是会得到对方积极响应的。休息不仅有利于自己一方，对对方、对共同合作也十分有益。在僵局形成之前，建议休息是一种明智的选择。如果在洽谈中，某个问题成为绊脚石，使洽谈无法顺利进行。这时，聪明的办法就是在双方对立起来之前马上休息。否则，双方为了捍卫自己的原则不得不互相对抗。只要我们的目标是“谋求一致”，那么休息就是为了寻找解决双方在洽谈中碰到的问题的方法。在这种情况下，运用休息的方法是大有裨益的。双方辅助谈判的技术人员、商业界和金融界人员自由结合成小群体休息闲聊，谋求他们取得某些积极成果的共同目的。在休息期间，我方要考虑的问题应该是明确的：研究怎样进行下一阶段的洽谈；归纳一下正在讨论的问题；检查我方小组的工作情况或者对下面可能出现的僵局提出新的处理设想；同时要注意怎样重新开谈，考虑下一步的洽谈方案等。

一般来讲，休息是一个有很大潜在影响的策略和技巧，适当地运用这一技巧，可以帮助谈判者渡过难关，达到共同获利的目的。

| 案例链接 |

退中求生存

一新加坡华裔客商与我国山东某进出口公司谈判大蒜生意。第一轮谈判时，中方报价最低为每吨720美元，外商出价最高为705美元。双方坚持自己立场，没有谈判协议区，谈判陷入僵局。休会，三天后，双方重新回到谈判桌前。中方基于当时正值大蒜收获期，如不及时成交，错过收购时机，不但保不住质量而且收购价格不一定上涨，加上美元对人民币汇率上升趋势，及时结算等于提价，为此，中方愿意让步至705美元一吨成交。虽然比上海嘉定卖得便宜些但基本符合国际市场行情。而买方逆向行动，将买价提高至710美元让我方大为吃惊。附加条件，签订长期合作协议。合同签订后，新方为我方揭开了其中奥秘：第一是新加坡华人多，而他的老客户主要是北方人，对蒜味要求越浓越好，山东大蒜虽比上海嘉定大蒜贵点，但蒜味浓，可以卖好价。第二，外商祖籍山东，认感情，希望长期合作。第三，做生意不能太计较，会令对方反感。

7. 谈判升级

谈判中出现僵局，经过多方努力仍无效果时，可以请双方领导出面，因势利导地表明对谈判局势的关注，表明己方立场，做出适当让步，推动谈判继续进行。

当谈判遇到僵局时，可请出地位较高的领导者出席，表明对处理僵局问题的关心和重视；或是运用明星效应，向对方介绍社会知名人士使用本产品后有利于己方的言论。对方就有可能“不看僧面看佛面”，放弃原先较高的要求。

案例链接

湖南一酒厂生产的“伏特加”酒要到美国市场上推销，他们聘请了一位美国推销专家，这位专家让湖南这家酒厂把第一批生产出来的1万瓶酒编成号，然后在“圣诞节”前夕准备了精美的贺年卡，分别寄给100多名美国著名的大企业家，并写明“我厂生产一批新酒，准备将编号第××号至第××号留给您，如果您要，请回信”。节日前夕能收到大洋彼岸的贺年卡，他们喜悦万分，自然纷纷回信，并寄钱求购。然后，这位美国推销专家拿着100名一流大企业家的回信，再去找批发商进行生意谈判，结果一谈即成，大获成功。

8. 有效退让

当谈判双方各持己见互不相让而陷入僵局时，谈判人员应该明白，坐到谈判桌前的目的是为了达成协议，实现双方的共同利益。如果促成合作成功所带来的利益要大于固守己方立场导致谈判破裂的收获，那么退让就是聪明有效的做法。

案例链接

A、B两个公司进行贸易谈判，A公司仗着自己的技术优势，气焰嚣张地提出非常苛刻的条件让B公司无法接受，谈判陷入僵持状态，无法继续进行下去。这时，A公司代表团的一位代表小李似乎对己方的做法也看不下去了，站起来说：“我看，B公司代表的意见有一定的道理，我们可以考虑。”这使A公司的主谈人十分恼火，责令小李立刻离开会场。这时谈判会场更是乌云密布，谈判随时破裂。但此时A公司的另一位代表向主谈人进言说：“是不是可以考虑一下，小李说的也有一定道理。”主谈人皱着眉头很勉强地点了点头。B公司代表看见对方有所松动，为了使谈判能进行下去，打开尴尬的局面，先做了一点小让步，A公司主谈也跟着做了让步，谈判得以继续，取得了较好的效果。

其实这一切都是A公司代表预先设计好的策略，用自己人当敌人，给对方一个暗示，给己方一个台阶下，使对方自愿先做出进一步让步，让谈判在破裂的边缘上及时止步。

9. 据理力争

如果僵局的出现是由于对方提出不合理要求造成的，特别是在一些原则问题上所表现的蛮横无理时，要做出明确而又坚决的反应。当然面对无理要求和无理指责时，应该采取机智的办法对付，而不是直接正面交锋，讲究据理力争的谈判艺术。

| 同步练习 |

态度傲慢的法国人

中国K公司与法国G公司就计算机制造技术的交易在北京进行谈判。K公司接触一些厂家后，认为G公司的技术很适合我方需要，有意与G公司成交。G公司也认为自己技术不错，有竞争性，同意与K公司谈判。但谈判中，G公司主谈的态度变得非常强硬，而且不尊重K公司主谈。意思是：我就这条件，同意，就签合同，不同意，就散。对此，中方K公司主谈不能说同意，也不能说散，怎么办呢？

10. 小题大做

在谈判实践中抓住对方的漏洞，从对方漏洞中借题发挥，小题大作，会给对方一个措手不及，这对于突破谈判僵局会起到意想不到的效果。当然从对方漏洞中借题发挥也要掌握分寸，否则被看作一种无事生非、有伤感情的做法。只有当谈判对方采取不合作态度或试图恃强凌弱的做法时，采取这种策略可以有效地使对方有所收敛。

| 同步练习 |

洽谈发生在一家中国出口商和一家日本进口商之间。由于日本当年红豆欠收，所以日本一家公司急需从中国进口一批红豆。而中方情况是红豆库存量较大，希望先出售存货，而日方希望采购新货，双方由此展开洽谈。中方开诚布公地介绍：今年的红豆由于气候的影响，质量不如往年，而且产量也下降不少，从价格方面考虑今年比去年的价格也高，所以建议日方购买去年存货。但是，日方仍坚持要新货，洽谈陷入僵局。双方如何打破僵局呢？

除以上10种方法外，还有场外沟通、幽默法、改变谈判地点等方式可打破僵局。

| 案例链接 |

釜底抽薪

美国汽车业“三驾马车”之一的克莱斯勒汽车公司拥有近70亿美元的资金，是美国第十大制造企业，但自进入20世纪70年代以来该公司却屡遭厄运，从1970年至1978年的9年内，竟有4年亏损，其中1978年亏损额达2.04亿美元。在此危难之际，艾柯卡出任总经理。为了维持公司最低限度的生产活动，艾柯卡请求政府给予紧急经济援助，提供贷款担保，但这一请求引起了美国社会的轩然大波，社会舆论几乎众口一词：克莱斯勒赶快倒闭吧。按照企业自由竞争原则，政府决不应该给予经济援助。最使艾柯卡感到头痛的是国会为此而举行了听证会，那简直就是在接受审判。委员会成员坐在半圆形高出地面八尺的会议桌上俯视着证人，而证人必须仰着头去看询问者。参议员、银行业务委员会主席威廉·普洛斯迈质问他：“如果保证贷款案获得通过的话，那么政府对克莱斯勒将介入更深，这对你长久以来鼓吹得十分动听的主张（指自由企业的竞争）来说，不是自相矛盾吗？”“你说得一点也不错，”艾柯卡回答说，“我这一辈子一直都是自由企业的拥护者，我是极不情愿来到这里的，但我们目前的处境进退维谷，除非我们能取得联邦政府的某种保证贷款，否则我根本没办法去拯救克莱斯勒。”他接着说：“我这不是在说谎，其实在座的参议员们都比我还清楚，克莱斯勒的请求贷款案并非首开先例。事实上，你们的账册上目前已有了4090亿元的保证贷款，因此务请你们通融一下，不要到此为止，请你们也全力为克莱斯勒争取4100万美元的贷款吧，因为克莱斯勒乃是美国的第十大公司，它关系到60万人的工作机会。”艾柯卡随后指出日本汽车正乘虚而入，如果克莱斯勒倒闭了，它的几十万职员就得成为日本的佣工，根据财政部的调查材料，如果克莱斯勒倒闭的话，国家在第一年里就得为所有失业人口花费27亿美元的保险金和福利金。所以他向国会议员们说：“各位眼前有个选择，你们愿意现在就付出27亿呢？还是将它一半作为保证贷款，日后并可全数收回？”持反对意见的国会议员无言以对，贷款终获通过。

当双方利益差距合理时即可采取釜底抽薪的方法。谈判陷入僵局时，有意将合作的条件绝对化，并把它放到谈判桌上，明确表示自己已无退路，希望对方能让步，否则情愿接受谈判破裂的结局。使用这一策略的前提是：双方利益要求的差距不超过合理限度，对方才有可能忍痛割舍部分期望利益、委曲求全，使谈判打破僵局继续下去。否则，只靠对方单方的努力与让步根本无法弥补差距时，采取此策略，导致谈判破裂。这种策略同孤注一掷、背水一战相似，是一种风险的策略。

| 同步练习 |

中日激烈的价格谈判

中国B公司从日本A公司进口家用电器生产线。由于是成套项目交易，日本A公司做了全面报价，报价内容含生产设备、备件、技术培训、技术指导、试车、试生产原材料等的价格。总价显得较高，中方B公司分析其报价内容，认为内容全面，但价格太高超出了预算。中方进行还价，日方以生产线要保持其正常运行为由，价格不能以分解成一台设备或一台仪器地评估，要求中方报出预算，好让日方重做方案。中方坚持要日方先调价合理后再谈预算问题。于是在先报预算，还是先降价上产生了僵局。

思考 双方如何解决僵局，继续往下进行谈判？

任务结果

请根据任务情境帮助李鸣设计打破僵局的方法，并设计对白进行模拟。

巩固练习

一、单选题

1. 以下选项中，不属于我方在商务谈判中处于劣势条件的原因是（　　）。

A. 对方力量薄弱　　B. 对方实力雄厚

C. 对方产品具有较强的竞争力　　D. 对方能提供独特的技术或服务

2. 谈判中要争取由（　　）来制定议程。

A. 己方　　B. 对方　　C. 第三方　　D. 任何一方

3. 决定能否打破僵局的重要因素是（　　）。

A. 双方实力　　B. 市场环境　　C. 人员素质　　D. 交易条件

4. 以下不属于破解谈判僵局的方法是（　　）。

A. 找中间调解人　　B. 暂时休会

C. 变换议题　　D. 专家单独会谈

5. 对方坚持不合理要求，导致僵局时，应做出（　　）。

A. 重大让步，以利于协议达成的决定

B. 明确而又坚决的反应，使对方明白施加压力无效

C. 拒绝对方要求，让谈判破裂的决定

D. 再做出让步以示诚意，让谈判继续进行的决定

6. 在谈判时间的选择上，一般来说应注意以下情况（　　）。

A. 在准备不充分时应随机应变

B. 避免在情绪低落时进行谈判

C. 如是卖方谈判者，应避开卖方市场

D. 在用餐时进行谈判，有利于促成谈判

二、多选题

1. 谈判议程安排包括（　　）。

A. 谈判实践　　B. 谈判议题

C. 讨论议题先后顺序　　D. 讨论各议题的时间安排

2. 谈判中僵局形成的主要原因是（　　）。

A. 沟通不畅　　B. 观点争执

C. 不对等让步　　D. 人员素质低下

E. 环境变化

3. 打破谈判僵局的具体做法有（　　）。

A. 采用横向式谈判　　B. 改期再谈

C. 更换谈判人员　　D. 改变谈判环境

4. 谈判一旦陷入僵局，破解僵局的主要方法和对策是（　　）。

A. 更换谈判人员　　B. 暂时休会

C. 寻找替代方案　　D. 借助调解人

5. 谈判一旦陷入僵局，破解僵局的主要方法和对策是（　　）。

A. 交换谈判议题　　B. 更换谈判人员

C. 暂时休会　　D. 寻找替代方案

E. 借助调解人

三、判断题

（　　）1. 谈判实力就是企业实力。

（　　）2. 谈判实力是指影响双方在谈判过程中的相互关系、地位和谈判的最终结果的

各种因素的总和，以及这些因素对各方的有利程度。

(　　) 3. 在商务谈判中，大部分的谈判十分顺畅，陷入僵局的很少。

(　　) 4. 当谈判陷入僵局，客客气气、平平和和地谅解是唯一解决问题的好方法。

(　　) 5. 僵持不利于谈判的成功，因此要尽量避免谈判中出现僵持的局面。

(　　) 6. 谈判升级是指商务谈判出现僵局时，使谈判上升到一方或双方的上级再继续谈判，以打破僵局的谋略。

(　　) 7. 谈判开场要努力制造严肃、紧张的气氛，打乱对手的思路。

(　　) 8. 商务谈判要求的谈判气氛应该是真挚、合作、认真、轻松的。

(　　) 9. 挑剔式开局策略是指开局时通过语言或行为来表达己方强硬的姿态，从而获得谈判对手必要的尊重，并借以制造心理优势，使得谈判顺利地进行下去。

(　　) 10. 双方谈判实力相当时，在开局阶段，在语言和姿态上，既要表现得礼貌友好，又要充分显示自己的自信和气势。

四、简答题

1. 判断谈判双方实力的内容有哪些？
2. 安排议程的步骤有哪些？
3. 开场陈述的内容有哪些？
4. 营造开局气氛有哪些技巧？
5. 试述产生谈判僵局的主要原因及打破僵局的方法。

五、实训项目

采购商品谈判

背景资料：

某学院管理科学系有一生产性实训基地——大学生超市，里面的商品都是从各个不同的供应商处进货而来，学校学生普遍反映该超市所卖商品比校外贵，原因在于供应商的供货价太高。

实训内容：

与供应商直接接触，就现在采购的商品的各项交易条件进行磋商，达成交易，总结交流。

项目五

电子产品 B2B 购销谈判

知识目标

- 明确商务谈判团队人员配备和要求
- 知道商务谈判方案的内容
- 掌握商务谈判方案的编写方法和编写规范
- 掌握谈判结束的技巧

能力目标

- 能够根据谈判内容安排人员，并合理分配工作
- 能够制定完善的商务谈判方案
- 能抓住时机，采取适当方式结束谈判

教学建议

- 通过典型案例分析与讨论，加深学生对商务谈判完整流程的理解
- 模拟训练，以“情境展示”为背景，让学生扮演谈判角色，结合相关知识完成模拟谈判任务
- 实战演练，通过设置真实的谈判任务，引导学生在完成实际谈判任务中提升谈判的实战能力

情境导入

大三毕业后，李鸣的事业已经做得有声有色了，不但签订了几个玩具生产商，多开了几个天猫店铺售卖不同类型的玩具外，还做出了自己的品牌，开始贴牌生产。虽然东莞的玩具产业比较发达，但汕头澄海的玩具也势头不小，而且在网上的售价普遍较低，对李鸣来说是一个不小的威胁。

对于李鸣来说，其事业又一次到了转型升级的时候了。作为电子商务专业的学生，李鸣一直留意着电子产品的发展，而作为一名男生，从电影变形金刚1～3，无不是他热追的电影，回想起2011年，变形金刚3在国内引起的热潮，李鸣预感智能机器人玩具一定能够伴随变形金刚的热潮持续升温，经过商量，李鸣及合伙人决定开始开拓智能机器人事业。

李鸣的构思是先与本地生产智能机器人的企业合作，代理产品销售，了解行情后再拓展自主事业。经过调查，李鸣找到了东莞生产智能机器人玩具最出名的龙昌国际控股有限公司，该公司产品主要销往国外，在国内不多，这正是一个市场空缺，李鸣希望能够跟龙昌国际合作，在自己的网店销售其生产的智能机器人。

对于智能机器人这么复杂的专业商品，李鸣应该怎样进行谈判呢？

实施方法

电子产品是科技发展的产物，伴随科技水平的不断提升，电子产品也在不断地更新换代，其专业性非常高，属于专业商品。作为专业商品销售，必须要有专业人员参与谈判才能有效确保己方的谈判利益。

本项目购销谈判较前面项目谈判复杂，其谈判对象是用于再生产或再销售的专业商品，专业知识涉及面较广，一对一的谈判很难顺利进行，因此一般多为团队谈判。团队谈判涉及程序较多，除了前面几个项目的程序外，还要组建谈判团队，撰写谈判方案，谈判接近尾声时促成谈判，其谈判过程如下图所示。

组建谈判团队

↓

安排谈判议程

↓

制定商务谈判方案

↓

谈判开局

↓

磋商

↓

结束谈判

根据购销谈判工作过程活动顺序和职业教育学习规律，结合前面项目所讲内容，本项目工作可以分解成以下工作任务。

任务一　组建谈判团队

↓

任务二　制定商务谈判方案

↓

任务三　结束谈判

任务一

组建谈判团队

任务情境

李鸣将要会见的是龙昌国际集团有限公司的销售部经理陈经理。他了解到陈经理精通技术、熟悉业务、为人温和、办事严谨……

经过与合伙人讨论，李鸣认为与陈经理谈判十拿九稳。这时在贸易公司兼职过的小陈对李鸣说："不要着急，我们必须把队伍组织好才能去打仗！"李鸣信心十足地说："这业务，我一个人去就行了，十拿九稳！"小陈提醒到："你不记得上几次被其他公司拒绝的教训啦？你一个人去的话，别人还是会认为你是毛头小子，虽然你是学电子商务专业的，对电子产品、机器人玩具等也做了些调查，但你熟悉财务问题吗？你熟悉法律规定吗？你了解机器人电子产品未来的趋势吗？你的市场经验有陈经理丰富吗？"

李鸣听后豁然开朗，马上着手组建谈判团队。那么李鸣该如何组建这支团队呢？

任务实施

要组建一支谈判团队，需要从以下三方面着手，分别是确定谈判团队规模、配备谈判人员、明确谈判人员的分工合作。

一、确定谈判团队规模

确定谈判团队规模要根据谈判的具体内容、性质、议题、对方参加人数来决定需要的谈判人员、知识结构等。一般来说，简单的谈判人数可以较少，而复杂的谈判可以适当增加谈判人员，但直接参加谈判的人数不宜太多。从实践经验来看，谈判团队的规模一般设定在4～7人为宜，主要出于以下几方面原因。

1. 人数少，决策效率高

一个集体能够高效率工作的前提不仅是因内部必须进行严密的分工和合作，还要保持交流的通畅。如果人数太多，会使某些成员无法发挥作用，甚至会因意见纷杂、莫衷一是，以致因协调内部关系而分散了与对方交锋的精力，丧失谈判主动权。

2. 要考虑最佳的管理幅度

现代管理理论认为，在复杂多变的环境中，管理幅度不宜过宽。一个领导能够有效管理其下属的人数是有限的，4～7人的管理幅度能够便于谈判负责人对谈判过程实施监督，对小组成员进行协调，也便于成员间的沟通和交流。此外，管理幅度的宽窄与工作性质和内容有关，对于商务谈判这种紧张、复杂多变的工作，既要发挥个人独创性和独立应变能力，又要内部协调统一、一致对外，其领导者的管理幅度要坚持窄而精。

3. 4~7人的谈判团队能够覆盖一般谈判的知识范围，形成良好的专业结构

多数商务谈判所涉及的业务知识大致包括以下几个方面：商务、技术、财务、金融、法律、翻译等，参加谈判的主要是这些方面的人员，如每个人是一两个方面的专家，这样的人数就足够用了。

4. 人数少而精便于小组成员调换

参加谈判的人员不是一成不变的，随着谈判的不断深入，所需专业人员也有所不同。例如，在谈判摸底阶段和条款的协商阶段，需要市场调研人员和生产技术人员参与，律师可能是多余的；但在签订合同阶段，需要律师起草合同草案，以便确保合同的每一条款都措辞严谨，具有法律效力，律师可能代替技术人员成为谈判小组成员。但从整个谈判过程来看，谈判小组成员数量未改变。

上述谈判小组人员的规模，只是就一般情况进行分析，有些大型的谈判，4~7人显得力量单薄，甚至会被对方认为不重视。这时，可以适当增加一些人员，并将谈判团队分成两部分：一部分是直接到谈判桌前参加谈判的人员，这部分人数以和对方人数相当为宜；另一部分人员作为后备力量从事谈判资料的收集和整理，为谈判准备好信息资料。

二、配备谈判人员

谈判人员的配备直接关系到谈判的成败，是谈判谋略中技术性很强的学问。

1. 知识具有互补性

一是谈判人员具有自己特有的专长，都是处理不同问题的专家；二是谈判人员书本知识与工作经验互补。谈判队伍中既有高学历的青年学者，也有身经百战具有丰富实践经验的谈判老手。这样就可以实现知识和能力方面的互相补充。

根据人员配备知识互补性原则，一般的商务谈判中，配备的知识依据主要概括为以下几个方面：

商务知识：有关商品、市场、价格、交货、仓储、运输、保险、商检、财务、支付条件等方面的专业知识。

技术知识：有关工程技术、生产工艺等方面的专业知识。

法律知识：有关合同法、经济法、政策等方面的专业知识。

语言能力：如涉及国际贸易，需要语言翻译方面的知识。

根据谈判团队的规模及分工要求，应该配备如下相应的谈判人员：首席谈判代表、了解和掌握各种商务知识的专业谈判人员、法律人员及记录人员；如涉及技术谈判，一般要求有熟悉和了解生产技术和水平的技术人员；如涉及涉外谈判，则要求有熟悉本企业业务的翻译人员（图4–1）。

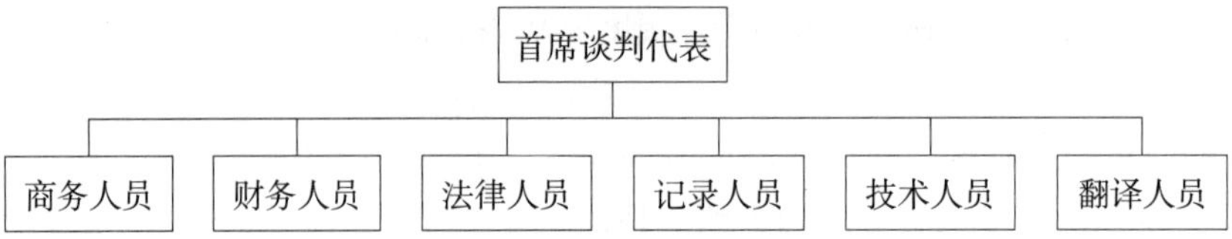

图4-1 谈判团队结构图

2. 性格具有互补性

谈判队伍中的谈判人员性格要互补协调，将不同性格的优势发挥出来，互相弥补其不足。

3. 分工明确，配合协调

谈判小组每一个人都要有明确的分工，每个人都有自己特殊的任务，不能越位。当然，分工明确的同时要注意大家都要为一个共同的目标而通力合作，协同作战，相互补台。

谈判团队成员的职责如表4-1所示。

表4-1 谈判团队成员的职责分工

团队成员	人数要求	成员职责	素质要求
首席谈判代表	1人	✧ 监督谈判程序 ✧ 掌握谈判进程 ✧ 听取专业人员的建议、说明 ✧ 协调谈判团队成员意见 ✧ 决定谈判过程中的重要事项 ✧ 代表单位签约 ✧ 汇报谈判工作	※ 具备一般谈判人员的素养 ※ 阅历丰富、目光远大 ※ 审时度势、随机应变、当机立断 ※ 善于控制与协调谈判小组成员的能力 ※ 一般由富有经验的谈判高手担任
商务人员	视谈判内容而定（1~3人）	✧ 阐明己方参加谈判的愿望、条件 ✧ 弄清对方的意图、条件 ✧ 找出双方的分歧或差距 ✧ 与对方进行专业细节方面的磋商 ✧ 修改草拟谈判文书的有关条款 ✧ 向首席代表提出解决专业问题的建议 ✧ 为最后决策提供专业方面的论证 ✧ 负责合同价格谈判 ✧ 帮助整理合同文本 ✧ 负责经济贸易的对外联络工作	※ 掌握谈判心理，熟悉谈判策略和技巧 ※ 善于表达和沟通，具有较强的洞察力 ※ 能为科学决策提供合理化建议 ※ 熟悉商业贸易、市场行情、价格形势
财务人员	1人	✧ 主要对谈判中的价格核算、支付条件、支付方式、结算货币等与财务相关的问题进行把关	※ 熟悉会计业务、金融知识 ※ 有较强的财务核算能力
法律人员	1人	✧ 确认谈判对手经济组织的法人地位 ✧ 提供法律方面的建议和意见 ✧ 监督谈判在法律许可范围内进行 ✧ 检查法律文件的准确性和完整性	※ 熟悉法律知识 ※ 熟悉经济法、合同法等相关法律条文

续表

团队成员	人数要求	成员职责	素质要求
记录员	1人	✧ 准确、完整、及时地记录谈判内容	※ 有熟练的文字记录能力 ※ 具有一定的专业基础知识 ※ 有较好的总结归纳能力
技术人员	1人	✧ 负责对有关技术、产品性能、质量标准、产品验收、技术服务等问题进行谈判 ✧ 可为商务谈判中的价格决策做技术顾问	※ 熟悉生产技术、产品标准 ※ 了解科技发展动态
翻译人员	1人	✧ 准确传递谈判双方的意见、立场和态度 ✧ 缓解谈判气氛	※ 能正确翻译沟通 ※ 通过语言识别他人心理和言外之意

4. 社会地位对等

即己方谈判小组成员的社会地位应与对方出场人员的级别相等，做到至少不低于对方人员的级别。

|案例分析|

对外经济贸易合作部部长龙永图在中国“入世”谈判时曾选过一位秘书。当龙永图选该人当秘书时全场哗然，因为这个人根本不适合当秘书。在众人眼里秘书都是勤勤恳恳、讲话很少、做事稳重、对领导体贴入微的人。但是龙永图选的秘书，处事完全不一样。他是一个大大咧咧的人，从来不会照顾人。每次龙永图和他出门都是龙永图走到他房间里说，请你起来，到点了。对于日程安排，他有时甚至不如龙永图清楚，原本9点的活动，他却说9点半，经过核查，十次有九次他是错的。

但为什么龙永图会选他当秘书呢？

因为龙永图是在其谈判最困难的时候选他当秘书的。当时由于谈判的压力大，龙永图的脾气也很大，有时候和外国人拍桌子，回来以后一句话也不说。每次龙永图回到房间后，其他人都不愿自讨没趣到他房间里来。唯有那位秘书每次不敲门就大大咧咧走进来，坐到龙永图的房间就跷起腿，说他今天听到什么了，还说龙永图某句话讲得不一定对，等等，而且他从来不称呼龙永图为龙部长，都是“老龙”，或者是“永图”。他还经常出一些“馊主意”，被龙永图骂得一塌糊涂，但他最大的优点就是禁骂。无论怎么骂，他5分钟以后又回来了，哎呀，永图，你刚才那个说法不太对。

这位秘书是个学者型的人物，他对很多事情不敏感，人家对他的批评他也不敏感，但是他是世贸专家，他对世贸问题简直像着迷一样。所以在龙永图脾气非常暴躁的情况下，在当时难以听到不同声音的情况下，有那位禁骂的秘书对龙永图就显得分外重要了。中国入世谈判成功以后，龙永图的脾气好多了，稀里糊涂的秘书已不再适合龙永图的“胃口”，于是龙永图很快把他送走了。

分析：

任何一次谈判都需要大量的信息资料和多方面的专业知识，在高度紧张、复杂多变的谈判中遇到困境，要很好地掌握自己的情绪等，这都是一个人的能力所不及的。因此，要使谈判达到预定的目标，一般都需要组织一个规模适宜、结构合理、高质高效、性格互补的谈判小组。

| 同步练习 |

某县一饮料厂欲购买意大利××保健品的生产技术与设备，拟定派往意大利的谈判小组包括以下四名核心人员：该厂厂长、该县主管工业的副县长、县经委主任和县财办主任。

思考 （1）谈判班子这样的组合有什么问题?

（2）应该如何调整谈判班子?

三、明确谈判人员的分工合作

一场成功的谈判往往可以归结为谈判人员所具有的良好个人素质，然而单凭个别人高超的谈判技巧，并不能保证谈判获得预期的结果，还需要谈判班子人员的功能互补和合作。就像一场高水准的交响音乐会，之所以最终赢得观众雷鸣般的掌声，主要在于每位演奏家的精湛技艺与和谐配合。

如何才能使谈判班子成员分工合理、配合默契呢?具体来讲，就是要确定不同情况下的主谈人与辅谈人、明确好他们的职责与分工、前台和后台的分工合作、其他的分工合作。

1. 确定团队负责人

谈判团队负责人应当根据谈判的具体内容、参与谈判人员的数量和级别，从企业的内部有关部门挑选，可以是某一部门主管，也可以是企业最高领导人。谈判团队负责人并不一定是谈判中的主谈，但他应该直接领导和管理谈判队伍人员。选择谈判团队负责人最重要的因素是其能力，即能否充分调动谈判人员的积极性、主动性、创造性，能否在谈判中恰如其分地调动和使用各类人员，使谈判绝处逢生。

2. 主谈人与辅谈人的分工合作

谈判中的主谈人和辅谈人并不是一成不变的，要根据谈判的不同阶段及不同内容进行调换。例如在谈判的某一阶段主要是针对市场开发等商务方面事宜进行洽谈，可由谈判团队中的商务人员作主谈，其余人员处于辅助位置；而在另一阶段是针对技术合作方面进行洽谈时，则可由技术人员充当主谈，商务人员和法律人员充当辅谈，从商务和法律角度向技术主谈提供咨询意见，并适时回答对方涉及商务和法律方面的问题；而在合同确认阶段，则应该由法律人员充当主谈，以确保合同条款的合法性和完整性。

主谈人	辅谈人
在谈判的某一阶段针对某一个或某几个议题，以某个人为主进行发言，阐述己方的立场和观点，这位发言人就是主谈人	在主谈人阐述时处于辅助位置的谈判人员

主谈人作为谈判班子的灵魂，应具有较强的沟通能力、判断能力、归纳和决断能力。能够把握谈判方向和进程，设计规避风险的方法以达到谈判的既定目标。主谈人一旦决定，那么，本方的意见、观点都由他来表达，一个拳头对外，避免各唱各的调。

辅谈人在谈判中的作用也是非常重要的，当主谈人发言时，辅谈应该给予支持。这种支持可以表现在：口头上的附和"正是""没错""正是这样"等，也可以是姿态上做出赞同的姿势，如当主谈发言时不住地点头。

3. 前台和后台的分工合作

比较大型或重要的谈判，常常要建立一定的后援力量，以增强谈判团队的力量，及时提供必需信息，协助谈判顺利进行。后台的支援人选既可以是企业或项目经理、负责人，也可以是专业的业务人员、技术人员等。当谈判出现问题时谈判前台人员可及时与后台人员进行联系，以快速调整、更换谈判人员。

另外，谈判前台人员要得到后台人员的支持，必须协调同他们的关系。谈判团队在谈判前要明确前台的责任范围、权限范围，以免因责任不清而与后台人员发生冲突，贻误时机。谈判中必须及时同后台人员及时沟通情况，以保证谈判顺利进行。

任务结果

根据任务情境，结合任务实施内容，请设计出李鸣谈判团队的人员构成。

任务二

制定商务谈判方案

任务情境

李鸣经过对商务谈判信息的搜集以及谈判目标的制定，将谈判团队人员确定下来了，并通过多次研讨，决定目标是：与龙昌公司建立长期合作关系，将龙昌公司出口滞销的L款智能机器人系列10000个以每个380元的价格购进，货款分三期付。其他产品先拿货销售后每季度结账。现在李鸣的下一步工作就是要制定商务谈判方案了。

李鸣在制定谈判方案时，应该包括哪些内容，他又该如何编写谈判计划呢？

任务实施

商务谈判方案是谈判人员在全面分析研究谈判信息的基础上，根据双方的实力对比，在谈判前预先对谈判目标、策略设计等具体内容和步骤所做的安排，是谈判行动的指针和方向。制定商务谈判方案是谈判准备工作的重要内容，对谈判人员明确谈判目标、沟通协调内部关系、明确职责与分工等都有非常重要的作用。

制定切实可行的谈判方案是决定谈判成败的关键。谈判人员必须考虑主观和客观的因素，制定周全且有效的谈判方案。一般商务谈判方案主要包括以下内容，如图4–2所示。

谈判主题	谈判目的的高度概括，必须简明扼要
谈判目标	谈判中要解决的实质性问题，要达到的具体目标
谈判时间和期限	从谈判准备到谈判终结的时间，要具体、明确，同时又有伸缩性
谈判地点和场所	总体原则是选择对我方有利的地点，避免选择我方谈判人员不熟悉的地方
谈判人员	根据对方谈判人员的情况，相应决定我方出席人员，并确定角色分配
谈判双方利益及优劣势分析	要明确我方想要什么，对方想要什么，我方有何谈判优势，争取我方目标
谈判议程及策略安排	谈判时间的安排、谈判议题的确定、议题先后顺序的安排及各议题的时间
相关支撑材料	市场调查信息、价格趋势分析信息等 谈判中有可能涉及的法律条文
应急预案	对谈判中可能发生的意外进行估计

图4–2　商务谈判方案内容

一、谈判主题

谈判主题是指参加谈判的目的。谈判的主题必须简单明确，最好能用一句话加以概括和表述。比如，“以最优惠的价格引进某项技术”“以合理的价格签订某产品购销协议”等。

二、谈判目标

谈判目标是对主要谈判内容确定期望水平，包括商品质量、规格、数量、价格、支付方式、交货期、验收标准、服务等。谈判目标分成最高期望目标、实际需要目标、可接受目标和最低目标4个层次。

详细内容请见项目三任务二确定谈判目标。

三、谈判时间和期限

谈判期限指什么时候开始谈，准备谈多久，这是谈判计划中的一项主要内容。一般来讲，谈判的开始时间应选择在己方已有充分准备，对方又有迫切需要的时候举行，这样，有利于己方在谈判中获得谈判的主动权和控制权，形成对己方较为有利的谈判局面。同时，也要给出一个谈判期限，要求谈判者在某一期限内完成与对方的谈判，因为时间如果拖得太久，会给企业带来一定的人力、物力和财力的损失，甚至可能会失去其他的商业机会。当然，所给定的谈判期限应能保证谈判时间能够与对方进行充分的讨价还价并且还有一定的机动时间，另外还要注意，谈判期限也是商业机密，不能外泄。

四、谈判地点和场所

1. 谈判地点

商务谈判地点的选择往往涉及谈判的环境心理因素问题，它对于谈判效果具有一定的影响，谈判者应很好地加以利用。有利的地点、场所能够增强己方的谈判地位和谈判力量。不同地点对于谈判者来说，均各有其优点和缺点，要根据不同的谈判内容具体分析，正确地加以选择，充分发挥谈判地点的优势，促使谈判取得圆满成功。

对一些决定性的谈判，若能在自己熟悉的地点进行，可以说是最理想的，但若争取不到这个地点，则至少应选择一个双方都不熟悉的中性场所，以减少由于“场地劣势”导致的错误，避免不必要的损失。最差的谈判地点，则是在对方的“自治区域”内。如果说某项谈判将要进行多次，那谈判地点应该依次互换，以示公平。

2. 谈判场所

谈判具体场所的选择有一定技巧。一般来说，正式的谈判往往选择在会议室举行，因为这样能营造一种气势，使双方认真对待，大量具体的细节问题和有争议的问题在这样的场合中讨论比较格式。

如果选定己方所在地作为谈判地点，作为东道主，应负责对具体谈判场所进行布置安排。如果能巧妙地运用“地利”之便，使空间环境因素真正发挥其作用，则可以有效地促进谈判走向成功。同时创造谈判和谐氛围必须适宜，要综合各方面因素周密考虑，不可脱离具体情况妄加渲染，否则矫枉过正，过犹不及，反而起不到好的效果。布置时应注意以下几点：

（1）谈判场所应宽敞、舒适、有良好的通风和照明条件，并安装投影仪之类设备，以便进行产品展示和项目说明。

（2）谈判场所附近应备有休息室，以便谈判人员在谈判间隙休息时使用。休息室可布置一些盆景或鲜花，以使谈判人员在紧张工作的间歇能适当放松一下。

（3）选择适宜的场景布置，色彩一般以暖色为主，优雅协调。双方的座位要保持适当距离，以看不到对方的资料为宜。

（4）安排秘书和工作人员在附近办公室值班，以便传递信息，复印或打印文件。

此外，休闲娱乐场所也往往会成为谈判的场所，如在酒店、茶馆、咖啡店、高尔夫球场等。在这样的谈判场所双方的言论比较轻松，可以讨论谈判议题，可以诉说友情，也可以讨论无关的问题。这样的交流往往可以增进双方的了解，建立友谊，也可以促成谈判的成功。谈判中，谈判场所往往“别有用意”。

五、谈判人员

确定己方出席谈判的人员，明确主谈辅谈角色，规定各谈判人员的职责和任务。谈判小组成员要具备相应的专业技术知识，还要具备一定的谈判经验，能够融洽处理同事之间的关系以及与谈判对手的关系。一般谈判小组成员有主谈、技术人员、商务人员、财务人员、法律专家等。（具体内容详见本项目任务一）

六、谈判双方利益及优劣势分析

在详细分析资料、进行信息调查的基础上，估量双方的实力、地位；对方的优势、劣势；己方的优势、劣势；对方最核心的需求；己方的核心需求。（具体内容详见项目四任务一“分析与评估谈判双方实力”）

七、谈判议程及策略安排

1. 谈判议程

谈判议程安排主要包括确定谈判议题，安排各议题先后顺序及规划各议题谈判时间。（具体内容详见项目四任务二“安排谈判议程”）

2. 谈判策略安排

指谈判人员为取得预期谈判效果而实施的各种行为方案。策略是谈判的武器和手段，正确运用谈判策略，有助于双方在共同利益的基础上达成协议，或者取得某些特殊的利益。计划中应对所要采取的策略事先做出安排，明确规定在什么时间、什么情况下应采用什么样的策略，以便谈判人员在出现这种情况时能事先有所准备，临危不乱，从容应付。

八、相关支撑材料

主要指信息收集、调查分析后所得到的与谈判内容相关的资料、数据、法律条文等，用以支撑己方观点的理据。

九、应急预案

谈判过程中难免会出现一些意外情况，如果出现了意外情况而事先又毫无准备，必然会使谈判变得十分被动。为了避免出现这种局面，在做好主体方案的同时，还要设计一些应急预案，以做到有备无患。谈判意外情况可能会是谈判代表突然身体不适、谈判场地临时变更、设备故障、竞争对手干扰、市场行情突变等。这些情况都需要做出充分估计，制定解决方案。

因谈判方案中包含的内容在前面章节已详细解释，在此不再重复。

| 方案模板 |

关于解决汽轮机转子毛坯延迟交货索赔问题谈判方案

一、谈判主题

解决汽轮机转子毛坯延迟交货索赔问题，维护双方长期合作关系

二、谈判团队人员组成

主谈（副总经理）：张三，公司谈判全权代表

技术部经理：李四，负责生产安排、技术问题

商务部经理：王五

法律顾问：马六，负责法律问题

翻译：赵七，随时为谈判人员翻译

三、谈判期限：2018年7月25日—8月1日

四、谈判地点：DD公司会议室

五、双方利益及优劣势分析

我方核心利益	对方核心利益
1. 尽早交货 2. 维护双方长期合作关系 3. 要求对方赔偿，弥补我方损失	1. 维持双方长期合作关系 2. 解决赔偿问题 3. 维护公司声誉
我方优势	**对方优势**
我公司占有中国电力市场1/3的份额	1. 有关罢工属于不可抗力的规定 2. 对方根据合同，由不可抗力产生的延迟交货不适用处罚条例
我方劣势	**对方劣势**
1. 毛坯供应短缺，迫切与对方合作，否则将可能造成更大损失 2. 在法律上有关罢工属于不可抗力范围这点对我方不利 3. 对方延迟交货给我公司带来的利润、名誉上的损失	1. 属于违约方 2. 面临与众多签约公司的相关谈判，达不成协议将可能陷入困境 3. 对方与我方无法达成合作将对其造成巨大损失 4. 国际声誉受损

六、谈判目标

1. 总体目标

体面、务实地解决此次索赔问题，重在减少损失，并维护双方长期合作关系

2. 具体目标

最高期望目标	1. 赔款：450万美元 2. 交货期：延期一月，即×月×日 3. 技术支持：要求对方派一技术顾问小组到我公司提供技术指导 4. 价格目标：为弥补我方损失，单价降8%
实际需要目标	1. 交货期：延期一个月，即×月×日 2. 赔款：100万美元，对方承认错误，挽回我公司的名誉损失 3. 技术支持：要求对方派一技术顾问小组到我公司提供技术指导 4. 优惠待遇：在同等条件下优先供货 5. 价格目标：为弥补我方损失，单价降5%
可接受目标	1. 获得对方象征性赔款 2. 交货期：延期30～60天 3. 技术支持：要求对方派一技术顾问小组到我公司提供技术指导 4. 价格目标：为弥补我方损失，单价降5%
最低限度目标	1. 获得对方象征性赔款，对方承认错误，挽回我公司的名誉损失 2. 交货期：延期两个月，即×月×日 3. 技术支持：要求对方派一技术顾问小组到我公司提供技术指导 4. 优惠待遇：在同等条件下优先供货 5. 对方与我方长期合作

七、谈判议程及具体策略

1. 开局

方案一：感情交流式开局策略：通过谈及双方合作情况形成感情上的共鸣，把对方引入较融洽的谈判气氛中。

方案二：采取进攻式开局策略：营造低调谈判气氛，强硬地指出对方因延迟交货给我方带来巨大损失，开出450万美元的罚款，以制造心理优势，使我方处于主动地位。

对方提出有关罢工属于不可抗力的规定拒绝赔偿的对策：

①借题发挥的策略：认真听取对方陈述，抓住对方问题点，进行攻击、突破。

②法律与事实相结合原则：提出我方法律依据，并对罢工事件进行剖析，对其进行反驳。

2. 中期阶段

①红脸白脸策略：由两名谈判成员其中一名充当红脸，一名充当白脸辅助协议的谈成，适时将谈判话题从罢工事件的定位上转移到交货期及长远利益上来，把握住谈判的节奏和进程，从而占据主动。

②层层推进，步步为营的策略：有技巧地提出我方预期利益，先易后难，步步为营地争取利益。

③把握让步原则：明确我方核心利益所在，实行以退为进策略，退一步进两步，做到迂

回补偿，充分利用手中筹码，适当时可以退让赔款金额来换取其他更大利益。

④突出优势：以资料作支撑，以理服人，强调与我方协议成功给对方带来的利益，同时软硬兼施，暗示对方若与我方协议失败将会有巨大损失。

⑤打破僵局：合理利用暂停，首先冷静分析僵局原因，再可运用把握肯定对方形式，否定对方实质的方法解除僵局，适时用声东击西策略，打破僵局。

3. 休局阶段

如有必要，根据实际情况对原有方案进行调整。

4. 最后谈判阶段

① 把握底线：适时运用折中调和策略，严格把握最后让步的幅度，在适宜的时机提出最终报价，使用最后通牒策略。

② 埋下契机：在谈判中形成一体化谈判，以期建立长期合作关系。

③ 达成协议：明确最终谈判结果，出示会议记录和合同范本，请对方确认，并确定正式签订合同时间。

八、谈判资料

相关法律资料：

《中华人民共和国合同法》《国际合同法》《国际货物买卖合同公约》《经济合同法》

备注：

《合同法》违约责任

第一百零七条 当事人一方不履行合同义务或者履行合同义务不符合约定的，应当承担继续履行、采取补救措施或者赔偿损失等违约责任。

联合国《国际货物买卖合同公约》规定：不可抗力是指不能预见、不能避免并不能克服的客观情况。

九、应急预案

双方是第一次进行商务谈判，彼此不太了解。为了使谈判顺利进行，有必要制定应急预案。

1. 对方承认违约，愿意支付赔偿金，但对450万美元表示异议

应对方案：就赔款金额进行价格谈判，运用妥协策略，换取在交货期、技术支持、优惠待遇等方面的利益。

2. 对方使用权力有限策略，声称金额的限制，拒绝我方的提议

应对：了解对方权限情况，“白脸”据理力争，适当运用制造僵局策略，“红脸”再以暗示的方式揭露对方的权限策略，并运用迂回补偿的技巧，来突破僵局；抑或用声东击西策略。

3. 对方使用借题发挥策略，对我方某一次要问题抓住不放

应对：避免没必要的解释，可转移话题，必要时可指出对方的策略本质，并声明，对方的策略影响谈判进程。

4. 对方依据法律上有关罢工属于不可抗力从而按照合同坚决拒绝赔偿

应对：应考虑到我方战略目标是减小损失，并维护双方长期合作关系，采取放弃赔偿要求，换取其他长远利益。

若对方坚持在“按照合同坚决拒绝赔偿”一点上，不做出任何让步，且在交货期上也不做出积极回应，则我方先突出对方与我方长期合作的重要性及暗示与我方未达成协议对其造成的恶劣影响，然后做出最后通牒。

知识链接

一个成功的谈判方案的基本要求

（1）谈判方案要简明扼要。谈判方案要尽量使谈判人员能容易记住其主要内容与基本原则，在谈判过程中能灵活根据方案要求与对方周旋。谈判的方案越是简单明了，谈判人员照此执行的可能性就越大。

（2）谈判方案要具体。谈判方案的简明扼要不是目的，它要与谈判的具体内容相结合，以谈判的具体内容为基础。如果没有具体内容，谈判方案就不具备实际操作的指导意义。

（3）谈判方案要灵活。由于谈判过程千变万化，方案只是谈判前某一方的主观设想，不可能把影响谈判过程的各种随机因素都估计在内。为了使谈判方案具有更强的适应性，必须要考虑到一些意外事件的影响，使谈判人员能在谈判过程中根据具体情况灵活运用。

（4）谈判人员都参与制定。谈判人员参与到谈判方案的拟定工作中，可以让他们对上级的要求和意图了解得更清楚、更透彻，且能对谈判内容及相关策略把握得更准确。同时可以在商讨过程中统一对外口径。

任务结果

请从本任务开篇“情境导入”中背景，选择谈判一方制定谈判方案，完成下表。

商务谈判策划方案

谈判主题			
谈判对手			
谈判地点			
谈判期限			
对方人员	姓名	职位	职责
我方人员	姓名	职位	职责

续表

谈判目标 （针对所给出的案例中的具体谈判目标）				
目标内容	最高期望目标	实际需要目标	可接受目标	最低限度目标

双方利益及优劣势分析 （双方希望通过谈判得到的利益及优劣势分析）	
我方利益（最关注的核心问题）	对方利益（最关注的核心问题）
我方优势	对方优势
我方劣势	对方劣势

谈判议程及具体安排	
谈判议程	1.
	2.
具体安排	开局阶段（营造怎样的气氛、如何做）
	磋商阶段（当磋商议题1相关内容时，对方如何反应，我方如何应对；当磋商议题2相关内容时，对方如何反应，我方如何应对……）
	结束阶段（怎样结束谈判，运用哪些手段……）

续表

谈判相关资料准备 （双方各自提供的公开信息情报、市场调研的信息情报、相关法律法规）
应急方案 （对谈判现场可能出现的针对谈判目标的各种状况进行预测，并提出相应的应急预案）

任务三

结束谈判

任务情境

经过紧张、激烈的谈判，双方的合作意向与合作条件基本确定，但双方还存在一定的分歧，龙昌国际强调付款时间为每月30日，次月5日前付清，而李鸣却希望每季度结账一次，下季度第一个月的10日前付清。对于李鸣来说，每月结款是可以的，但他希望能够有更多的流动资金，也希望能更出色地完成谈判，那李鸣究竟应该怎样结束这场谈判呢？现在结束可能是怎样的结果呢？

任务实施

商务谈判的结束也叫收尾，是商务谈判过程中一个非常重要的环节。李鸣在本任务中，应该了解谈判结束的方式并运用有效的策略，圆满达成协议。

一、谈判结束的形式

商务谈判结束的形式存在三种：成交、中止和破裂。

1. 成交

成交是谈判双方达成协议，交易得到实现。成交的前提是双方对交易条件经过多次磋商达成共识，对全部或绝大部分问题没有实质性的分歧。

2. 中止

谈判中止是指谈判双方达成协议，因为主客观原因未能达成协议，由双方约定或单方要求暂时终结谈判。谈判中止可以分为客观性谈判中止和主观性谈判中止两种。

客观性谈判中止是指谈判各方在谈判过程中，由于阻碍谈判成功的客观原因，致使谈判不能达成协议而暂时中止谈判。

主观性谈判中止是指谈判各方在谈判中由于意见分歧而暂时中断谈判。如果谈判出现了主观性谈判中止，应正确分析原因，根据己方的需要，采取措施，重新谈判。破解主观性谈判中止包括以下方法：

（1）击中要害。当主观性谈判中止出现之后，谈判人员应找准原因，直接陈述利害，说服对方真诚地回到共同寻求解决问题的途径上来。注意在语言的运用上不可刺激对方，以防对方弄假成真。

（2）以毒攻毒。谈判人员如果确定是主观性谈判中止，并坚信对方不会放弃谈判，便可采取“以其人之道，还治其人之身”的方法，以同样的理由宣布放弃谈判，以示绝不让步的强硬立场，以迫使对方态度缓和，重新回到谈判桌前。

（3）找台阶。当谈判陷入主观性谈判中止时，导致这一局面的一方，由于心理和其他因素影响，一时很难放下面子，采取主动进行中止谈判，这时，破解谈判中止的方法就是主动为对方寻找台阶下，以便能够顺水推舟。

3. 破裂

谈判破裂是因为谈判双方分歧严重而导致交易的失败。谈判破裂是商务谈判不可避免的现象。明智的谈判者在谈判破裂的情况下，均应争取友好破裂，避免愤然破裂。

（1）友好破裂。友好破裂是指谈判双方在互相体谅对方困难的情况下结束谈判的做法，也就是谈判者通常所讲的“买卖不成仁义在”。在谈判手法上，让破裂成为一种自然结果，让对方没有误解。友好破裂的基础是相互理解、尊重、客观、留有余地。

（2）愤然破裂。愤然破裂是指谈判双方在一种不冷静的情绪中结束未达成一致的谈判。导致愤然破裂的原因是双方条件差距很大，相互指责对方；一方以高压方式强迫对方接受交易条件；对对方的态度、行为强烈不满，情绪激愤等。

无论哪种原因，除非是谈判策略的运用，否则愤然破裂对破裂的重建都是十分不利的，谈判中应尽量避免。

二、谈判结束阶段策略

1. 暗示对方

在谈判即将结束的时候，抓住最佳时机向对方发出信号，暗示对方尽快结束谈判。常见的谈判成交暗示信号主要有以下几种。

一再向对方保证，现在结束是对对方最有利的，并告诉对方一些理由。

谈判人员在阐述自己的立场时，完全是一种最后决定的语调。坐直身体，双臂交叉，文件放在一起，两眼盯着对方，不卑不亢，态度坦然。

回答对方的任何问题尽可能简单，常常只回答一个“是”或“否”，使用短语，很少谈论据，表明确实没有折中的余地。

谈判人员用最少的言辞阐明自己的立场，话语中表达出一定的承诺，而且没有讹诈的成分，如“好了，这就是我的最后主张，现在看你的了”。

2. 场外交易

场外交易策略是指出谈判进入结束阶段，双方将最后遗留的个别问题的分歧意见放下，东道主一方安排一些旅游、酒宴、娱乐项目，以缓和谈判气氛，争取达成协议的做法。在谈判后期，如果仍然把个别分歧问题摆在谈判桌上来商讨，往往难以达成协议，原因是：

（1）经过长时间的谈判，人们已感到很厌烦，继续严肃地谈下去不仅影响谈判人员的情绪，而且还会影响谈判协商的结果。

（2）谈判桌上紧张、激烈、对立的气氛及情绪迫使谈判人员自然地去争取对方让步，让步会认为丢了面子，可能会被对方视为投降或战败方。

（3）即使某一方主谈人或领导人头脑很清楚冷静，认为做出适当的让步以求尽快达成协议是符合自己利益的，但因同伴态度坚决、情绪激昂而难以当场做出让步的决定。

（4）场外轻松、友好、融洽的气氛和情绪则很容易缓和双方剑拔弩张的紧张局面，轻松自在地谈论自己感兴趣的话题、交流私人感情，从而有助于化解谈判桌上遗留的问题，双方往往也会很大度地相互做出让步而促成协议。

3. 不遗余“利”

通常，在双方将交易的内容、条件大致确定，即将签约的时候，精明的谈判人员往往还要利用最后的机会，争取最多的一点收获。在结束阶段取得最后利益的常规做法是：在签约之前，突然提出一个小小的请求，要求对方再让出一点点。由于谈判已进展到签约的阶段，谈判人员已付出很大的代价，也不愿为这一点小利而伤了友谊，更不愿为这点小利而重新回到磋商阶段，因此，往往会很快答应这个请求，尽快签约。

4. 总体条件交换

双方谈判临近预定谈判结束时间或阶段时，以各自的条件做整体的进退交换以求达成协议。双方谈判内容涉及许多项目，在每一个项目上已经进行了多次磋商和讨价还价。经过多个回合谈判后，双方可以将全部条件通盘考虑，做“一揽子交易”。例如，涉及多个内容的成套项目交易谈判、多种技术服务谈判、多种货物买卖谈判，可以统筹全局，总体一次性进行条件交换，使谈判进入终结阶段。

5. 金蝉脱壳

该策略是以各种理由为借口，如经请示上级领导不同意按已谈妥的条件签合同等，拒绝签订合同，或提出重新谈判的建议或退出谈判。该策略是谈判下策，可以作为避免签订严重不利于本方利益合同的一种手段，或出于特殊原因，需要退出此次谈判，但其会有损于己方的商业信誉与形象。

该策略须审慎使用，切不可滥用。只有在市场发生了极大的变化，原来所谈交易条件无法履行或履行后需付出巨大代价的情况下，才选用此下策。实施此策略时要向对方深表歉意或遗憾，并拿出合理的理由和证据；要相机行事，果断退出。

任务结果

请根据任务情境，设计结束阶段对白，并进行小组模拟。

巩固练习

一、单选题

1. 一般而言，一支谈判队伍不应包括（　　）。

A. 政府官员　　B. 技术人员　　C. 财务人员　　D. 法律人员

2. 价格条款的谈判应由（　　）承担。

A. 法律人员　　B. 商务人员　　C. 财务人员　　D. 技术人员

3. 法律人员主要负责谈判的内容是（　　）。

A. 合同权利与义务的平衡　　B. 交货

C. 产品性能　　D. 风险划分

4. 谈判合同或协议各方确定权利和义务共同所指向的对象是（　　）。

A. 合同　　B. 协议

C. 标的　　D. 价格

5. 法国的甲公司和日本的乙公司经过长期谈判后，在法国签订了由日方乙公司起草的买卖合同，当此合同出现纠纷时，（　　）来解决纠纷。

A. 日方起草合同，因此采用日本法律

B. 合同在法国签订的，因此采用法国法律

C. 日方起草却在法国签署，因此采用双方法律协商

D. 采用法国和日本以外的任何第三方国家法律

6. 下列说法正确的是（　　）。

A. 参加谈判的谈判代表均拥有决定的全权

B. 参加谈判的谈判代表只拥有部分决定的权力

C. 参加谈判的谈判代表只有谈的权力，而没有决定的权力

D. 参加谈判的谈判代表拥有决定的全权，也可以只有部分决定的权力，或者连部分决定的权力也没有

7. 某商品卖方希望最低售价不少于1000元，而买方希望最多不超过900元，双方经过反复磋商终未能达成交易，这是因为（　　）。

A. 卖方的要价过高

B. 买方的出价过低

C. 卖方的最低要价与买方的最高出价不重合

D. 买卖双方均缺乏诚意

8. 交易谈判主要涉及四个方面的问题，这四个方面是指（　　）。

A. 生产、技术、经营、财务　　B. 商务、技术、法律、财务

C. 人员、物资、资金、管理　　D. 数量、质量、交货期、价款

9. 下列属于商业机密的是（　　）。

A. 谈判目标、谈判期限、谈判地点和谈判成本预算

B. 最低限度目标、可接受目标、谈判期限和谈判策略

C. 谈判目标、交易条件、谈判地点和谈判期限

D. 谈判目标、谈判期限、谈判人员和谈判日程安排

10. 要想随时寻找借口中止谈判，只有谈判地点选择在（　　）才有可能。

A. 己方所在地

B. 对方所在地

C. 第三方所在地

D. 无论何处都可以

二、多选题

1. 制订谈判计划时要做到（　　）。

A. 谈判计划的制订要简明扼要

B. 谈判计划的制订要力求明确严谨

C. 谈判计划的制订要体现出灵活性

D. 谈判计划的制订越简略越好

2. 以下属于合同的是（　　）。

A. 保险单　　B. 车票

C. 旅游门票　　D. 以书面形式确定的信件

3. 合同争议的解决办法一般有（　　）。

A. 双方和解

B. 第三方调解

C. 法律诉讼

D. 仲裁（前提是合同或协议中有仲裁条款或事后达成书面仲裁协议）

三、判断题

(　　) 1．仲裁是由无直接利害关系的第三方做出具有约束力的裁决。

(　　) 2．商务谈判结束后，应由主谈人在合同上签字。

(　　) 3．只要是优秀的销售人员就一定是优秀的谈判专家。

(　　) 4．谈判方案是谈判者行动的指针和方向，是谈判人员行动的具体纲领。

(　　) 5．制定谈判策略就是要选择能达到和实现己方谈判目标的基本途径和方法。

四、简答题

1．要组建一支谈判团队，应该从哪几方面着手？

2．配备谈判团队成员应该注意哪些问题？

3．谈判方案的基本要求有哪几点？

4．谈判结束的形式有哪几种？

5．谈判结束阶段有哪些主要的策略？

五、实训项目

模拟谈判

背景材料

A方：东莞市以纯集团有限公司

B方：东莞市佳积智能科技有限公司

1．A方背景

东莞市以纯集团有限公司成立于1997年，集设计、采购、生产、营销及服务一体，为顾客呈奉物超所值的优质时尚服饰。时至今日，以纯已聘用超过30000名员工，在中国及世界各地超过5000家专卖店。公司位于“中国时装之都”东莞市虎门镇，在中国获颁“中国名牌”及“中国驰名商标”的荣誉。东莞市以纯集团有限公司为迎合发展趋势，吸引顾客，提升门店客流量，突破经营用工难等问题，意欲购买一批导购机器人放置在直营门店内。

2．B方背景

东莞市佳积智能科技有限公司是一家专门从事机器人技术及智能化设备研发与产业化生产的高新技术企业，是一家集产品开发设计、生产制造、销售及服务于一体的综合性企业。该公司产品规格多样化，有各种工业机械手臂、工业机器人、科普机器人、迎宾机器人、送餐机器人、家庭智能看护机器人、导游机器人等智能化设备。

3．标的物介绍

机器人从制造业走向大众生活场景，已经成为新时代的一个重要趋势。随着关键技术突破与应用场景逐渐成熟，越来越多的商用服务机器人现世，并开始普及应用到生活的各个领域中，为人们提供便利的服务和带来优越的个性化体验。商务服务机器人的使用让人们的工作效率得到提升，同时能够更大范围地接替人力劳动，缓解中小企业或店铺的招工难题，其前景被业界一致看好。导购机器人是商务服务机器人家族中的年轻成员，可以让消费者在熙攘的购物环境中体验不一样的方便和乐趣。但因为场景和商品等的不同，导购机器人需要根据客户需求进行系统设置。

（除以上内容外，谈判代表还应自行查找一些相应的资料，以供谈判使用）

4．谈判目标

A方向B方购置“智能导购机器人”

5．谈判焦点

· 标的物购置数量和价格问题

· 产品的技术协助与服务问题

· 技术保密，产权的保护问题

（除以上内容外，谈判代表可根据情况增加内容）

6．几点提示

本案例实质上是A方和B方就“智能导购机器人”的买卖通过谈判订立买卖合同，由于标的物是一种技术含量高的高科技产品，因此该合同不只是简单地货物买卖合同。本次谈判不仅涉及设备（硬件）的交付，B方不是简单地交付产品给A方，同时，他要协助A方对产品的使用进行维护和管理（软件、技术协助与服务），这种技术贸易谈判由于内容比较复杂（如涉及技术保密，工业产权的保护等），双方的谈判代表成员需要包括多方面人员。

任务要求

根据以上内容分成两组进行模拟谈判，注意应用前面所学的谈判知识。

项目六

国内合作谈判

知识目标

- 了解国内合作谈判内容
- 了解合作类型的商务谈判内容
- 了解复杂协议的签订

能力目标

- 能够选择恰当的合作谈判内容
- 能够选用合理的谈判策略并正确实施
- 能够签订复杂协议

教学建议

- 通过典型案例分析与讨论，加深学生对商务谈判完整流程的理解
- 通过知识拓展让学生了解更多不同类型的谈判
- 模拟训练，以“情境展示”为背景，让学生扮演谈判角色，结合相关知识完成模拟谈判任务
- 实战演练，通过设置真实的谈判任务，引导学生在完成实际谈判任务中提升谈判的实战能力

| 情境导入 |

李鸣经过一番努力，趁着金融危机之际，收购了一个电子玩具厂，开始逐步研发生产智能机器人玩具，但研发需要大量资金投入，公司资金链开始出现问题，此时，李鸣想到了融资，希望寻求一些投资公司的资金帮助来实现自己的理想。此时，他找到了深圳市创新投资集团有限公司，该公司规模较大，实力雄厚，投资项目达数千个，李鸣很希望能得到该公司的投资，但合作类型的谈判和购销谈判有较大的区别，此次，李鸣又要准备些什么，怎么做才能成功获得投资呢？

| 实施方法 |

国内企业间的合作，一般是指为了争取生存和发展的空间，提高竞争力，由两个或多个公司面向一个或多个目标所产生的互利性协作行为。合作形式主要包括融资、合资、合作开发、生产技术合作、劳务合作等。

合作类型谈判不同于一般的购销谈判，具有谈判直接、对抗性小、谈判面广而深、影响面大、耗时长的特点。谈判人员在此项目中主要的工作如下图所示。

合作准备

↓

合作意向沟通并签订合作意向书

↓

补充完善资料

↓

实质性谈判

↓

签订协议

合作类型的谈判有国内合作也有国外合作，本项目从国内合作谈判出发，具体分解为以下四个任务。

任务一　合作准备

↓

任务二　实质性谈判

↓

任务三　谈判技巧提升

↓

任务四　签订合同

任务一

合作准备

任务情境 对于获得投资，李鸣毫无头绪，直接去让投资公司投资绝不可能，于是他上网搜寻了一些资料，并且请教了一些朋友。那合作谈判究竟应该准备什么呢？

任务实施 从李鸣的情况可以看出，合作谈判不同于一般的购销谈判，具有明显的特点，因此，所做的工作也跟购销谈判有所区别。在此任务里，谈判人员应该先了解合作类型谈判的特点，再着手准备相关材料。

一、了解合作类型谈判的特点

1. 谈判直接

对于合作谈判，因为合作双方需要直接了解对方的意图，所以一般表现为合作双方的直接见面，而不需增加中间环节。这样做，一方面可以避免中间环节的干扰，提高谈判效率和成功的概率；另一方面又可以降低费用。所以在合作谈判中，双方可以带顾问、律师，但一般不要代理人参加。

2. 双方利益基本一致，对抗性小

由于合作双方都是因为看中对方的优势或市场或劳动力，比如一方有现成的厂房和熟练工人，而另一方则有技术设备和资金，双方合作可以取长补短，在利益上是一致的。因此，为达到合作的目的，合作方会极力以“好言相劝”，谈判的气氛上也是和谐融洽的，双方对抗性较小。

3. 谈判面广且深

合作谈判首先注意的是合作目标的可行性。为研究可行性，合作双方的谈判人员要分析研究双方专家提供的政策、经济、能源、资源、劳动力、市场、地理文化等方面的资料和信息，要去伪存真，得出盈利的结论，并非易事。尤其对于“三来一补”，因其要从原料、图纸、样品、中间品到制成品等谈起，其环节多，外在影响因素比较复杂，因此需要广泛而深入的谈判。

4. 影响面大

合作项目影响面比较大。它小处影响到企业干部和工人，大处可影响到地方政府，甚至中央政府。比如，有的大型合作项目，不仅仅涉及企业，还需政府出面。作为合作人，在客地从事合作项目，聪明的做法是，为创造一个良好的环境，会不惜花钱，举办新闻发布会，会见政府官员，以使该项目的影响扩大。

5. 耗时长

因为合作类型谈判涉及面广且深，因此需要分两个阶段进行，先要签订合作意向书，后再就合作的具体事项进行广泛细致的谈判，因此，需要较长的时间。

二、准备合作谈判

1. 资料准备

对于合作类型的谈判，无论是融资、合资还是合作开发，都需要准备商业计划书，另外需要准备资料清单列明的资料，并把有关文件打印和装订适量的份数以备使用。有条件的企业可以做成PPT文件并准备进行演示说明。

2. 团队准备

主要是确定参加陈述与交流的团队人选，并做好人员的具体分工。一般情况下，除了主管参加外，负责财务（有时和融资主管是同一个人）、技术和市场的人员也要参加，以备询问。大多数中小企业，团队缺乏，并且不善于交流，在这种情况下可以推选在各方面熟悉情况并对融资计划书比较熟悉的人员，作为主要的陈述与沟通人员。

3. 外部资源的利用

为了提高谈判沟通的效率和效果，企业可以借助外部力量参与陈述与谈判，例如融资谈判，可以请政府分管中小企业工作有关部门的负责人参加做企业的融资财务顾问。

4. 企业现场管理准备

一般资金方与企业交流的地点会选在企业生产经营的现场，以便到现场参观。因此，企业最好对企业的生产现场和管理现场做好准备，安排熟悉情况的人员做现场情况介绍。

5. 模拟演练

如果企业团队缺少融资谈判的经验或对融资计划书内容不熟悉，建议企业进行融资谈判的模拟演练。演练的目的不是欺骗资金方，而是能够正确传递企业及项目有关的信息，按与融资计划书一致的内容进行陈述，以免和计划书内容冲突，使资金方产生误解和不信任。

如果资金方对企业和项目比较感兴趣，企业就可以准备对资金方提出的、现场不能解决的问题，以及商业计划书没有涉及的问题，补充资料或进行法律、政策征询。

在该阶段需要注意的事项包括：

（1）如果经过判断，该资金方没有合作的意向，可以不提供资料。

（2）如果涉及企业的商业秘密，可以提供简单的资料或向资金方说明，在进入实质性合作阶段再提供。

（3）不要敷衍了事，应付差事，要认真对待，更不要提供虚假资料。

（4）如果提供的资料需要企业较大投入，则需要谨慎考虑，并综合判断资金方的目的和真伪，以决定是否提供或投入。必要时企业可以请融资服务机构或有关专家辅助决策。

实质性谈判阶段与债权类资金方谈判时应注意的问题：

一是准备好详细的资料；

二是注意倾听资金方的关注点；

三是认真回答每一个资金方提出的问题；

四是不要急于求成；

五是站在资金方的角度考虑问题，换位思考。

与权益类资金方谈判时应注意的问题：

一是请有经验的人员参与谈判；

二是事先准备好各种合作模式，不要固守一种合作模式；

三是最好提前设计好有关合作框架，以免措手不及；

四是对涉及企业重大、长远利益的问题不要轻易表态拒绝或同意，以免造成被动；

五是在谈判的初期，企业经营者不要轻易出面或表态，不要轻易放弃控股权；

六是注意了解和询问资金方的想法和意见；

七是合作过程中，注意展示团队的形象。每次谈判都是企业形象的展示，因此必须予以重视，必要时可请融资顾问提供技术支持。

三、签订合作意向书

1. 合作意向书的签署

一般情况下，合作各方在正式启动谈判之前，都同意签订一份合作意向书，明确双方的合作意向，约定具体的行动计划与方案等。该合作意向书基本上是没有法律约束力的。因此，很多企业并没有对该协议的效力及影响给予足够的重视。事实上，合作意向书的某些条款很可能有法律约束力的，如保密条款、独家谈判条款等。这里需要重视的是独家谈判条款或排他谈判条款，该条款一般约定中国企业在双方进行和谈期间不能与第三方接触或谈判。中国企业在接受上述条款限制的同时，并没有提出外国投资者亦应受该条款之限制，客观上导致中国企业承受不公平条款的约束和限制。

2. 签订保密协议

双方签订意向书的同时，一般都需要签订保密协议。当然，保密协议条款内容可以纳入合资意向书中。保密协议需要注意保密内容的界定、保密期限、保密信息的销毁与删除等。常见的保密期限为2年，不过企业可以根据信息的敏感性等争取约定更长的期限。有些企业合资谈判过程中，并没有要求外方签订保密协议。一旦谈判中断，很可能发生外国投资者利用所获得的保密信息从事有利于己方的行为，损害中方企业利益。

3. 尽职调查阶段的有效掌控

中国企业有时缺乏商业信息的敏感度，在项目尽职调查初期即和盘提供全部的调查信息，包括企业内部的投资计划、产品营销计划、产品销售渠道客户及采购客户名单等。正所谓害人之心不可有，防人之心不可无，企业应该根据合资谈判的整体把握，结合相关信息的敏感度，对相关信息进行分层分类，逐步提供，必要时建立资料档案室，由外方调查人员在指定地点进行查阅相关资料。

任务结果

请根据任务情境，帮李鸣准备一下融资谈判的相关材料。请先将个人答案写在下方，再进行小组讨论，如讨论后有修改，请将答案重写。

任务二

实质性谈判

任务情境

合作谈判的谈判内容不同于购销谈判，不是价格、数量等简单的问题，而是涉及股权、合作双方关系、知识产权等多方面的复杂内容，李鸣在本次谈判中究竟应该具体谈些什么呢？

任务实施

一、确定谈判内容

不同的合作谈判有不同的内容，现归结如下表所示。

	谈判内容
合资谈判项目	转让股权的估值；合资范围；合资公司与母公司之间不竞争条款；合资公司境内外设立公司的限制；合资公司董事会权力的划分；知识产权条款；合资公司陈述保证条款；合资公司协议解除及赔偿条款；外方退出条款；争议解决条款
融资谈判项目	融资金额；股东构成与股权结构设置；资金方是否可以控股；双方的出资方式；无形资产的价值确定及处置方式；原有债务和或有负债的处置；新公司的法人治理机构；人员的安排及薪酬；管理团队的组建及激励方式；政府有关部门政策的争取；审计、评估、法律和财务顾问等中介机构的聘用；双方工作的分工与日程安排
劳务合作项目	劳动力的供求层次、职业、工种、素质、技术水平、数量、劳动条件、劳动地点、劳动工资、教育培训、劳动保护、劳动保险和福利等
技术合作项目	技术类别、名称、规格，即技术的标的；技术经济要求；转让期限；交换的形式，包括所有权的转移和使用权的许可两个方面；技术贸易的计价和结算方式；责任和义务

案例链接

1997年，由北京中关村著名的四通公司一些技术骨干和某天使投资人共同组建了一家研发税控设备的电子科技公司，注册资本金100万元，资金方占60%（现金60万元），技术方占40%（以技术、研发半成品、设备等出资）。至2000年夏，公司艰难地支撑了近3年，有了若干专利，产品基本成型，初步进入了外省某城市试销。资金早已耗尽，欠债为：日本合作方的研发费、样机费、小批量制造费等。为解决资金问题，向国有银行贷款是不现实的，因为银行不支持民营中小企业，而且公司也没有把握还本付息。原投资人和技术方终于意识到：必须股权融资，引入新的股东。

该企业原股东感到需要数百万现金，仍希望保持对公司的控制权。原技术方要求保证研发团队的权益，原天使投资人希望从第一笔投资中解套，尽快拿回第一笔投资。而且原股东方也均意识到需要引入国际大公司的规范管理，以及国际资本市场的渠道关系，以保证公司发展。当时，互联网引起的国际高科技风险投资热潮尚未过去。该企业通过朋友找到笔者，考虑到该项目属于国家全国推广的信息化工程，于是笔者联合了东南亚某家著名大型企业一起去考察。尽职调查包括技术先进性、专利、财务查账、梳理原股东旗下各公司的关联交易等。在具备了一定程度的互相了解和信任后，新投资方和原股东进入了融资谈判。

第一轮：企业方（即原股东方）提议投资方（即包括笔者在内的新投资方）注入现金500万～600万元，占新公司的25%～30%股权。投资方感到注入资金额与控制权不成比例，未接受；企业方又提议注入现金500万～600万元作为借款，这不符合投资方与企业共同发展的意愿，也未谈成。谈判陷入僵局。

第二轮：大约一个月之后，原技术方以朋友关系从中斡旋，并且该企业在外省市场出现利好消息：当地政府选择该企业为试用税控设备提供商，潜在市场容量最终可达数万台。于是重开谈判，但是仍然僵持在原来的交易结构上。

第三轮：投资方受到当时国际高科技风险投资热潮影响，希望推进谈判，主动建议注资提高到800万元，占新公司50%股权。企业方考虑到注资大幅提高，而控制权对半分，原则上同意了此交易，由此终于打破了僵局。但是企业方要求800万元现金一笔到账，投资方尽管知道这不符合阶段性入资的一般规则，但也同意了。

第四轮：投资方在第三轮基础上测算新企业发展，仅以某外省市场容量为例，则一年之后财务上会有2000万元资金缺口。为此，投资方又提议在首期投资成功后，次年追加投资至1600万元，并相应扩大股权。企业方（尤其是原天使投资人）考虑到至此原投资（仅60万元）可能全部回收，且双方均希望企业顺利发展，也原则上同意。

至此，双方终于达成了增资扩股的融资协议。耐人寻味的是：当企业方和投资方在关键问题从僵局实现突破后，双方均感到如释重负，心态上突然发生翻转，从“敌手”一下子变成了“亲家”，之后，双方立刻变成了“一条战壕的战友”，会谈共商新企业发展大计。回顾以上多轮谈判，双方经历了许多不眠之夜，思索、揣测、争论、说服，个中苦辣酸甜只有亲身经历的人才能知晓。

第五轮：人事安排。如同《水浒》中梁山好汉108将要排座次，确定了投融资的方针大计之后，顺理成章的是谈判人事安排，它是另一层面（包括经理人、技术骨干等）的利益重新安排，所以也并非易事。

首先，新企业的股权比率为新投资方占50%、原股东占50%。所以，原天使投资人从原公司的60%稀释为30%，原技术方从原公司的40%稀释为20%。确定董事长时，新投资方尽管为最大股东，主动提议原天使投资人继续担任新公司董事长，做出让步是为了微妙复杂的人事安排较快进行。财务总监CFO按照投融资惯例由新投资方出人担任，因为公司原有资金早已消耗殆尽，要靠新投资方注入的800万元现金支撑新企业运行。国内外风险投资的惯例均为：谁出资多，谁发言权大，谁控制财务总监的职位以保证昂贵的资金不被管理层不负责任地滥用。

技术总监CTO仍由原技术班子的负责人担任，因为新投资方不熟悉已有的研发团队，也不熟悉税控硬软件的技术细节。依据国际上高科技企业常用做法：技术班子得到了最高的工资薪酬。原天使投资人也得到了丰厚的薪酬，实际上是变通地对他首期投资的变现。

在人事安排“排座次”时，因为涉及每个人的切身利益，果然出现了不和谐音。原公司的外省市场总经理感到因为他在外地，其利益没有公平合理地体现，情绪激烈地反对增资扩股协议，火药味十足。后来由于原股东、技术方的劝说才平息了。

有趣的一幕是：最后，当一切谈判及交易尘埃落定，新投资方依照协议，在特定一天将现金一笔打入，为表示严格遵守协议，一天不差，不得不携带现钞巨款去某银行入资，该银行为此停止一切当日业务，排开全部点钞机点钞，蔚为壮观。

（资料来源：洪峥. 如何进行融资谈判并达成合理的交易？[J]. 国际金融，2009，02）

二、把握合作谈判原则

1. 争取好感

争取好感是谈判的第一要素，它需要谈判者具备优秀的公关口才和良好的人际关系，让对方愿意花费时间与你进行深度沟通。通过你的举止来表现你的信心和决心，这样能够提升你的可信度，让对方有理由接受你的建议。

2. 集中注意搜寻利益

要特别注意收集对方的利益，同时也要让对方了解自己的利益所在，这样才能做到彼此心中有数，才能为合作打好基础。

3. 从选择双赢方案着手

选择双赢方案而不是设法阻止对方获利，这是谈判的第三个关键要素。谈判双方应该设法选择能够满足双方的方案。建议在两种立场中找到一个折中点，一般来说，最先提出这一建议的人，在让步过程中的损失最小。

4. 确定风险分担

融资谈判的焦点是各方都想尽量降低各自的融资成本，获得较高的融资收益，以减少自己要承担的融资风险。项目的任一风险完全由对该风险偏好系数最大的项目参与方承担时，项目整体的满意度最大。对某项目风险的偏好系数最大，意味着最适合承受风险。因此，项目融资风险分配的最基本原则是：将所有的风险都分配给最适合承担它的一方。如果双方都没有可能控制该风险，则由双方共同来承担。

【视频链接】
合作谈判内容及原则

任务结果

请根据任务情境，帮助李鸣选择谈判内容。

任务三

谈判技巧提升

任务情境

经过双方激烈的谈判，最终双方没能就合作条款达成一致，李鸣回想了一下整个谈判过程，觉得自己对谈判分歧的处理方式还是不是很恰当，他觉得自己需要好好地提升一下谈判技巧……

任务实施

在商务谈判过程中，为了使谈判顺利进行并取得成效，谈判者应注意及时抓住有利时机，审时度势地制定谈判策略并运用相应的谈判技巧，在大型谈判中对策略的运用最为明显。而商务谈判技巧的选择和运用、策略的确定，在很大程度上取决于谈判中双方实力的大小强弱，因而本任务以商务谈判双方实力强弱为标志说明一些常用的、带有典型意义的谈判技巧和运用方法。期望达到三个目的：一是谈判人员自身应掌握一定的谈判策略，这样可以在谈判中灵活运用；二是要能识别谈判对手的策略，做到心中有数，临危不乱；三是在不同的实力对比下能够运用不同的策略。

谈判实力对比主要有三种情形，分别是优势谈判、劣势谈判和均势谈判，下面将从这三方面就不同实力情形下的策略进行分析。

一、优势谈判技巧

1. 不开先例技巧

不开先例技巧通常是指在谈判过程中处于优势的一方，为了坚持和实现提出的交易条件，而采取的对己方有用的先例来约束对方，从而使对方就范，接受己方交易条件的一种技巧。它是一种保护卖方利益，强化自己谈判地位和立场的最简单而有效的方法。买方如果居于优势，对于有求于己的推销商也可参照应用。下面是电冰箱进货商（甲方）与供货商（乙方）在关于一批电冰箱价格上所进行的谈判实况。

甲："你们提出的每台1700元，确实让我们感到难以接受，如果你们有诚意成交，能否每台降低300元？"

乙："你们提出的要求实在令人为难，一年来我们对进货的600多位客户都是这个价格，要是这次单独破例给你们调价，以后与其他客户的生意就难做了。很抱歉，我们每台1700元的价格不贵，不能再降价了。"

在这个关于电冰箱价格的谈判实例中，电冰箱供应者面对采购者希望降价的要求，为了维持己方提出的交易条件而不让步，便采取了不开先例的手法。对供应者来讲，过去与买方的价格都是每台1700元，现在如果答应了采购者要求降价就是在价格问题上开了一个先例，进而造成供应者在今后与其他客户发生交易行为时也不得不提供同样的优惠条件。所以，精明的供应商始终以不能开先例为由，委婉地回绝了对方提出的降价要求。供应者在价格谈判中，成功地运用了不开先例的技巧，其原理是利用先例的力量来约束对方使其就范奏效。先例的力量主要来源于先例本身的类比性、习惯心理和对先例的无知。

先例的类比性是指谈判者所采用的先例与本次谈判在交易条件、市场行情、竞争对手等方面的相似程度，谈判者就可以根据先例与本次谈判的类比性，用处理先例的方式来处理本次商务活动。如果谈判者所采用的先例和本次谈判没有类比性，那对方就会指出先例与眼下谈判的不同点，先例的处理方式不适合于本次谈判，这样，先例就起不到约束对方的作用，自然也就没有力量。可见，先例要有力量，必须与本次谈判具有类比性。

先例的力量不仅来源于先例的类比性（处理问题时往往都是以过去的做法为标准），还来自于对方的习惯心理。因为人们面对同样的事情过去是怎样做的，现在就该怎样做。过去的习惯（长时间形成的）成了唯一正确的不可更改的处理行为规范。有了这样的习惯心理，先例便自然而然地具有力量了。

除此之外，先例的力量还来自对方对先例的无知。先例之所以能够在谈判中让对方就范奏效，关键在于对方常常难以获得必要的情报和信息，来确切证明我方宣传的先例是否属实。当对方难以了解事情的真相，对我方宣传的先例没有真正破译前，对方只能凭主观判断，要么相信，要么不相信，再加之一些辅助手段的作用，对方不得不相信先例，从而成为先例的"俘虏"。

2. 价格陷阱技巧

价格陷阱技巧是指卖方利用商品价格频繁变动和人们心理的不安情绪预设的圈套，以把谈判对手的注意力吸引到价格上来，从而使买方忽略其他条款的一种技巧。价格陷阱技巧之所以有效，是充分利用了人们的心理因素：一是利用了人们买涨不买落的求购心理——当市场上商品价格上涨时，人们唯恐价格继续上涨，会积极买进，这种心理正好被价格陷阱技巧所利用。二是利用了人们"价格中心"的心理定式，谈判者一般都将交易价格作为商务谈判中最重要的条款，因为它是涉及双方利益的关键问题，而价格陷阱技巧正是利用了人们这种"价格中心"的心理定式，使对方的注意力集中到价格上而忽略其他条款。

价格陷阱技巧也叫价格诱惑策略，其关键在于诱使对方跳入价格陷阱，为增加该种策略成功的可能性，谈判者可与规定时限策略结合起来加以运用。规定时限策略是指谈判一方向对方提出达成协议的时间期限，超过这一期限，提出者将退出谈判，以此给对方施加压力，使对方认为没有拖延的时间，从而尽快解决问题。比如：有一供应商讲："某种商品的价格即将上升20%，要是采购者一周内在订货合同上签字，就免除了因价格上升而带来的损失。"在这里，卖方一方面给买方陷阱，又给买方时间压力，诱使买方草率、快速地做出购买决策，达到签订合同的目的。

谈判者在谈判中不仅要能运用价格陷阱策略，也要识别和破解对手的价格陷阱。实际中谈判者除了要广泛收集信息外，另外还应该注意：首先面对价格陷阱策略不要轻信对方的宣传，而应该在冷静、全面考虑之后再采取行动，切忌被对方价格上的优惠所迷惑；其次不要轻易改变自己确定的谈判目标、计划和具体步骤，要相信自己的判断力，排除外界环境的干扰，该还价就还价，该反击就反击，决不手软；最后不要在时间上受对方所提期限的约束而匆忙地做出决定。良好的心理素质、有耐心、遇事从容不迫，对谈判者来讲是十分重要的。

3. 最后通牒技巧

当谈判双方因某些问题纠缠不休时，其中处于有利地位的一方向对方提出最后交易条件，要么对方接受本方交易条件，要么本方退出谈判，以此迫使对方让步的方法就是最后通牒技巧。最后通牒技巧往往是不得已而用之，它既可能促使谈判成功，也可能使谈判中断。谈判双方都非常清楚是为了合作而来谈判的，一旦一方退出谈判，马上就会有竞争者来替代。最后通牒技巧通常是谈判中处于强有力的一方采用，或者自己已经将条件降到最低时，也可以是其他的技巧都失效时候采用的方法。采用这种技巧要注意时机和措辞，要拿出令人信服的证据，要给对方考虑的时间。

案例链接

克莱斯勒的总裁亚科什曾经成功地使用过一次最后出价。当时，亚科什刚刚上任克莱斯勒的总裁，而克莱斯勒公司正因为工人要提高工资闹罢工而处于困境中。果断的亚科什明白，要挽救濒临倒闭的克莱斯勒公司，必须压低工人的工资。他首先把高级职员的工资降低了10%，把自己的年薪也从36万美元降到了10万美元。然后对工会谈判代表说："17美元一个小时的工作有的是；20美元一个小时的工作一件也没有。你们必须在明天早上做出决定。如果你们不帮我的忙，明天上午我就宣布公司破产。你们还可以考虑8个钟头。"亚科什迫使工会做出了让步，答应了他的工资价格。

在运用这一技巧时，切记最好由谈判队伍中身份最高的人来表达，态度要强硬，语言要明确，同时讲清正反两方面的利害。对于对方所提出的最后出价，可持以下态度加以破解：

第一，不管是真是假，应重视对方所提出的最后出价。在未掌握确切消息前都不可轻视对方，应认真对待。

第二，要沉着冷静，不可轻易让步。面对此情，不可草率行事，可从对方的蛛丝马迹（如神态、动作）中寻求信息。此外，利用一切可能的机会摸清对方给出最后出价的原因，并考证此价是否符合行情，它与此行谈判目标的差距是否可接受等。只有充分掌握了信息，才可保证在谈判中的主动权。

｜案例链接｜

一家大的合资企业要购买一套计算机设备和管理系统，双方人员一见面就展开了谈判。一开始，合资企业的总经理就询问系统的价格。当被告知购买这一设备需要500万元时，总经理认为太贵。这时候，谈判人员中的一名业务员迫不及待地说："如果是300万元，您觉得贵吗?"谈判刚开始，业务员就主动把价格从500万元降到300万元，导致谈判对手觉得价格的水分太大，最后虽然双方还是建立了合作关系，但是计算机设备和管理系统供应商获得的利润非常低。

这表明，谈判小组的任何人都可能有意或无意泄露己方的秘密。因此，向己方人员提出相关要求很重要，掌握好出价的时机才能把握主动权，报价不能一次到底，要留有回旋余地。

4．故布疑阵技巧

故布疑阵技巧通常的做法有：提出某个含糊不清而又不太重要的问题加以讨论；将一个本来很简单的问题复杂化，把水搅浑；提供一些详细琐碎的资料，使之成为对方的负担；节外生枝，另辟战场，以此来分散对方的精力；改变计划，突然提出一项新建议，使每件事情又得重新做起；问东问西，答非所问，故意装糊涂；借口资料丢失，必须凭记忆把它们汇集起来，从而偷梁换柱，篡改数据或其他内容。这样做的目的都在于干扰对方，打乱对方的阵脚，以便乘虚而入，达到目的。

在大多数人的意识中，由间接途径得到的信息，常常比正式公开获得的资料更可信赖。因此，对方丢失的备忘录、遗忘的便条等，常被认为是真实情况。同样是这些资料，如果是在谈判桌上直接递交给对方，对方不一定会感兴趣。

｜案例链接｜

有位承包商得到了一个大型建筑项目的承包合同，他需要把其中的大部分工程转包给其他较小的承包商。当然，在转包的过程中他肯定要千方百计地压低承包价格，以保证自己获得尽可能多的利润。按惯例他采取招标的方式。有意思的是，每当有投标者来拜访他时，都会很意外地发现在写字台边上有一张手写的竞价单。对于这一"意外"的发现，投标者暗自庆幸。他们看到这张竞价单，表明只要他出更低的价格，就有中标的可能，却不知这张竞价单是主人有意放在那里的。主人借故离开几分钟就是要让那些精明的投标人来窥探虚实。结果，每个投标者都"自觉"地按照那位承包商的意图行事了。

有经验的谈判者在谈判中常常采取故布疑阵技巧，有意向对方传递导致他判断错误的信息，施放一些"烟雾"来干扰对方，使对方的计划被打乱或接受误导，使谈判对其有利。

当然，要实现故布疑阵的目标，最重要的一点是要做得一切都合乎情理。否则，被对方识破真相，就会落个聪明反被聪明误的结果。不管你的资料是真是假，能够使对方深信不疑的最佳办法，便是故意把机密泄露给他。所谓的机密，对于己方只不过是一些无足轻重的虚假的诸如备忘录、便条、文件等信息；你可以把这些东西遗忘在走廊中，或者把它们放在对方容易发现的废纸堆里。

不过要注意，运用这种技巧需要两个条件：一是为对方创造获取机密的有利条件；二是使对方相信并惊喜，因为无意中得到的情报对他们太重要了。像军事上的秘密计划常常在战场上死去的军官身上发现一样，谈判一方会对获得的另一方有意暴露给他的便条等认真分析，逐条研究。因为他们相信，关于对手的这些确切信息确实来之不易。

故布疑阵技巧尽管运用巧妙，但也存有破绽，因而可以对其进行破解，破解的方法如下：

第一，谈判者应具备高超的观察力和应变力，在关注对方一举一动的同时，洞察其举动的真实意图，并据此制定灵活有效的应对策略。

第二，要用心收集和准备充足的谈判资料，以便在对方故布疑阵时，以不变应万变的态势对待，以免落入对方设下的圈套。

第三，若掌握对方急切与我方达成协议，且我方已胜券在握，可间接揭露对方此技巧的真实目的，指出在谈判中故意出差错是非常不合道德的，不利于双方今后的合作。

案例链接

南方某省的茶叶丰收了，茶农们踊跃地将茶叶交到了茶叶收购处，这使得本来库存量就不小的茶叶进出口公司，更增加了库存，形成积压。如此多的茶叶让进出口公司的业务员很犯愁，如何设法销出去呢？正在这时，有外商前来询问。进出口公司感到这是一个极好的机会，下决心一定要把握住这次机会，既要把茶叶卖出去，同时还要设法卖个好价钱。为此，他们做了周密的布置。在向外商递盘时，我方将其他各种茶叶的价格按当时国际市场的行情逐一报出，唯独将红茶的价格提高了。外商看了报价，当即提出疑问："其他茶叶的价格与国际市场行情相符，为什么红茶的价格要那么高?"我方代表坦然地说道："红茶报价高是因为今年红茶收购量低，库存量小，加上前来求购的客户很多，所以价格就只得上涨。中国人有句古话叫'僧多粥少'，就是这个意思。"外商对我方讲的话将信将疑，谈判暂时中止了。随后的几天，又有客户前来询盘。我方照旧以同样的理由，同样的价格回复他们。又有许多个客户再来询盘时，得到的回复依旧。这是怎么回事？真的像所说的那样吗？若是真的需求量大而库存小的话那可得快些签订购货合同，否则有可能价格还会提高。外商心中没有底。虽说他们对红茶报价心存疑问，想去了解真正的产量与需求量等问题，但是他们在此地没有办法了解这个问题，只能靠间接的途径去了解。而其他的途径，就只是向其他客户去查询，可询问的结果与自己得到的信息是一致的。于是外商赶快与我方进出口公司关于购销红茶一事签订了合同，唯恐来迟了无货可供。最后的成交价当然是按照卖方的报价且没有降低。这样一来，其他客户纷纷仿效，在很短的时间内把积压的红茶销售一空，而且还卖了个好价钱。

二、劣势谈判技巧

1. 吹毛求疵技巧

吹毛求疵技巧是为了迫使对方降低心理期望值，针对对方报价的具体理由寻找缺陷和问题，通过使对方觉得理由确实成立而不得已做出让步。吹毛求疵的依据在于如果对方的目标很高则成交价格就难以降低，因此要首先降低对方的目标，寻找对方弱点，降低对方的心理期望值。吹毛求疵技巧要求谈判者全面掌握商品相关知识，能对商品进行正确的估价，吹毛求疵时要将毛病挑到点子上，要抓住重点，击中要害，否则不但不足以说明问题，还会让对方以为你在故意刁难他。

具体运用吹毛求疵技巧时常常采用对比法，也就是将商品及其交易条件与其他商品和交易条件相比较，使卖方不得不承认自己的弱点和不足，以实现我方的谈判意图。同时要说明的是，吹毛求疵要恰到好处，对商品不能一味贬低，如果贬低过火，可能会激怒对方，反而不利于谈判。

面对谈判对手运用吹毛求疵技巧，谈判者也要做好应对：

首先要有耐心，耐心聆听对手的问题和批评，从中分辨哪些是真实情况，哪些是对手夸大其词；其次对于某些问题和要求，要能避重就轻或视若无睹地一笔带过；最后对对方浪费时间、节外生枝、无理的挑剔和要求及时提出抗议。

案例链接

新疆的阿克苏苹果这两年在国内非常走俏，因为甜脆受到人们的喜爱。此时正是苹果上市的时候，果园里一片繁忙景象。一家果品公司的采购员来到果园，“多少钱一公斤?”“4元。”“3.6元行吗?”“少一分也不卖。”采购员只好走了。不久，另一家公司的采购员走上前来。“多少钱一公斤?”“4元。”“整筐卖多少钱?”“零买不卖，整筐4元一公斤。”接着这家公司的采购员挑出一大堆毛病来，如从商品的质量、大小、色泽等，其实对方是在声明：瞧你的商品多次。卖主显然不同意他的说法，在价格上也不肯让步。买主却不急于还价，而是不慌不忙地打开筐盖，拿起一个苹果掂量着、端详着，不紧不慢地说：“个头还可以，但颜色不够红，这样上市卖不上价呀!”接着伸手往筐里掏，摸了一会儿摸出一个个头小的苹果：“老板，您这一筐，表面是大的，筐底可藏着不少小的，这怎么算呢?”边说边继续在筐里摸着，一会儿，又摸出一个带伤的苹果：“看，这里还有虫咬，也许是雹伤。您这苹果既不够红，又不够大，算不上一级，勉强算二级就不错了。”这时，卖主沉不住气了，说话也和气了，“您真想要，还个价吧”。双方终于以每公斤3.7元的价格成交了。

第一个买主遭到拒绝，而第二个买主却能以较低的价格成交，这里关键在于，第二个买主在谈判中，采用了吹毛求疵技巧，说出了压价的道理。

2. 沉默寡言技巧

在谈判中沉默寡言技巧是一种有效的防御技巧，这种技巧的做法是在谈判中先不开口或少开口，而让对方尽情表演以从中发现其真实的动机和最低的谈判目标，然后根据对方的动机和目标结合己方的意图有针对性地进行反攻。这种技巧适合在报价阶段采用。采用沉默寡言技巧应当注意仔细聆听对方吐出的每一个字，注意对方谈判人员的措辞、表达方式、语气和声调，从中捕捉到对方向我方提供的每一个有效信息；同时还必须注意自己的身体语言，因为身体语言是对方唯一可以得到的信号，因此要注意运用身体语言给对方传递信号并扰乱其谈判思维。采用该策略要有耐心，要冷静，否则不如不用。

3. 先斩后奏技巧

先斩后奏技巧也称“人质策略”，是指在商务谈判中实力较弱的一方通过一些巧妙的办法先成交，后谈判而迫使对方让步的技巧。其实质是让对方先付出代价，并以这些代价作为“人质”，扭转自己在谈判中的被动局面，让对方衡量所付出的代价和中止成交所受损失的程度，被动接受既成交易的事实。

| 案例链接 |

一位司机在回家途中，汽车突然发生了故障，必须送去修理，汽车修理工移开了汽车的传动系统，同时还估计了一下修理费用，约需150元。第二天，司机一到修理厂便知整个传动系统必须重新装配，因为整个传动系统有一半已被拆散了，地上全是零件。修理工给司机一个选择的机会：要么付转盘的150元加上将传动系统拼装起来的费用90元，共计240元；要么换一个600元的传动系统。和大多数人一样，司机思考再三，最终选择了后者。在汽车的传动系统被拆散后，这个修理工在商谈中已占了上风，因为他握有车身作为“人质”，而司机不得不委曲求全。

在商场，谈判中的买卖双方可供采用的先斩后奏的具体手法主要有以下几种：

（1）买方先获得了卖方的商品，然后以各种理由要求降低商品价格或推迟付款时间。

（2）买方先让卖方根据自己的需要组织货源，而当卖方将货源组织上来以后再提出苛刻条件，让卖方处于被动。

（3）买方让卖方根据自己提供的样品和产品数量开工生产，然后减少订货，造成对方产品生产出来后人为积压卖不出去的假象。

（4）买方先赊购卖方产品，到期后又借口自己资金不足无力偿付，要分期付清货款，使得卖方处于被动地位。

（5）买方先让卖方的产品装车、装船后，要求赊购、延迟付款、降价等。

（6）卖方先获得买方的预付款，然后寻找理由提价或延期交货。

（7）卖方先提供一部分买方急需的产品，然后借故停止供应，使买方因不能继续获得这种产品而造成生产、销售不能顺利进行，从而向对方提出抬高价格等新的要求。

（8）卖方收取甲级产品的货款，交付的却是乙级产品的货物。

谈判中遇上对手采取先斩后奏手法，如果不积极主动地加以反击，就会使自己陷入“生米煮成熟饭”、无可奈何的境地。相反，如果及时地推出对付这种手段的举措就能扭转被动局面。

（1）不给对方先斩后奏的机会。先斩后奏技巧能被交易一方所采用并且有成效，原因之一是双方所签合同有疏漏之处，由此被其中一方钻了空子。要预防对方违约、毁约，就一定要使合同尽可能地完备，使对方无机可乘，让对方没有“先斩”的机会，并以严厉的处罚条款来制约对方的违约行为。

（2）采取法律行动。面对对方制造的先斩后奏，缺乏谈判经验和法律知识的人往往以私了了事，殊不知这样做更加助长了对方的侥幸心理，甚至得寸进尺。正确的做法应该是拿起法律武器，通过诉讼加以解决。法律裁决总是依据合同契约，尽管整个审判过程费时费力，但是最终结果总是于已有利的。

（3）以牙还牙，针锋相对。当对方故意制造既成事实，威逼己方就范时，也可以采取同样的手段来对付对方，“以其人之道还治其人之身”，尽可能相应地掌握对方的“人质”，目的是使对方占不到便宜，不得不按原合同协议办事或重新进行公平的谈判。

（4）做好资信调查。一个有经验且老练的谈判者不应轻信他人的承诺，即使交易中必须先付定金或押金时，也必须做好资信调查，签署多种情况下的退款保证。

4. 权力有限技巧

权力有限技巧是指当谈判人员发觉自己正在被迫做出不能接受的让步时，申明没有被授予这种承诺的权力，以促使对方放弃所坚持的条件的一种技巧。这种技巧通常是实力较弱一方的谈判人员，抵抗到最后时刻使出的一张“王牌”。权力有限技巧的运用在商务谈判中，一个权力受了合理限制的谈判者要比大权独揽的谈判者处于更加有利的地位。因为一个谈判者的权力受到合理限制之后，他的立场就会更坚定，他就可以毫无顾忌地告诉对方，关于某某问题，我不能做主，因为公司（或上级）没有给予我此项权力，我已经在我的权限内尽到了最大的责任（或做出了最大的让步）……言外之意是，该笔交易能否达成协议的关键是对方，如果对方不能在其权限内做出让步，那么交易未达成的责任在对方，从而把谈判失败的责任全部推给对方。

这种权力的限制一般包括：金额的限制，条件的限制，程序和公司政策的限制，法定和保险的限制，委员会的限制及其他有利的限制。在这些限制中，有些能使我们有更为充分的时间去思考，能使我们更坚定自己的立场，进而迫使对方不得不让步；有些则能使我们有机会想出更妙的解决方法，更有能力与对方周旋。也许最重要的是：能够考验对方的决心，顾全自己的面子，同时又能使对方很有面子地让步。所以，受了限制的权力，反而成为己方力量的来源。从对方来讲，一般地，大多数人是不肯放弃已付出的劳动和进一步努力的，同时也不会轻易承担某项失败的责任，于是就很可能做出较大的让步。另外，有权一方若不肯做出最大的让步，要么交易不能达成，要么去找对方的上司或上司的上司，但不管是对方的哪一位，均会面临一种新的地位关系和人际关系，进而导致为此付出更多。不仅如此，在心理上还会存在怀疑和忧虑，即使找到对方的上司，交易是否就能达成呢？如果照样不能达成，不但白费了心机，还得罪了权力受到限制的当事人。因此，多数有全权的商务谈判者宁愿做出较大的让步，也不会去找对方的上司直接洽谈。

商务谈判中的这一情形经常被一些谈判者利用，他们往往要求公司或上司明令限制其一部分权力，即使实际上未加限制，也要诡称其权力被限制了，以便在谈判中能够向对方施加压力。这就是商务谈判中的权力有限技巧。当对方采用权力有限技巧迫使己方让步时，不应轻易受其迷惑而让步，应弄清真相，了解对方有权力者是谁，然后可以要求跟对方有权决定的人直接洽谈；或者坚持对等的原则，表示己方也保留重新考虑任何问题或修改任何允诺的权力。这样，可以有效抑制对方滥用权力有限技巧对己方施加压力。

5. 疲惫技巧

在商务谈判中，实力较强的一方常常咄咄逼人，锋芒毕露，表现出居高临下、先声夺人的气势。对于这类谈判者，疲惫技巧是一种十分有效的应对技巧，其目的在于通过许多回合的疲劳战，逐步消磨对方趾高气扬的锐气，同时扭转己方不利和被动的局面。待对方精疲力竭、头昏脑涨之时，己方则可乘机反守为攻，抱着以理服人的态度，摆出己方的观点，力促对方做出让步。

所谓疲惫技巧就是通过软磨硬泡，干扰对方的注意力，瓦解其意志，从而在对方精疲力竭时，己方反守为攻，促成对方接受己方条件，达成协议。心理学研究表明，人的心理特点及其素质差别很大。例如，在性格、气质方面，人人不同。而个性上的差异，又使人们的行为具有其独特的色彩。一般而论，性格急躁、外露，富于挑战特点的人，往往缺乏耐心和忍耐力，一旦其气势被压住，自信心就会丧失殆尽，败下阵来。而遏制其气势的最好办法就是采取“马拉松”的战术，避其锋芒，攻其弱点，在回避与周旋中消磨其锐气，做到以柔克刚。

疲惫技巧可以从以下几个方面运用：

（1）连续紧张地举行长时间的无效谈判，拖延谈判和达成协议的时间。

（2）在谈判中使问题复杂化，并不断提出新问题进行纠缠。

（3）在谈判中制造矛盾，采取强硬立场，或将已谈好的问题推翻重来，反复讨论。

（4）在谈判间隙，举行投对方所好的活动，使对方保持浓厚的兴趣，直至疲劳。

（5）热情、主动地利用一切机会与对方攀谈，甚至在休息时间拜访对方，使对方缺少必要的休息。

案例链接

某项目谈判，双方谈判安排的内容很多，早、中、晚均工作，一口气十多个小时，直至次日凌晨4点达成协议，合同成交。一方只顾高兴，且因疲劳未做具体成交后双方交易内容的认定工作，一方却仔细检查了成交时己方的得失。直到签约后，当时未做检查的一方才通知另一方，在货单中有3台设备的价格未计入交易总价中。另一方则认为：成交是双方让步的结果，既然未从货单中抹去，或将其价计入总价，应认为是降价条件，是成交的前提。同时强调，已达成协议签约，此内容已通报有关各方，不宜改动，否则将引起误会，于信誉不利。经过双方反复磋商，最后仅计入漏掉货物价格的一半，另一半作为“学费”。

在运用疲惫技巧时还要注意，要求己方事先有足够的思想准备和人力准备。在谈判刚刚开始时，对于对方所提出的种种盛气凌人的要求，采取回避、周旋的方法，暗中摸清对方的真实情况，寻找其弱点，采取柔中有刚的技巧。有时，即使己方驾驭着谈判局面，占上风，也不能盛气凌人，不可一世。采取这一技巧最忌讳的就是硬碰硬，应防止激起对方的对立情绪，导致谈判夭折。运用疲劳战时，需征得对方同意，不能强加于人，否则亦无效果。另外，运用疲惫技巧也是一种“拼命”行为，己方人员，尤其是主谈人员的身体条件应能适应。运用这种技巧，必定有复核的工作，决不能图省事，再疲劳也必须坚持复核。

三、均势谈判技巧

当谈判双方势均力敌，都无明显优势的时候，往往会出现“拉锯战”的情况。此时，谈判者应有所作为，审时度势，打破相持不下的局面，争取谈判桌上的主动。迂回绕道、货比三家、旁敲侧击、为人置梯、激将、休会、开放和投石问路等，都是在这种情况下使用频率较高的技巧。

1. 迂回绕道技巧

《孙子兵法》中有以迂为直的谋略，英国军事理论家哈利也曾说：“在战略上，那漫长的迂回道路，往往是达到目的的最短途径。”在谈判中，如果与对方直接进行谈判的希望不大，迂回谈判就成为一种重要的技巧，可以收到单刀直入无法收到的效果。

【视频链接】
迂回绕道

所谓迂回绕道技巧，就是通过其他途径接近对方，建立了感情后再进行谈判。这种方法往往奏效，因为任何人的生活都是丰富多彩的，除了工作以外还会有许多业余活动，而这些业余活动往往是他最感兴趣的事情，如果在这方面你能成为他的伙伴或支持者，感情就很容易沟通，从而也容易换来经济上的合作。

| 案例链接 |

美国杜维诺公司向一家饭店推销面包，杜维诺派销售人员和部门经理亲自上门推销，并向这家饭店做出价格优惠、服务上门、保证供应、保证质量的承诺，还表示了愿意建立长期合作关系的愿望，但饭店经理就是不买他的面包。后来杜维诺采用了迂回战术，杜维诺了解到该饭店的经理是一个名叫“美国旅馆招待者”组织中的一员并十分热衷于这一活动，是该组织的主席，不论该组织的会议在什么地方召开，他都会不辞辛苦地参加。了解到这些情况后，当杜维诺再见到该经理时，绝口不谈面包一事，而谈论那个组织，饭店经理十分高兴，跟他谈了半个小时，显得十分兴奋，并建议杜维诺加入这一组织。几天之后，杜维诺接到了这家饭店购买面包的订单。有时，如果针对对方的疑虑或拒绝直接说过去，可能会越说越僵。这时应微笑着将对方的拒绝暂时搁置起来，转换成其他话题，用以分散对方的注意力，瓦解对方内心所筑起的“心理长城”，待时机成熟再言归正传。这样，往往会出现“山重水复疑无路，柳暗花明又一村”的新天地。

迂回绕道技巧在运用中要注意三点：

第一，要心中有数，不可信口开河，怎么迂回，都离不开讨论的主旋律。

第二，迂回要持之有据，言之成理。迂回中所提及的各种理由，估计对方没有考虑过，或至少考虑得不周全。这样说出来的话才有信息量，才会引起对方的注意。

第三，说话要自信。谁说话更自信，更有技巧，谁就会胜利。

2. 货比三家技巧

企业的经营决策实质上就是一种选择，即从两个以上的备选方案中选择最优方案。货比三家技巧，即在谈判某笔交易时，同时与几个供应商或采购商进行谈判，以选其中最优一家的技巧。此策略广为人知，也是商场上的千古信条。

| 案例链接 |

某项目因两个卖主谈判态度不同，且条件有异，买主便与态度积极、条件基本满意的一家草签了合同。在正式签订合同之前，态度不积极的一家又主动找上门来，希望继续合作。为了妥善处理草签合同的约束性、两个卖方之间的关系，买方请来两个卖主同时在两个房间就关键条件进行谈判，买方主谈轮流交换两个卖方给出的条件，直到最后一方无力列出新条件为止。只用了几个小时就结束了谈判，仍然选择第一家卖主。不过，通过新一轮货比三家的谈判，买方又比原来的条件多得到15万套产品的试车材料、5人免费考察、连续3年代销30％产品等优惠条件。

货比三家技巧的具体做法是：邀请同类产品的卖方或所需同类产品的买方，同时展开几摊的谈判，将各摊的条件进行对比，择优授予合同。这种“货比三家”技巧，在运用时应注意如下几个问题：

（1）所选对象要势均力敌，比起来才有劲。如果比较对象力量不均，应制造可比之处，使各家均有信心去争取交易。例如，有专长的中小企业，可与综合性的大企业集团比专业特长。

（2）时间安排要便于分组穿插谈判，且可及时将各组谈判结果汇总。时间安排包括日程、方式和人员的安排。

（3）对比的内容要科学。由于货比三家技巧客观上造成工作量大，评比工作复杂，因此，应有快捷统一的评比方法和内容，以减少重复、不准确的工作，避免个人感情的影响。

（4）平等对待参加竞争的各对手，但在谈判的组织上应有突破重点。平等与各参加竞争的对手谈判是信誉的需要，重点突破是谈判全局的需要，两者缺一不可，相辅相成。

（5）慎守承诺。对于评选出的结果应慎守承诺，如遇落选竞争对手卷土重来，虽然其结果会带来好处，但应慎用该机会。首先，对明文选中的对象应承担一定的信誉上的义务，且应充分知晓其原因，才能重新审议。即便决定再谈，应把出新价的任务赋予卷土重来者，当该方新的条件有明显的优势时，再约被选中一方谈；若不太有优势，则不必重谈。约已被选中的一方再谈时，可以“启发式”诱导，或委婉地表示重审成交条件，也可以“要求式”明确要求重审成交条件。不过，两者均非强制，只是从说服鼓励的角度来坚持重审的必要性。如果被选中的一方在响应后其条件仍优于要求重谈者，可以结束谈判；如果劣于重谈者，可再给被选中一方一次机会。在这次努力之后，若差距不大，则仍选原成交者，若重新要求谈判者的条件十分明显地优于原成交者，则不得不改变选择的决定。不过，善后工作要做细。

（6）在多家采购者联合向多家卖者谈判时，应由有权威的单位统一起来，形成联合对外的机构，如同对特殊谈判主持者的要求一样，做到统一对外、统一技术要求、统一谈判策略。同时，还应有严格的纪律，以保守机密，各尽其职。

3. 投石问路技巧

投石问路技巧又称假设条件技巧，是指在谈判过程中，提出一些假设条件以探测对方意向，抓住有利时机达成交易的一种技巧。

运用投石问路技巧必须掌握好时机，它一般适用于谈判开始时的摸底阶段。因为在摸底阶段，使用该技巧有助于了解对方的要求和意向，在此基础上选择最佳的成交条件和方式，有利于谈判取得成功。如果谈判已十分深入，再运用此技巧只会引起分歧，打乱正常的谈判程序，甚至导致之前议定的条款发生变化而影响谈判的顺利进行。这种技巧通常为买方采用，主要目的是弄清卖方的虚实，尽可能得到一些通常不易得到的资料，从而做出最佳选择。作为卖方，针对买方提出的种种假设，要仔细考虑后再做答复，否则会失去谈判的主动权。卖方对付投石问路的方法主要有：

（1）努力找出买方的真正动机，因为他不可能做那么多选择，你不妨有意提供一些资料，引导其向有利于己方的方向发展，如签订长期合同、扩大订货数量等。

（2）反问买主是否准备马上订货。

（3）永远不要对“假如”的要求马上估价。

（4）如果买主投出一个“石头”，最好立刻要求对方以订货作为条件。

（5）并不是每个问题都值得回答。你可以要求对方提出“保证”，这是整个交易的一部分，如果没有公平交易的法律或其他人的同意，对方不得不提出保证。

（6）有的问题应该花很长的时间来回答，也许比限制买主的截止日期还要长。

一个精明的卖主，可以将买主所投出的“石头”变成一个很好的机会。针对买主这种想知道更多资料的要求，也可以乘机向买主提出更有利于自己的要求或建议。

4. 激将技巧

以话刺激对方的主谈人或其重要助手，使其感到坚持自己的观点和立场已直接损害自己的形象与自尊心、荣誉，从而动摇或改变所持的态度，这种技巧称为激将技巧。

激将技巧可以直接刺激对方主谈人。例如，一方说：“贵方谁是主谈人，我要求能与有签约决定权的人谈判。”此话直接贬低了对方主谈人的权力，目的在于激起对方（尤其年轻资历浅的业务员）急于表现自己的决定权或去争取决定权，使己方谈起来方便，且寻机得利。也有以此“将军”的做法：“既然你有决定权，为什么不马上回答我方明确合理的要求，你还要向上级请示吗?”迫使对方主谈人正视己方条件。此外，还有间接刺激对方主谈的做法，即通过主谈的主要助手来刺激主谈人。例如，在一项谈判中，卖方主谈不吃激将技巧，买方反过来对其聘用的律师讲：“你是律师，知道买卖应公道。公道的价，不怕讲。贵方不告诉我方技术费的计算依据，我怎么能接受呢?”律师被说动了，同样的论题、理由，从律师的角度，无言以辩，只能接受。此时，主谈人再被激时，就难以抗拒了。

在商务谈判中使用激将技巧的目的是要最终达成协议，需要强调的是，激将技巧是一种逆向说服对方的方法，使用此技巧时需要注意以下几个方面：

（1）激将的对象一定要有所选择。一般来说，商务谈判中可以对其采用激将技巧的对象有两种：第一种是不够成熟，缺乏谈判经验的谈判对手。这样的对手往往有自我实现的强烈愿望，总想在众人面前证明自己，容易为言语所动，这些恰恰是使用激将技巧的理想突破口。第二种是个性特征非常鲜明的谈判对手。对自尊心强、虚荣心强、好面子、爱拿主意的谈判对手都可使用激将技巧，鲜明的个性特征就是突破口。

（2）使用激将法应尊重对手的人格尊严，切忌以隐私、生理缺陷等为内容贬低谈判对手。商务谈判中选择“能力大小”“权力高低”“信誉好坏”等去激对手，往往能取得较理想的效果。

（3）使用激将技巧要掌握一个度，没有一定的度，激将技巧收不到应有的效果，超过限度，不仅不能使谈判朝预期的方向发展，还可能产生消极后果，使谈判双方产生隔阂和误会。比如，在诸葛亮智激黄忠时，如果在黄忠当众立下军令状后诸葛亮仍然以语相激，对黄忠的实力表示不信任，黄忠很可能会认为诸葛亮根本看不起自己，两人会由此产生误会。

（4）激而无形、不露声色，往往能使形势不知不觉地朝自己的预期方向发展。如果激将技巧使用得太露骨，被谈判对手识破，不仅达不到预期效果，反而使己方陷入被动，而且有可能被高明的谈判对手利用，反中圈套。

（5）激将用的是语言，而不是态度。用语要切合对方特点，切合追求目标，语气要和气友善，蛮横不能达到激将的目的，只能激怒对方。

当然，一个优秀的谈判人员，不但要善于使用激将技巧，而且要善于识破激将技巧，在商务谈判中沉着应付，不为对手所激。

【视频链接】
谈判策略综合应用

任务结果

请帮李鸣设计本次合作谈判，注意相关技巧的应用，并进行小组模拟。

任务四

签订合同

任务情境

通过李鸣谈判团队的努力，深圳创新投资公司决定和李鸣签订融资合作合同，他高兴不已且非常重视，希望能自己亲自草拟一份完整的可行的合同协议，但毕竟李鸣从来没有撰写过合同，面对如此复杂的业务，李鸣应该如何着手呢？

任务实施

合同是谈判的最终反映，它既是谈判成果的综合反映，也是未来实际履行的唯一依据。当谈判双方就所磋商的各项议题达成共识后，就要签订谈判协议或合同，以契约的方式，把双方达成的目标、条件和意见确定下来，经双方签字后成为具有法律效力的谈判文件。签订合同不仅是谈判过程中极为重要的环节，也是比较容易出现疏漏甚至差错的环节。稍有不慎，就会让谈判努力争取的利益功亏一篑，或签订不受法律保护的合同。

签订合同过程中主要任务包括起草谈判备忘录，明确合同条款、起草谈判合同，签订合同，合同履行。

一、起草谈判备忘录

备忘录是一种录以备忘的公文，常常用来记录有关活动或事务，或就某个问题提出自己的意见或看法，揭示或提醒对方以免忘却的一种记事性文书。

在进行谈判后，双方就谈判内容达成一致意见后，要整理好谈判记录，将谈判中所涉及的各项议题以书面形式列出，拟写备忘录，提醒谈判双方以免忘记。但备忘录不作为具有约束力的协定，只是谈判双方暂时商定的结果，是双方达成正式合同的基础。

谈判备忘录要在谈判现场经过双方查对无误，由双方共同签名确认。虽然谈判备忘录不是正式合同，但一经谈判双方签名，就代表着谈判双方的承诺。

1. 谈判备忘录的主要形式

（1）备忘录。在业务磋商过程中的一种提示或记事性文书，是在商务谈判时经过初步讨论后，记载双方的谅解与承诺，以为进一步洽谈时做参考。

（2）意向书。当事人双方或多方之间，在对某项事物正式签订条约、达成协议之前，表达初步设想的意向性文书。

（3）商务谈判纪要。对谈判的议题、谈判的主要议程、谈判主要内容与结果整理而成的文书。可作为谈判代表向领导汇报工作的文件，也可以作为签订协议的依据，或者在这基础上形成意向书。

2. 谈判备忘录的格式

（1）标题。通常由公司、事由和文种组成。如“关于××公司向××公司采购××的备忘录”“××公司与××公司合作经营意向书”“关于筹建×××公司的谈判纪要”。

（2）正文。备忘录正文一般由导言、主体和结尾三部分组成。

◆ 导言：记录谈判的基本情况，包括双方单位名称、谈判代表姓名、国别、会谈时间、地点、会谈项目等。

◆ 主体：记录双方的谈判情况，包括讨论的事项、一致或不一致的意见、观点和做出的有关承诺。主体内容的记录类似于意向书的写法，通常采用分条列项式记录。

◆ 结尾：备忘录结尾一般与主体内容列在一起，置于最后一条，表达对未解决问题的后续处理意见等内容。

（3）落款。由谈判的各方代表签字认可并标明时间。

｜案例链接｜

中国××公司与美国××公司会谈备忘录

中国××公司（简称甲方）与美国××公司（简称乙方）的代表，于×年×月×日在东莞市××会议室就兴办合资项目进行初步协商，双方交换了意见，达成如下共识：

一、依据双方交谈，乙方同意就合资经营××项目进行投资，投资金额约为×××万美元。投资方式待进一步磋商。甲方用厂房、场地、机器设备作为投资，其作价原则和办法，待进一步协商。

二、关于利润分配原则，没有取得一致意见。乙方认为自己的投入既有资金，又有技术，应占60%~70%，甲方则认为应该按投资比例分成。乙方代表表示，利润分配比例愿意考虑甲方的意见，希望另定时间协商确定。

三、合资项目生产××产品，乙方承诺在国际市场上销售产量的45%，甲方希望乙方将销售额提高到70%~75%，其余的在中国市场上销售。

四、工厂的规模、合资年限以及其他有关事项尚未详细讨论，双方都认为待第二项内容向各自上级汇报确定后，再商议。

五、本此洽谈虽未能解决主要问题，但双方表达了合作的愿望。期望在今后的两个月再行接触，以便进一步商洽合作事宜，具体时间待双方磋商后再定。

中国××公司	美国××公司
代表：×××	代表：×××
年　月　日	年　月　日

二、明确合同条款

合同是指谈判各方在谈判结束后，为了确定各自的权利和义务，而正式依法订立的，并且经过公证的、必须共同遵守的协议条文。

合同的当事人依程序订立合同，意思表示一致，且谈判人员必须对每一份合同应具备的条款逐一明确并熟练掌握，这样才能在订立合同时将内容完整、清晰地表达。

知识链接

合同的内容是指当事人订立合同时的各项意思表示，具体体现在合同的各项条款。这些条款体现了当事人的权利义务关系，表明了合同的内容。除法定条款外，合同中应有什么条款，是由当事人自愿协商确定的，法律一般不予干预。但由于各类合同在是否成立、是否完备等方面有共同要求，因而我国《合同法》第12条对当事人订立合同时的条款作了指导性规定，主要包括：当事人的名称或者姓名与住所、标的、数量、质量、价款或者报酬、履行期限、地点和方法、违约责任、解决争议的方法等。

合同的框架内容主要有以下几点。

1. 当事人的名称或者姓名与住所

当事人是合同权利义务的承受者，没有当事人，合同权利义务就失去了存在的意义，给付和受领给付便无从谈起，因此，订立合同须有当事人这一条款。当事人由其名称或者姓名及住所加以特定化、固定化，所以，具体合同条款的草拟必须写清当事人的名称或者姓名和住所。

2. 标的

标的是合同权利义务执行的对象。合同不规定标的，就会失去目的，失去意义。可见，标的是一切合同的主要条款。目前，多数认为合同关系的标的为给付行为，而《合同法》第12条所谓标的，主要指标的物，因而规定有所谓标的的质量、标的的数量。所以，对于《合同法》及有关司法解释所说的标的，时常需要按标的物理解。

3. 质量与数量

标的（物）的质量和数量是确定合同标的（物）的具体条件，是这一标的（物）区别于同类另一标的（物）的具体特征。标的（物）的质量需定得详细具体，如标的（物）的技术指标、质量要求、规格、型号等要明确。标的（物）的数量要确切。首先应选择双方共同接受的计量单位；其次要确定双方认可的计量方法；再次应允许规定合理的磅差或尾差。标的物的数量为主要条款；标的物的质量若能通过有关规则及方式推定出来，则合同欠缺这样的条款也不影响成立。

4. 价款或酬金

价款是取得标的物所应支付的代价，酬金是获得服务所应支付的代价。价款，通常指标的物本身的价款，包括单位价格、金融、计价货币和总金额。如遇商业上的大宗买卖在异地交货的，会产生运费、保险费、装卸费、保管费、报关费等一系列额外费用。它们由哪一方支付，需在价款条款中写明。

5. 履行的期限、地点、方式

履行期限直接关系到合同义务完成的时间，涉及当事人的期限利益，也是确定违约与否的因素之一，十分重要。履行期限可以规定为及时履行，也可以规定为定时履行，还可以规定为在一定期限内履行。如果是分期履行，尚应写明每期的准确时间。

履行地点是确定验收地点的依据，是确定运输费用由谁负担、风险由谁承受的依据，有时是确定标的物所有权是否转移、何时转移的依据，还是确定诉讼管辖的依据之一。

履行方式，例如是一次交付还是分期交付，是交付实物还是交付标的物的所有权凭证，是铁路运输还是空运、水运等，同样有关当事人的物质利益，合同应当写明。

履行的期限、地点、方式若能通过有关方式推定，则合同即使欠缺它们也不影响成立。

6. 违约责任

违约责任是违反合同的民事责任的简称，是指合同当事人一方不履行合同义务或履行合同义务不符合合同约定所应承担的民事责任。违约责任条款主要是对违约形态和后果的规定或约定，通常是合同当事人协商选择的结果。我国《合同法》规定，违约责任条款不是合同的必备条款，即合同中是否约定违约责任条款对认定合同成立和生效并不构成障碍。在合同中未约定违约责任条款的，也并不意味当事人可不承担违约责任，《合同法》对违约责任已作了完善的规定。故而，一旦发生合同纠纷，当事人未在合同中约定违约责任条款的，法院或仲裁机关在审理时，不仅不会据此否认合同的效力，而且仍可依法确定违约方承担违约责任。亦即违约责任条款既可依约而定，也可依法适用。尽管违约责任条款不是合同内容中的“要素”，缺之不会影响合同的成立和效力，但当事人事先设定违约责任条款在实践中也非常重要。这是因为，在合同中事先约定违约责任条款，对于告诫当事人，迅捷确定违约者应承担的后果，减少计算和举证麻烦等均具有意义。它能明确告诉对方违约后要承担何种责任，将要承担双方约定的由于违约方给对方所造成的一切损失，有利于合同双方按照合同要求履行合同权利和义务。

按照我国《合同法》规定，承担违约责任主要有以下方式：强制实际履行或称继续履行；修理、重作、更换、减少价款或者报酬；赔偿损失；支付违约金等。

有的合同中只是简单约定违约方承担违约责任或依据《合同法》承担违约责任，这种约定毫无实际意义；有的合同干脆就根本没有违约责任条款，在违约条款一栏是空白。这样，违约责任不明确的合同对相对方起不到有效的约束作用，对方违约后执行赔偿过程中就赔偿金数额也容易产生分歧，给公司维权带来不必要的麻烦。

7. 争议解决的方法

解决争议的方法，是指有关解决争议运用什么程序、适用何种法律、选择哪家检验或者鉴定的机构等内容。当事人双方在合同中约定的仲裁条款、选择诉讼法院的条款、选择检验或者鉴定机构的条款、涉外合同中的法律适用条款、协商解决争议的条款等，均属解决争议的方法的条款。

除以上七项内容外，合同还包括根据法律规定或购销合同性质应具备的条款及当事人一方要求必须写明的条款等。

| 同步练习 |

请分析如下合同条款是否恰当。

交换写字楼合同

甲方：××贸易总公司

乙方：××市广告集团公司

甲乙双方为了便于在穗深两地联系业务，需交换写字楼作为各自的办事处。现本着友好合作的精神制定如下协议：

一、甲方在广州市隆兴路168号大楼中为乙方提供一单元住宅（三房一厅，实用面积不得小于80平方米）作为乙方驻穗的办事处用房。

二、乙方在深圳市为甲方提供同样的一单元住宅，规格同上，作为甲方驻深办事处用房。

三、双方分别负责为对方上述办事处供水、供电及安装电话，以确保日常业务活动的正常开展。

四、本合同有效期为五年，是否延期届时根据需要商定。

五、本合同自双方同时履约之日起生效。

六、未尽事宜，由双方另行商定。

甲方代表签字	乙方代表签字
甲方公章	乙方公章
年　月　日	年　月　日

三、起草谈判合同

草拟合同要注意：合同的条例必须清晰，应围绕谈判双方的目的，有条理地把各条款内容组织起来；合同内容必须具体明确，措辞准确；合同中权利义务条款应全面、详细和对等；合同的违约责任必须具体明确。

| 合同范文参考 |

购货单位：________，以下简称甲方；

供货单位：________，以下简称乙方。

经甲乙双方充分协商，特订立本合同，以便共同遵守。

第一条　产品的名称、品种、规格和质量

1. 产品的名称、品种、规格：

（1）SC6350水箱换向器22×16×8；

（2）20W换向器20.3×16×10；

（3）摇机换向器15.2×13×8。

2. 产品的技术标准（包括质量要求），按下列第（　）项执行：

① 按国家标准执行；

② 按部颁标准执行；

③ 由甲乙双方商定技术要求执行。

第二条　产品的数量和计量单位、计量方法

1. 产品的数量：________。

2. 计量单位、计量方法：________。

第三条　产品的包装标准和包装物的供应与回收

第四条　产品的交货单位、交货方法、运输方式、到货地点

1. 产品的交货单位：________。

2. 交货方法，按下列第（　）项执行：

①乙方送货；

②乙方代运；

③甲方自提自运。

3. 运输方式：________。

4. 到货地点和接货单位（或接货人）________。

第五条　产品的交（提）货期限

第六条　产品的价格与货款的结算

1. 产品的价格，按下列第（　）项执行：

①按甲乙双方的商定价格；

②按照订立合同时履行地的市场价格；

③按照国家定价履行。

2. 产品货款的结算：

产品的货款、实际支付的运杂费和其他费用的结算，按照中国人民银行结算办法的规定办理。

第七条　验收方法

第八条　对产品提出异议的时间和办法

1. 甲方在验收中，如果发现产品的品种、型号、规格、花色和质量不合规定，应一面妥为保管，一面在30天内向乙方提出书面异议；在托收承付期内，甲方有权拒付不符合合同规定部分的货款。甲方怠于通知或者自标的物收到之日起过两年内未通知乙方的，视为产品合乎规定。

2. 甲方因使用、保管、保养不善等造成产品质量下降的，不得提出异议。

3. 乙方在接到需方书面异议后，应在10天内负责处理，否则，即视为默认甲方提出的异议和处理意见。

第九条　乙方的违约责任

1. 乙方不能交货的，应向甲方偿付不能交货部分货款的___%的违约金。

2. 乙方所交产品品种、型号、规格、花色、质量不符合规定的，如果甲方同意利用，应当按质论价；如果甲方不能利用的，应根据产品的具体情况，由乙方负责包换或包修，并承担修理、调换或退货而支付的实际费用。

3. 乙方因产品包装不符合合同规定，必须返修或重新包装的，乙方应负责返修或重新包装，并承担支付的费用。甲方不要求返修或重新包装而要求赔偿损失的，乙方应当偿付甲方该不合格包装物低于合格包装物的价值部分。因包装不符合规定造成货物损坏或灭失的，乙方应当负责赔偿。

4. 乙方逾期交货的，应比照中国人民银行有关延期付款的规定，按逾期交货部分货款计算，向甲方偿付逾期交货的违约金，并承担甲方因此所受的损失费用。

5. 乙方提前交货的产品、多交的产品的品种、型号、规格、花色、质量不符合规定的产品，甲方在代保管期内实际支付的保管、保养等费用以及非因甲方保管不善而发生的损失，应当由乙方承担。

6. 产品错发到货地点或接货人的，乙方除应负责运交合同规定的到货地点或接货人外，还应承担甲方因此多支付的一切实际费用和逾期交货的违约金。

7. 乙方提前交货的，甲方接货后，仍可按合同规定的交货时间付款；合同规定自提的，甲方可拒绝提货。乙方逾期交货的，乙方应在发货前与甲方协商，甲方仍需要的，乙方应照数补交，并负逾期交货责任；甲方不再需要的，应当在接到乙方通知后15天内通知乙方，办理解除合同手续。逾期不答复的，视为同意发货。

第十条　甲方的违约责任

1. 甲方中途退货，应向乙方偿付退货部分货款___%的违约金。

2. 甲方未按合同规定的时间和要求提供应交的技术资料或包装物的，除交货日期得顺延外，应比照中国人民银行有关延期付款的规定，按顺延交货部分货款计算，向乙方偿付顺延交货的违约金。如果不能提供的，按中途退货处理。

3. 甲方自提产品未按供方通知的日期或合同规定的日期提货的，应比照中国人民银行有关延期付款的规定，按逾期提货部分货款总值计算，向乙方偿付逾期提货的违约金，并承担乙方实际支付的代为保管、保养的费用。

4. 甲方逾期付款的，应按中国人民银行有关延期付款的规定向乙方偿付逾期付款的违约金。

5. 甲方违反合同规定拒绝接货的，应当承担由此造成的损失和运输部门的罚款。

6. 甲方如错填到货地点或接货人，或对乙方提出错误异议，应承担乙方因此所受的损失。

第十一条 不可抗力

甲乙双方的任何一方由于不可抗力的原因不能履行合同时，应及时向对方通报不能履行或不能完全履行的理由，以减轻可能给对方造成的损失，在取得有关机构证明以后，允许延期履行、部分履行或者不履行合同，并根据情况可部分或全部免予承担违约责任。

第十二条 其他

按本合同规定应该偿付的违约金、赔偿金、保管保养费和各种经济损失的，应当在明确责任后10天内，按银行规定的结算办法付清，否则按逾期付款处理，但任何一方不得自行扣发货物或扣付货款来充抵。

本合同如发生纠纷，当事人双方应当及时协商解决，协商不成时，任何一方均可请业务主管机关调解或者向仲裁委员会申请仲裁，也可以直接向人民法院起诉。

本合同自________年____月____日起生效，合同执行期内，甲乙双方均不得随意变更或解除合同。合同如有未尽事宜，须经双方共同协商，做出补充规定，补充规定与合同具有同等效力。本合同正本一式两份，甲乙双方各执一份；合同副本一式__份，分送甲乙双方的主管部门、银行（如经公证或签证，应送公证或签证机关）……等单位各留存一份。

购货单位（甲方）：________（公章）
法定代表人：________（公章）
地址：________
开户银行：________
账号：________
电话：________
________年____月____日

供货单位（乙方）：________（公章）
法定代表人：________（盖章）
地址：________
开户银行：________
账号：________
电话：________
________年____月____日

四、审核合同并签署

签署合同是谈判双方法定代表人或充分授权代表在协议上签字。这是合同生效的关键环节，协议一经签订，即成为具有法律效力的文件。所以，协议撰写完毕之后，不能立刻签署。在签字前必须经过严格的审核。当确认协议内容与签字人都没有问题之后，方可签字。

1. 对合同的审核内容

（1）合法性审核，即审核此次谈判是否为合法行为，有关手续是否完备。

（2）有效性审核，主要包括两方面：第一，此次谈判的双方，在其代表权力上是否完整或授权是否充分，即双方谈判者有无签署合同的权力，如果没有此项权力，签署的协议是不受法律保护的；第二，协议内容有无相矛盾或前后相互否定之处，若有此现象，签署的协议当视为无效协议。

（3）一致性审核，即审核协议与谈判内容是否一致。在正式的谈判过程中，都会有会议记录，以提供查证。

2. 对签字人进行审核

商务谈判合同经过双方审核通过后，谈判双方就可以签约。签约是指谈判双方经过充分的洽谈磋商，就谈判项目达成书面协议。为使有关方面重视，遵守合同，在合同签署时，要举行签约仪式。由于谈判的类型、内容和影响力各异，谈判合同签字仪式也有所区别。一般的商务谈判只需首席代表与对方签字即可，一般安排在谈判现场直接进行。大型的、重要的商务谈判合同，则由总经理出面签字，要精心安排隆重、热烈的签字仪式。

知识链接

签订购销合同的注意事项

1. 应注意对货物的信息进行明确约定

在销售合同中，作为供方，应注意对供货的基本信息进行准确、详细约定：

（1）名称（品名）、型号、品种等表述应完整规范，不要用简称。

（2）规格应明确相应的技术指标，如成分、含量、纯度、大小、长度、粗细。

（3）花色，如红、黄、白要表述清楚。

（4）供货的数量要清楚、准确；计量单位应当规范，一般采用公制计量。

2. 应注意对货物质量标准进行明确约定

作为销售方，企业应根据自身情况及货物特性将质量标准与需方约定明确：

（1）如参照国家、行业相关标准等应在合同中明确约定标准的名称。

（2）如果是参照企业标准，应注意该企业标准应为已依法备案标准。

（3）凭样品买卖的，双方应对样品进行封存，并可以对样品的质量予以说明。

（4）双方对货物质量有特殊要求的，也应在合同中予以明确。

3. 应注意对货款的支付方式进行明确约定

作为供方，应特别注意在销售合同中对需方货款支付时间、金额（应明确是否为含税价）进行明确约定。建议在合同中约定要求需方支付一定金额预付款或定金（不能超过合同总金额的20%），供方才予以发货，或者在合同中约定供方收到需方支付的货款全款后发货。

4. 应注意对质量检验时限进行明确约定

为保障供方的合理利益，一般应在销售合同中对需方进行产品检验的时间进行限制规定，即在限定时间内如需方未提出质量问题，则视为检验合格。同时，在机械设备的销售中，同时建议约定需方在质量检验（验收）合格之前，不得使用产品，否则，视为验收合格，供方对此后的质量问题不再承担责任。

5．应注意对违约责任进行明确约定

（1）延期付款责任：作为供方，应在合同中明确需方延期付款的违约责任，同时还应根据供货情况对需方货款的支付进程、期限等进行必要的控制，如发生需方货款迟延支付、差额支付等情况，应视情况追究其违约责任，减低风险。

（2）违约金的数额不应过高亦不宜过低，过高可能会有被仲裁机构或法院变更的风险，过低则不利于约束买受人。

6．其他事项

企业可以根据货物实际情况对产品包装要求、包装物回收、运输方式及费用承担、装卸货责任、商业秘密保守、诉讼管辖地等约定清楚，以降低合同履行风险，并尽可能保障作为销售方的合法、合理利益。

| 合同模板 |

项目投资合作协议书

甲方：________________________

乙方：________________________

以上各方共同投资人（以下简称“共同投资人”）经友好协商，根据中华人民共和国法律、法规的规定，双方本着互惠互利的原则，就甲乙双方合作投资项目事宜达成如下协议，以共同遵守。

第一条　共同投资人的投资额和投资方式

1. 甲、乙双方同意，以双方注册成立的________公司（以下简称）为项目投资主体。

2. 各方出资分别：甲方占出资总额的________%；乙方占出资总额的________%。

第二条　利润分享和亏损分担

1. 共同投资人按其出资额占出资总额的比例分享共同投资的利润，分担共同投资的亏损。

2. 共同投资人各自以其出资额为限对共同投资承担责任，共同投资人以其出资总额为限对股份有限公司承担责任。

3. 共同投资人的出资形成的股份及其孳生物为共同投资人的共有财产，由共同投资人按其出资比例共有。

4. 共同投资于股份有限公司的股份转让后，各共同投资人有权按其出资比例取得财产。

第三条　事务执行

1. 共同投资人委托甲方代表全体共同投资人执行共同投资的日常事务，包括但不限于：

（1）在股份公司发起设立阶段，行使及履行作为股份有限公司发起人的权利和义务；

（2）在股份公司成立后，行使其作为股份公司股东的权利、履行相应义务；

（3）收集共同投资所产生的孳息，并按照本协议有关规定处置。

2. 其他投资人有权检查日常事务的执行情况，甲方有义务向其他投资人报告共同投资的经营状况和财务状况。

3. 甲方执行共同投资事务所产生的收益归全体共同投资人，所产生的亏损或者民事责任，由共同投资人承担。

4. 甲方在执行事务时如因其过失或不遵守本协议而造成其他共同投资人损失时，应承担赔偿责任。

5. 共同投资人可以对甲方执行共同投资事务提出异议。提出异议时，应暂停该项事务的执行。如果发生争议，由全体共同投资人共同决定。

6. 共同投资的下列事务必须经全体共同投资人同意：

（1）转让共同投资于股份有限公司的股份；

（2）以上述股份对外出质；

（3）更换事务执行人。

第四条 投资的转让

1. 共同投资人向共同投资人以外的人转让其在共同投资中的全部或部分出资额时，须经全部共同投资人同意。

2. 共同投资人之间转让在共同投资中的全部或部分投资额时，应当通知其他共同出资人。

3. 共同投资人依法转让其出资额的，在同等条件下，其他共同投资人有优先受让的权利。

第五条 其他权利和义务

1. 甲方及其他共同投资人不得私自转让或者处分共同投资的股份。

2. 共同投资人在股份有限公司登记之日起三年内，不得转让其持有的股份及出资额。

3. 股份有限公司成立后，任一共同投资人不得从共同投资中抽回出资额。

4. 股份有限公司不能成立时，对设立行为所产生的债务和费用按各共同投资人的出资比例分担。

第六条 违约责任

为保证本协议的实际履行，甲方自愿提供其所有的财产向其他共同投资人提供担保。甲方承诺在其违约并造成其他共同投资人损失的情况下，以上述财产向其他共同投资人承担违约责任。

第七条 其他

1. 本协议未尽事宜由共同投资人协商一致后，另行签订补充协议。

2. 本协议经全体共同投资人签字盖章后即生效。本协议一式________份，共同投资人各执一份。

甲方（签字）：________　　　　乙方（签字）：________

________年___月___日　　　　________年___月___日

签订地点：________　　　　签订地点：________

| 合同模板 |

融资协议书

甲方（贷款方）：香港长江大海实业投资集团

乙方（借款方）：邢台金志纺织品有限公司

乙方因建设35万枚精疏纱锭及1080台喷汽织机项目现急需资金，经商议乙方银行同意，提供银行担保进行融资。对此甲方愿受理乙方银行担保为其解决项目资金需求，经双方协商就银行担保融资事宜，达成如下操作条款：

一、融资原因：乙方投建35万枚精疏纱锭及1080台喷汽织机项目，已经河北省和邢台市备案核准建设，核准文号：邢发审批备字（2008）90号，项目总投资：人民币17.249亿元。

二、融资资金额：人民币伍亿～拾亿元；可分单操作，首单人民币伍仟万元。

三、使用期限：伍年。

四、融资方式：甲乙双方形成借贷关系。乙方提供银行《还本付息担保保函》（以下简称保函）向甲方借款，甲方认可并受理乙方银行《保函》的前提下，向乙方贷款用于项目的建设。

五、担保银行：中国工商银行股份有限公司邢台鑫鑫支行。

六、保函的要求：银行签发的《保函》必须具备：1. 不可撤销、不能提前支取、到期保兑的属性；2. 受益人属甲方，当甲方将资金划拨给乙方的同时，同额《保函》由甲方带走；3. 不上网《保函》必须是真实的，属签发银行的银行行为；4.《保函》的版本、格式、内容由乙方提供经甲方认同。

七、利息：资金使用利息按年利率_8_%计算，第一年款到支付，以后每个年度末由乙方向甲方支付一次。

八、一次性贴息；按操作金额的_14_%批款批结，中介费另行承诺，由乙方向甲方一次性支付完毕。

九、资金监管：乙方投建项目的签订，以及经《保函》所融资金的使用、监督和还本均由乙方《保函》签发银行负责。甲方不参与资金的监管，但在借款到期时持《保函》经《保函》签发银行收回本息。

十、资金借款条件：操作时双方必须具备以下条件：

1. 甲方：贷款的主体资格合法，具备定额的贷款资金。

2. 乙方：具备企业法人主体资格；企业各类合法文本齐全；拟建项目的批准文件有效，申贷报告；《保函》签发银行同意担保并已确认《保函》版本。

十一、操作程序：

1. 甲、乙双方确认本协议条款，并签订协议；

2. 甲、乙双方签订协议后，首单资金到账乙方即付20万元人民币给甲方（注：该资金作为银主转款手续费的补偿金），在办理款项期间产生的费用均由乙方承担，甲方安排具体进款时间；

3. 甲方对乙方所提供资料进行核实，乙方备齐本次划款金额的3%保证金后，双方在本协议书主体框架下签订正式《借款合同》；

4. 然后核实银行是否同意为企业出具《还本付息保函》。甲方于_________年____月_____日持汇票或电子汇兑方式到乙方指定银行，到账显账后乙方即支付第一年的利息（和一次性贴息），同时乙方银行即按已认同的《保函》依据到账资金，签发等额正式《还本付息保证函》交付甲方；

5. 按上述方式进行下一单的操作。

十二、违约责任：

1. 当甲方到达出具保函银行核保时，银行行长不予配合核保人员或不能为项目方出具《保函》属乙方违约，所收取的费用不退。

2. 甲方的资金到账后，乙方银行不能开出《还本付息保函》也不能支付利息、贴息，对此甲方有权终止业务，到达乙方的资金甲方可无条件划走，并赔偿甲方所造成的全部经济损失。

3. 如甲方的原因资金不能到账，视甲方违约，收取的费用应加倍退还给乙方。

十三、其他：

1. 乙方拟建项目的批文，以及企业法律文本，均以复印件加签企业红章，交由甲方配合《协议书》《借款合同》、银行《保函》一并备案。

2. 银行《保函》必须在甲、乙双方《借款合同》项下开出。

3. 用款到期后，甲方持《保函》无条件地收回本金、利息，对此乙方和《保函》银行放弃一切抗辩权利。

十四、本协议书一式肆份，甲、乙双方各执两份，双方签字、盖章生效。业务操作完毕失效。

甲方：香港长江大海实业投资集团　　　　乙方：邢台金志纺织品有限公司

代表（签字）：　　　　代表（签字）：

| 技术合作合同模板 |

________技术合作协议

项目名称：________

委托方：________（甲方）

研究开发方：________（乙方）

签订地点：________省________市（县）

签订日期：________年___月___日

有效期限：________年___月___日至________年___月___日

依据《中华人民共和国技术合同法》的规定，合同双方就________项目的技术开发，经协商一致，签订本合同。

一、标的技术的内容、形式和要求：

二、应达到的技术指标和参数：

三、研究开发计划：

四、研究开发经费、报酬及其支付或结算方式：

（一）研究开发经费是指完成本项研究开发工作所需的成本；报酬是指本项目开发成果的使用费和研究开发人员的科研补贴。

本项目研究开发经费及报酬：___元，其中：甲方提供___元，乙方提供___元。

如开发成本实报实销，双方约定如下：________

（二）经费和报酬支付方式及时限（采用以下第___种方式）：

①一次总付：___元，时间：________

②分期支付：___元，时间：________

③按利润________%提成，期限：________

④按销售额________%提成，期限：________

⑤其他方式：________

五、利用研究开发经费购置的设备、器材、资料的财产权属：________

六、履行的期限、地点和方式：________

本合同自________年___月___日至________年___月___日在________（地点）履行。

本合同的履行方式：________

七、技术情报和资料的保密：

八、技术协作和技术指导的内容：

九、风险责任的承担：

在履行本合同的过程中，确因在现有水平和条件下难以克服的技术困难，导致研究开发部分或全部失败所造成的损失，风险责任由________承担。（1. 乙方；2. 双方；3. 双方另行商定）

经约定，风险责任甲方承担___%，乙方承担___%。

本项目风险责任确认的方式为：________

十、技术成果的归属和分享：________

（一）专利申请权：________

（二）非专利技术成果的使用权、转让权：________

十一、验收的标准和方式：________

研究开发所完成的技术成果，达到了本合同第二条所列技术指标，按________标准，采用________方式验收，由________方出具技术项目验收证明。

十二、违约金或者损失赔偿额的计算方法：________

违反本合同约定，违约方应当按技术合同法第二十九条、第三十一条和技术合同法实施条例第四十二条、第四十三条规定承担违约责任。

（一）违反本合同第________条约定，________方应当承担违约责任，承担方式和违约金额如下：________

（二）违反本合同第________条约定，________方应当承担违约责任，承担方式和违约金额如下：________

十三、解决合同纠纷的方式：执行本合同发生争议，由当事人双方协商解决。协商不成，双方同意由______仲裁委员会仲裁（当事人双方不在本合同中约定仲裁机构，事后又没有达成书面仲裁协议的，可向人民法院起诉）。

十四、名词和术语的解释：________

十五、其他（含中介方的权利、义务、服务费及其支付方式、定金、财产抵押、担保等上述条款未尽事宜）：

甲方（签字）：________　　　　乙方（签字）：________

________年___月___日　　　　________年___月___日

任务结果

请根据任务情境中的情形，为李鸣撰写一份融资合作协议。

巩固练习

一、单选题

1. 关于备忘录的正确说法是（　　）。
   A. 起提示作用，不具有法律效力
   B. 起提示作用，具有法律效力
   C. 经双方签名确认后，具有法律效力
   D. 既无法律效力，也不能起提示作用
2. 在机器设备的买卖中，卖方所交的机器设备里有一个重要的零件与合同不符，使整个机器不能使用，这种情况下（　　）。
   A. 卖方违约，因为未完全按约定方式履行合同
   B. 卖方不违约，因为只有一个零件与合同不符
   C. 卖方是否违约由双方协商
   D. 无法判定卖方是否违约

二、多选题

1. 订立合同的基本程序包括（　　）。
   A. 要约　　B. 承诺　　C. 签字　　D. 履约
2. 合同纠纷处理的方式有（　　）。
   A. 协商　　B. 调解　　C. 仲裁　　D. 诉讼

三、判断题

（　　）1. 合同履行是债务人全面地、适当地完成其合同义务，债权人的合同债权得到完全实现。

（　　）2. 合同的解除是指合同履行前或未完成履行时对合同的提前终止。

（　　）3. 合同履行时应加强验收手续，并注意以书面形式保留验收资料。

（　　）4. 商务谈判合同一经签订即具有法律效力。

四、简单题

1. 请列出处于谈判优势、谈判劣势、均衡谈判时分别有哪些谈判策略。
2. 合作类型谈判前需要准备哪些事宜？
3. 在合同中文字表述应注意哪些问题？

五、实训项目

任务内容：合作谈判

任务目标：了解谈判过程中为什么不同的谈判主体必须是平等的，不平等的谈判将产生什么样的后果。

任务实施：

1．确定背景

你和几个朋友计划合伙开办一家劳务中介公司，营业执照还没有来得及办理。因为急于开展业务活动，你和朋友们分头去各企业、学校联系合作事宜，看看那些合作者将怎样与你谈判。

2．实施过程

根据不同的身份按照项目内容草拟一份周密的业务洽谈计划，按照计划的步骤选择相应的机构，寻求与他们的合作并进行商谈，看看效果如何。

项目七

国际贸易谈判

知识目标

- 了解国际贸易谈判涉及的具体内容，认识国际贸易谈判的基本步骤
- 熟悉合同中关于商品品质标准、交易数量、包装、运输、保险条款、计价货币、支付方式、索赔和不可抗力等各项合同条款的规定
- 掌握各国商务谈判风格以及国际贸易谈判中的谈判策略

能力目标

- 能够灵活运用国际贸易谈判的技巧和常用语言
- 具备把握不同文化下的谈判风格与禁忌
- 能够熟练运用国际贸易谈判中的谈判策略，并在实际商业世界中应用

教学建议

- 建议针对最新电影视频，学习国际贸易谈判内容和商务谈判风格
- 开展情境模拟，让学生在场景模拟中对比学习，了解和熟悉谈判对手的谈判风格，有利于在谈判中掌握主动权，甚至可以因势利导，扭转谈判的局面，使得谈判顺利进行
- 在分环节谈判结束后，进行国际货物买卖合同的综合谈判

| 情境导入 |

李鸣的公司继升级转型进军电子机器人行业后蓬勃发展，下一步的战略决策是开拓国际业务，打入国外市场。随着《变形金刚》《机器人总动员》《终结者》等好莱坞大片的热映，电子机器人玩具在东莞的对外贸易中占据着重要地位。考虑到这一点，李鸣打算进行玩具机器人代理销售谈判，把东莞智能玩具销售到国外。最近，公司要与美国公司就具体的运输条款、装运条款和价格条款的问题进行谈判。由于美国在国际贸易中的地位，美国文化给谈判带来的特点引人注目。从总体上来说，美国人的性格通常是外向的。因此，有人将美国人的性格特点归纳为：外露、坦率、真挚、热情、自信、滔滔不绝，追求物质上的实际利益。与美国人做生意，“是”和“否”必须保持清楚，这是一条基本的原则。

那在实际谈判中，李鸣的公司需要注意些什么呢？

| 实施方法 |

国际贸易谈判与国内商务谈判的区别主要是谈判环境和谈判对象有别，即国际贸易谈判的地点可能在国外，涉及的对象可能是外国人。因此，谈判双方之间就存在商业习俗、法律制度、文化背景等方面的差别。

国际贸易谈判是指在国际商务活动中，处于不同国家或不同地区的商务活动当事人为了达成某笔交易，彼此通过信息交流，就交易的各项要件进行协商的行为过程。国际商务谈判主要包括商品贸易谈判与非商品贸易谈判，本书主要探讨商品贸易谈判。

国际贸易谈判的谈判流程如下图所示。

任务一　确定国际贸易谈判内容

↓

任务二　了解各国谈判风格及习俗

任务一

确定国际贸易谈判内容

任务情境

李鸣打算进行电子机器人代理销售谈判，把东莞的智能机器人销售到美国。公司已经敲定了美国汉威电子产品贸易公司为首次合作伙伴。对方已执行了询盘的前期流程，接下来李鸣公司需要回应这次的询盘，并盘点己方在接下来的谈判中需要准备的各项谈判内容。正式询盘函包括商品名称、品质状况或要求，以及价格、数量等情况。

在搜集了众多资料之后，李鸣的团队却感到迷雾重重，不知该如何回复对方的询盘，为己方争取更多的有利条件。李鸣给他的团队下了任务，必须把国际贸易谈判的内容琢磨清楚，并根据对方的询盘进行谈判方案的详细撰写。

任务实施

此次任务实施中，李鸣团队需要解决的主要工作是：依据本次谈判所涉及的内容，确定国际贸易谈判的主要议题，具体包括交易标的（品名）、品质、数量、包装条款、价格、交货条款、支付方式、保险条款、检验、索赔、仲裁、不可抗力十二项议题。

1. 确定标的

标的即谈判的对象或交易的内容。在本案例中，交易物主要为李鸣公司的智能机器人，李鸣公司需要具体梳理出这批电子机器人的品名、技术标准等附属于交易物的基本情况。

2. 确定商品的品质条款

商品品质即商品的内在品质及外观形态。在国际贸易谈判中进行商品品质条款谈判时，必须涵盖以下几项议程，如：样品、规格登记、品牌商标、产地名称、说明书、图样等。

商品品质往往是交易双方最关心的问题，也是洽谈的主要问题。商品品质取决于商品本身的自然属性，其内在质量具体表现在商品的化学成分、生物学特征及其物理、机械性能等方面；其外在形态具体表现为商品的造型、结构、色泽、味觉等技术指标或特征。这些特征有多种多样的表示方法，常用的表示方法有以下几种：

（1）样品表示法。样品指的是最初设计加工出来或者从一批商品中抽取出来的、能够代表贸易商品品质的少量实物。样品可由买卖的任一方提出，只要双方确认，卖方就应该供应与样品一致的商品，买方也就应该接收与样品一致的商品。为了避免纠纷，一般样品要一式三份，由买卖双方各持一份，另一份送给合同规定的商检机构或其他公证机构保存，以备买卖双方发生争议时作为核对品质之用。在商品买卖中，一般在样品确认时，应再规定商品的某个或某几个方面的品质指标作为依据。

（2）规格表示法。商品规格是反映商品的成分、含量、纯度、大小、长度、粗细等品质的技术指标。由于各种商品的品质特征不同，所以规格也有差异。如果交易双方用规格表示商品的品质并作为谈判条件，就叫作“凭规格买卖”。一般来说，凭规格买卖是比较准确的，在平时的商品交易活动中，大多采用这种方法。

（3）等级表示法。商品等级是对同类商品质量差异的分类，它是表示商品品质的方法之一。这种表示法以规格表示法为基础，同类商品由于厂家不同，有不同的规格，所以同一数码、文字、符号表示的等级的品质内涵不尽相同。买卖双方对商品品质的磋商，可以借助已经制定的商品等级来表示。

（4）标准表示法。商品品质标准是指经政府机关或有关团体统一制定并公布的规格或等级。不同的标准反映了商品品质的不同特征和差异。商品贸易中常见的有国际上各国公认的通用标准即“国际标准”；我国有国家技术监督局制定的“国家标准”和国家有关部门制定的“部颁标准”；此外，还有供需双方洽商的“协议标准”。明确商品品质标准，以表达供需双方对商品品质提出的要求和认可。

（5）牌名或商标表示法。牌名是商品的名称，商标是商品的标记。有些商品由于品质上优质、稳定，知名度和美誉度都很高，在用户中享有盛名，为广大用户所熟悉和赞誉，在谈判中只要说明牌名或商标，双方就能明确商品品质情况。但磋商时要注意同一牌名或商标的商品是否来自不同的厂家，以及这些商品是否由于某些原因造成了损坏或变质，更要注意假冒商标的商品。

在实际交易中，上述表示商品品质的方法可以结合在一起运用。比如，有的交易既使用牌名，又使用规格；有的交易既使用规格，又参考样品。

谈品质条款时应该注意的问题主要包括以下几个方面：

◆ 品质条款的订立要注意科学性和灵活性。

◆ 品质指标的订立要符合现实需要。

◆ 选择货物品质的方法要恰当。

3. 确定商品的交易数量

商品交易的数量是国际贸易谈判的主要内容，在确定商品交易数量时，应注意选用适当的计量单位。成交商品数量的多少，不仅关系到卖方的销售计划和买方的采购计划能否完成，而且与商品的价格有关。同一货币支付后所购买的商品数量越多，说明这种商品越便宜，因此商品交易的数量直接影响到交易双方的经济利益。

在国际贸易谈判中确定商品的交易数量主要从以下两方面入手：

（1）常用计量单位。确定买卖商品的数量，首先要根据商品的性质，明确所采用的计量单位。商品的计量单位，表示重量单位的有吨、公斤、磅等；表示个数单位的有件、双、套、打等；表示面积单位的有平方米、平方英尺；表示体积单位的有立方米、立方英尺。在国际贸易中，由于各国采用的度量衡制度不同，同一计量单位所代表的数量也各不相同，因而要掌握各种度量衡之间的换算关系，在谈判中明确规定使用哪一种度量衡制度，以免造成误会和争议。

根据《中华人民共和国计量法》规定，国家采用国际单位制的计量单位。

（2）溢短装条款。溢短装条款（More or Less Clause）是指在矿砂、化肥、粮食、食糖等大宗散装货物的交易中，由于受商品特性、货源变化、船舱容量、装载技术和包装等因素的影响，要求准确地按约定数量交货，有时存在一定困难，为了避免因实际交货不足或超过合同规定而引起的法律责任，方便合同的履行，对于一些数量难以严格限定的商品，通常是在合同中规定交货数量允许有一定范围的机动幅度，这种条款一般称为溢短装条款。它一般包括机动幅度的选择权以及计价方法。

“溢短装条款”是国际货物买卖合同中最常见的规定数量机动幅度的条款，主要由三部分组成，即数量机动幅度的范围、溢短装的选择权和溢短装部分的作价办法，数量机动幅度的范围通常用百分比表示。在机动幅度范围内是多交货物还是少交货物，该选择权一般由卖方来决定。但在采用海洋运输的情况下，由于交货的数量与载货船舶的舱容有着非常密切的关系，因此溢短装的选择权应由安排货物运输的一方掌握。至于溢短装部分的作价办法，如果合同中没作相反的规定，一般按合同价格计算。但也有的合同规定按照装船日或卸货日的市场价格计算，其目的是防止有权选择溢短装的一方，为获取额外利益而有意多交或少交货物。

4．确定包装条款

在国际贸易谈判中，除了散装货、裸体货外，绝大多数商品都需要包装。包装具有宣传商品、保护商品、便于储运、方便消费的作用。作为商务谈判者，为了使双方满意，必须精通包装材料、包装形式、装潢设计、运装标志等议题。

在国际贸易谈判中，主要针对以下两项内容具体展开：

（1）包装的种类。在国际货物买卖中，货物的包装可以分为销售包装和运输包装。销售包装又称内包装，主要作用是保护商品、方便使用、促进销售，并应符合销售地国家的法律和法规。运输包装又称外包装，其主要作用是保护商品、方便储运和节省费用。

（2）货物包装的标志。在国际物流中要求在包装上正确绘制货物的运输标志和必要的指示标志。标志至少应包括下列内容，具体如：目的地：收货人的最终地址、中转地点、订货单号；装卸货指示标志：特别是对于易碎商品，更应在包装上标记出装卸操作的方向以防商品损坏。警告性标志：对于危险物品，例如易燃品、有毒品或易爆炸物品等，在外包装上必须醒目标明，以示警告。

| 同步练习 |

中德买卖合同谈判

中国某公司与德国一家公司围绕某种出口德国的商品进行谈判。谈判中，双方对商品品质和数量达成了一致。数量为100长吨，单价为每长吨CIF不来梅80英镑。品质规格为：水分最高15%、杂质不超过3%。交货品质以中国商品检验局品质检验证书为最后依据，双方据此签订了合同。但是，在成交前中方公司向对方寄出了样品，合同签订后又电告对方，确认成交货物与样品相似。货物装运前由中国商品检验局检验签发了品质规格合格证书。

货物运抵德国后，德国公司提出，虽有商检局出具的品质合格证书，但货物的品质却比样品低，卖方应有责任交付与样品一致的货物，因此要求每长吨减价6英镑。中国公司以合同中并未规定凭样交货，而只规定了凭规格交货为由，认为所交货物符合合同规定，因此不同意减价。于是，德国公司请德国某检测公司进行检验，出具了所交货物平均品质比样品低7%的检验证明，并据此向中国公司提出索赔600英镑的要求。中国公司仍坚持原来的理由而拒赔。德国公司遂提请国际仲裁机构给予仲裁。

以上是一则商品品质谈判与索赔谈判混合在一起的谈判，请阅读之后思考以下问题：

这笔交易究竟是凭文字说明买卖还是凭样品买卖？

双方纠纷的责任在哪一方？中国公司是否应向对方进行赔付？

双方在品质谈判中存在哪些问题？这则案例提示我们买卖双方在品质和数量谈判时应当注意什么？

（资料来源：www.vcmc.com）

5. 确定价格条款

进出口合同中的价格条款，一般包括商品的单价和总值两项。总值也称总价，即每一笔交易的货款总金额。为规定价格条款，除了合理地确定成交价格，列明具体的作价方法外，还应采用适当的贸易术语和选择合理的计价货币。

在国际贸易谈判中，价格条款主要包括价格水平（单价）、价格计算方式、价格术语的运用。

（1）价格水平（单价）。商品的单价通常由计量单位、单位价格金额、计价货币和贸易术语4个部分组成。例如：

“每吨100英镑，CIF伦敦”（£100 per M/T CIF London）。

（2）价格计算方式。合同的金额是单价与数量的乘积，如果合同中有两种以上的不同单价，就会出现两个以上金额，几个金额相加就是合同的总金额。

（3）价格术语。价格术语是贸易（主要是国际贸易）中的习惯用语，如：离岸价格（FOB）、到岸价格（CIF）、成本加运费价格（C&F）等。在《2000通则》中，有6种术语（FAS、FOB、CFR、CIF、DES、DEQ）仅适用于水运，其他7种则不受限制，可适用于各种运输方式，包括集装箱运输和多式联运。

知识链接

FOB：Free on Board，其中文含义为“装运港船上交货（……指定装运港）”。使用该术语，卖方应负责办理出口清关手续，在合同规定的装运港和规定的期限内，将货物交到买方指派的船上，承担货物在装运港越过船舷之前的一切风险，并及时通知买方。

本条中风险转移规则已经《2010年国际贸易术语解释通则》修改，装运港货物装运上船后，风险转移给买方。（由于2000年解释通则规定之越过船舷风险转移，是否越过船舷不便于举证，故而修改。）

CIF：“Cost Insurance and Freight”的英文缩写，其中文含义为“成本加保险费、运费”。使用该术语，卖方负责按通常条件租船订舱并支付到目的港的运费，在合同规定的装运港和装运期限内将货物装上船并负责办理货物运输保险，支付保险费。

C&F：“Cost and Freight”的英文缩写，其中文含义为“成本加运费”。使用该术语，卖方负责按通常条件租船订舱并支付到目的港的运费，按合同规定的装运港和装运期限将货物装上船并及时通知买家。

6. 确定交货方式

在国际贸易谈判中，交货方式包括装运时间、装运方式、装运港及目的港等。

（1）装运时间。装运时间是卖方是否按合同履行了交货义务及承运人责任期间的重要依据，关于买卖合同中对装运时间的规定主要有以下几种：一是明确规定具体期限；如某年某月或某日之前装运。这种方式规定含义明确，便于卖方备货，在大宗货物交易中应用较广。二是规定收到信用证后若干天装运。这种规定方式有利于卖方及时、安全地收汇和结汇，为避免买方故意拖延开证时间以致装运期无法确定，可在合同中增加一条限制买方开证时间的规定，争取主动。

需要注意的是，在国际贸易谈判中需要避免使用下列术语表示交货期，如：立即装运（immediate shipment）、尽快装运（shipment as soon as possible）、即速装运（prompt shipment）等，由于这些术语多国解释不一，容易引起争议，甚至银行不予置理，因此，非特殊情况，一般不宜采用。

（2）装运方式。在国际贸易谈判中，主要针对是一次装运还是分批装运进行洽谈，二是直达还是转运进行协商。

分批装运（partial shipment）是一个合同项下的货物先后分若干期或若干次装运。在国际贸易中，凡数量较大，或受货源、运输条件、市场销售或资金的条件所限，有必要分期分批装运、到货者，均应在买卖合同中规定分批装运条款。如为减少提货手续，节省费用，在进口业务中要求国外出口人一次装运货物的，则应在进口合同中规定不准分批装运（partial shipment not allowed）条款。

一般来说，允许分批装运和转运对卖方来说比较主动（明确规定分期数量者除外），根据国际商会《跟单信用证统一惯例》规定，除非信用证另有规定，准许分批装运。但是，如果信用证规定不准分批装运，卖方就无权分批装运。因此为防止误解，如需要分批装运的出口交易，应在买卖合同中对允许分批装运（partial shipment to be allowed）做出明确规定。

规定允许分批装运的方法主要有两种：一种为只原则规定允许分批装运，对于分批的时间、批次和数量均不做规定；另一种为在规定分批装运条款时具体列明分批的期限和数量。前者对卖方比较主动，可根据客观条件和业务需要灵活掌握；后者对卖方的约束较大，按《跟单信用证统一惯例》（国际商会第500号出版物）第41条规定："如信用证规定在指定的时期内分期支款及/或装运，而任何一期未按期支款及/或装运，除非信用证另有规定，信用证对该期及以后各期均告失效。"所以，在出口业务中接受此项条款要慎重考虑货源和运输条件的可能性。

（3）装运港及目的港。装运港（port of shipment）是指货物起始装运的港口，对于FOB合同，装运港为合同要件；目的港（port of destination）是指最终卸货的港口，对于CIF合同，目的港为合同要件。装运港和目的港的确定，不仅关系到卖方履行交货义务和货物风险何时转移，而且关系到运费、保险费以至成本和售价的计算等问题，因此必须在合同中具体规定。

装运港一般由卖方提出，买方同意后确定。应选择接近货源地、储运设施较完备的港口，同时考虑港口和国内运输的条件及费用水平。一般情况下，规定一个装运港，例如：在大连港装运（shipment from Dalian）。如数量较大或来源分散，集中一点装运有困难，可规定两个或两个以上装运港。有时货源不十分固定，可不规定具体港口。例如：在中国港口装运

（shipment from Chinese port）。目前我国的装运港主要有大连港、秦皇岛港、香港、烟台港、青岛港、连云港、南通港、上海港、宁波港、温州港、福州港、厦门港、汕头港、广州港、黄埔港、湛江港、北海港及台湾地区的基隆港和高雄港等。

目的港一般由买方提出，卖方同意后确定。通常规定一个目的港；有时明确目的港有困难，买方可规定两个或两个以上的目的港；个别也有作笼统规定的，如，目的港：伦敦/利物浦/曼彻斯特（Port of destination: London/ Liverpool/ Manchester），或目的港：欧洲主要港口（European Main Ports——E.M.P.）。

案例链接

我国一出口公司与外商就某商品按CIF、即期L/C条件达成一项数量较大的出口合同，合同规定11月装运，但未规定具体开证日期，后因该商品市场价格趋降，外商便拖延开证。我方为防止延误装运期，从10月中旬即多次电催开证，终于迫使该外商于11月16日开来了L/C。由于开证太晚，使我方安排装运发生困难，遂要求对方对L/C的装运期和议付有效期进行修改，分别推迟一个月。但外商不同意，并以对方未能按期装运为由单方面宣布解除合同，我方也就此罢休。请我方总结一下教训，同学们也应注意核对保险条款的制定明细。

（案例来源：姜延书，等. 国际贸易谈判实验教程[M]. 北京：清华大学出版社，2010）

7. 确定支付方式

支付方式包括支付手段（现金结算和非现金结算）、支付时间、支付货币、支付方式（汇付、托收、信用证等）。下面将着重讲述支付方式及计价货币这两项内容。

（1）支付方式。支付方式主要有货款预付（payment in advance）、银行信用证（payment by irrevocable letter of credit，i.e.，a documentary credit）、以汇票方式付款三种。

上述三种支付方式的优越性和可靠性，对于出口方来说是依次递减的。重要的是事前对买方的资信要有深入的了解。了解的办法多种多样：可以问自己的银行，可以向商业资信评估机构咨询，可以调查买方的财务状况。例如向贸易组织、大使馆或领事馆的商务部门、营销代理人以及其他同买方有关系的公司进行了解。一般来说，同买方有1年以上的交易往来，便可以根据自己的经验来选择支付方式了。

（2）计价货币。计价货币（money of account）是指合同中规定用来计算价格的货币。如合同中的价格是用一种双方当事人约定的货币（如美元）来表示的，没有规定用其他货币支付，则合同中规定的货币，既是计价货币，又是支付货币（money of payment）。如在计价货币之外，还规定了其他货币（如英镑）支付，则英镑就是支付货币。

在一般的国际货物买卖合同中，价格都表现为一定量的特定货币（如每公吨为300美元），通常不再规定支付货币。根据国际贸易的特点，用来计价的货币，可以是出口国家货币，也可以是进口国家货币或双方同意的第三国货币，由买卖双方协商确定。由于世界各国的货币价值并不是一成不变的，特别是在世界许多国家普遍实行浮动汇率的条件下，通常被用来计价的各种主要货币的市值更是严重不稳。国际货物买卖的交货期通常都比较长，从订约到履行合同，往往需要有一个过程。在此期间，计价货币的市值是要发生变化的，甚至会出现大幅度的起伏，其结果必然直接影响进出口双方的经济利益。因此，如何选择合同的计价货币就具有重大的经济意义，是买卖双方在确定价格时必须注意的问题。

除双方国家定有贸易协定和支付协定，而交易本身又属于上述协定的交易，必须按规定的货币进行清算外，一般进出口合同都是采用可兑换的、国际上通用的或双方同意的支付手段进行计价和支付。但是，目前这些货币的软硬程度并不相同，发展趋势也不一致。因此，具体到某一笔交易，都必须在深入调查研究的基础上，尽可能争取把发展趋势对我方有利的货币作为计价货币。从理论上说，对于出口交易，采用硬币计价比较有利，而进口合同却用软币计价比较合算。但在实际业务中，以什么货币作为计价货币，还应视双方的交易习惯、经营意图以及价格而定。如果为达成交易而不得不采用对我方不利的货币，则可设法用下述两种办法补救：一是根据该种货币今后可能的变动幅度，相应调整对外报价；二是在可能条件下，争取订立保值条款，以避免计价货币汇率变动的风险。

| 案例链接 |

价格谈判中影响价格的因素

某公司代表团出国订购商品，他们找到日本最大的厂商询价，日本开价每件商品350美元，这一报价基本接近我方所掌握的国际市场价格。我方提出能否再优惠一点，日方思索片刻，提出可以降为345美元，并声明这是最低价了，否则将很难达成协议。为了获取更多的利益，我方坚持降为340美元，并声明这是最低价了，否则将很难达成协议。

为了获取更多的利益，我方坚持再降为340美元，谈判陷入了僵局。双方争执不下，经过一段时间的反复磋商，日方权衡利弊做出了让步，同意以340美元成交。我方初战告捷，但谈判并未就此结束，我方转而又提出是否能通过增加购货数量而在价格上进一步优惠。又一个难题摆在对方面前，日方反复比较计算成本、费用、利益，最终同意在购货数量从1000台增加到1500台的前提下，以每台338美元的优惠价成交。在接下来的谈判中，我方经过察言观色，发现对方倾向于用日元成交，于是，我方立即表明自己的态度，希望最好用美元成交，因为当时美元有下跌趋势，日方对此表示理解和同意。接着，我方又提出希望能把原来的条款做一些改动，即由我方负责租船订舱和办理投保业务，运输、保险费另行计算，对此，日方没有表示异议。

最后，我方表示请日方考虑把原来的即期信用证改为见票后120天付款的远期信用证，日方开始露出为难情绪，表示对这个问题没有再讨价还价的余地。对此，我方开诚布公地向对方分析了我方面临的一系列困难，为使本项交易最终能顺利成交，日方又再一次做出了让步，同意改为见票后60天付款的远期信用证。

成交后，我方核算下来该商品实际进口成本尚不足330美元。

（资料来源：www.vcmc.com）

8. 确定保险条款

货物运输保险作为一种经济补偿制度，在国际贸易的发展中起着重要作用，并与国际贸易的发展密不可分。在贸易中凭侥幸心理或是认为货物在运输中不会出现风险等想法是非常危险的。

国际贸易保险合同是对运输中的货物进行保险的书面协定。由投保人同保险人双方之间订立。投保人或为买方，或为卖方，或为他们的代理人。保险条件、保险率等则根据贸易价格的不同，由订约双方议定。

（1）保险责任。贸易货物的保险是确保贸易安全、规避贸易风险的重要举措，主要是规定贸易双方的保险责任，明确由谁办理保险手续和支付保险费用。

现阶段，对于货物保险责任的承担国家并无明确的法律规定，只能由谈判双方约定，成为必不可少的协议条款，切不可遗漏。国际贸易中的贸易术语则包含了保险责任，如将离岸价格作为商品价格，商品离岸交货前的保险责任在卖方，之后的保险责任在买方。如果是到岸价格，则到岸前的保险责任在卖方，到岸后的保险责任在买方。当保险业务出现后，为获得保险费用收入，出口货物时，则尽量采取到岸价格，进口货物时尽量采取离岸价格，使国内的保险公司通过承担风险而获取保险收入。

（2）保险费率和保险额度。保险费用的实际承担是双方的事情，通过保险费率和保险额度来体现。在国内贸易中，承担保险责任的一方要向对方索取一定的该项费用，用该费用在保险公司投保的，便将风险转嫁给保险公司了。

谈判中保险费用可以在协议里单列，也可以包含在商品的价格中。货物在运输过程中碰到风险而造成的意外损失，不是买卖双方自身所能控制的。一旦发生损失，会影响贸易的正常进行。卖方会因此而收不到货款，买方无法偿还银行贷款。可见，风险造成的意外损失，不仅关系到买卖双方，而且还会影响到诸如银行、承运人、工厂企业等各方的利益。可见，保险在货物运输当中是不可缺少的重要一环。

9. 确定检验条款

国际贸易谈判中，检验是指对被交易货物的品质、数量、包装等实施的检查和鉴定。具体议题包括：检验内容和方法、检验时间和地点、检验机构。

联合国《销售合同公约》规定：在采用FOB、CFR和CIF等条件达成的合同下，若合同中未有相反的规定，货物到达目的地后买方有权复验，如发现品质、数量和包装等不符合合同之规定，卖方仍有责任。一般来说，检验条款应尽量采用国际标准或国外先进标准。由于国际上检验标准每3至5年修订一次，所以在选定时，应注意制定标准的时间性，尽可能选用较新年份版本，防止采用已过时的版本。对于引用标准代号的，更要正确注明该代号的版本年份。对于检验标准中已有抽样、检验方法的，则应具体定明抽样方法和检验方法。

在确定检验条款时必须明确验货地点、验货时间、验货人。一是验货地点一般应在交货地点：例如，船边交货在装运港验货，船上交货在出口港验货，目的港验货。双方当事人也可以约定在另一个地方验货。二是验货的合理时间由双方当事人约定，通常是在交货后便进行检验。在无约定的情况下，如因争议而涉及这一问题，合理时间期限则可依据有关法律或惯例确定。按照中国法律的规定和国际贸易惯例，当事人在进口合同中一般应规定由中国官方检验机构或国际公认的第三方检验机构完成商品检验。但是，完成商品检验并不能视为买方已接受货物。只有当完成检验后经过一段合理时间，方可视为买方已经接受了货物。

关于检验机构和检验证书，我国规定的检验机构是中国商品检验局。

在签订检验条款时，应着重注意以下两方面：

一是签订进口合同商检条款不可少：国内企业在与外商订立进口合同时，尤其要注意写明商品检验条款，因为货物进口买卖过程中，商品检验是很重要的一环。当事人依据商检条款，行使相应的权利，既为接受合乎质量要求的货物提供了保证，又能为因货物质量问题而拒收货物或提出索赔要求提供必要的根据。在一般商品的买卖合同中，多数只签订异议和索赔条款，同检验检疫条款合并在一起。

二是订明具体检疫项目：根据进口商品的特点和使用要求，订明具体检验项目，如进口原材料，应根据国内生产和使用的需要，订明详细的品质、规格和成分等理化方面的主要项目，甚至包括上下幅度的具体数据，便于到货时对照验收。又如进口农产品，有时应订明生产年份，防止供应方提交多年的陈货，甚至标明色泽，或提供标准样品，以便对照验收等。

10. 确定索赔条款

索赔条款是指双方当事人在国际货物买卖合同中约定，当发生违约情况时，一方应承担什么责任，一方可享有什么权利以弥补损失。在索赔条款中应明确下列三个内容：

（1）索赔期限。索赔须在依据法律规定的期限或合同约定的期限内做出，逾期则可以被认为是受损害人放弃要求对方赔偿损失。违约方亦有权依据对方逾期未提出赔偿损失请求的事实拒绝其过后提出的任何请求。

（2）索赔依据。该依据须有两个，即事实上的依据和法律上的依据。所谓事实上的依据就是指当事人在提出索赔请求时须提供对方违约的证据，此证据须是确凿有效，一般双方在合同中明确规定；所谓法律上的依据是指受害方提出索赔的时间、举证、要求补救的方法或要求赔偿的金额都必须符合责任方国家法律的规定或国际公约的规定，或者符合国际惯例的精神。

（3）索赔方式。异议与索赔条款是针对卖方交货的品质、数量或包装不符合同规定而订立的，例如：买方对于装运货物的任何异议，必须于货物运抵提单所列明的目的港30天内提出，并须提供经卖方认可的公证机构出具的检验报告。如果货物已经过加工，买方即丧失索赔权利。属于保险公司或轮船公司责任范围的索赔，卖方不予受理。

国际贸易买卖合同中的索赔条款通常有两种规定方法，即“异议和索赔条款”与“罚金条款”。罚金（penalty）条款与异议和索赔条款的不同之处在于，罚金条款仅适用于卖方延期交货或买方延期接货，并在条款中规定了罚金的计算方法。例如：卖方不能如期交货，在卖方同意由付款行从议付的货款中或从买方直接支付的货款中扣除罚金的条件下，买方可同意延期交货。延期交货的罚金不得超过延期交货部分金额的5%。罚金按每7天收取延期交货部分金额的0.5%，不足7天按7天计算。如卖方未按合同规定的装运期交货超过10周时，买方有权撤销合同，并要求卖方支付上述延期交货罚金。

签订索赔条款的注意事项：国际贸易过程中的争议和索赔情况经常发生，直接关系贸易双方的经济利益，合同中的索赔条款签订的完善与否是受损方获得成功的关键。在签订国际贸易合同时，除应考虑以上情况，订好以上两种索赔条款外，同时还应充分考虑融入仲裁条款，附带写明合同双方产生纠纷时申请仲裁的机构。

11. 确定仲裁条款

国际贸易谈判中的仲裁条款主要包括仲裁地点、机构、程序、费用等议程。

（1）仲裁机构。国际上的仲裁机构分为常设机构和临时机构两种。由于常设仲裁机构有一整套完善的工作程序，有合理的人员配置，在对争议案件的审理过程中有各部门的分工协作，其工作效率较高，对当事人的服务也比较周到，所以在以仲裁方式解决国际贸易争议时，最好选择常设仲裁机构来进行裁决。

（2）仲裁程序规则。各国法律对申请书的规定不一致。在我国，中国国际经济贸易仲裁委员会仲裁规定：当事人一方申请仲裁时，应向该委员会提交包括下列内容的签名申请书：①申诉人和被申诉人的名称、地址。②申诉人向仲裁委员提交仲裁申请书时，应附带本人要求所依据事实的证明文件，指定一名仲裁员，预缴一定数额的仲裁费。如果委托代理人办理仲裁事项或参与仲裁的，应提交书面委托书。

第二步是组织仲裁庭。根据我国仲裁规则规定，申诉人和被申诉人各自在仲裁委员会仲裁员名册中指定一名仲裁员，并由仲裁委员会主席指定一名仲裁员为首仲裁员，共同组成仲裁庭审理案件；双方当事人亦可在仲裁委员名册共同指定或委托仲裁委员会主席指定一名仲裁员为独任仲裁员，成立仲裁庭，单独审理案件。

第三步是审理案件。仲裁庭审理案件的形式有两种：①不开庭审理，这种审理一般是经当事人申请，或由仲裁庭征得双方当事人同意，只依据书面文件进行审理并做出裁决；②开庭审理，这种审理按照仲裁规则的规定，采取不公开审理，如果双方当事人要求公开进行审理时，由仲裁庭做出决定。

最后一步是做出裁决。裁决是仲裁程序的最后一个环节。裁决做出后，审理案件的程序即告终结，因而这种裁决被称为最终裁决。根据我国仲裁规则，最终裁决外，仲裁庭认为有必要或接受当事人之提议，在仲裁过程中，可就案件的任何问题做出中间裁决或者部分裁决。中间裁决是指对审理清楚的争议所做的暂时性裁决，以利于对案件的进一步审理；部分裁决是指仲裁庭对整个争议中的一些问题已经审理清楚，而先行做出的部分终局性裁决。这种裁决是构成最终裁决的组成部分。仲裁裁决必须于案件审理终结之日起45天内以书面形式做出，仲裁裁决除由于调解达成和解而做出的裁决书外，应说明裁决所依据的理由，并写明裁决是终局的和做出裁决书的日期地点，以及仲裁员的署名等。当事人对于仲裁裁决书，应依照其中所规定的时间自动履行，裁决书未规定期限的，应立即履行。一方当事人不履行的，另一方当事人可以根据中国法律的规定，向中国法院申请执行，或根据有关国际公约，或中国缔结或参加的其他国际条约的规定办理。按照各国仲裁规则的一般规定，仲裁裁决如有以下情况：在无仲裁协议的情况下做出的、或以无效（呈过期）的仲裁协议为据做出的裁决；仲裁员的行为不当或越权所做出的裁决；以伪造证据为依据所做出的裁决；或裁决的事项是属于仲裁地法律规定不得提交仲裁处理的裁决等，当事人可在法定期限内，请求仲裁地的管辖法院撤销仲裁裁决，并宣布其为无效。

12. 确定不可抗力条款

在国际贸易谈判中，不可抗力是指某些非可控的自然或社会力量引起的突发事件。具体谈判内容包括：不可抗力事件的范围、出具不可抗力事件证明的机构、事件发生后通知对方的期限、不可抗力事件后合同的履行和处理等。

（1）不可抗力的范围。不可抗力事件一般包括两类：一类是自然方面发生的事件，如水灾、旱灾、雪灾、飓风、雷电、火灾、地震、海啸、暴风雨、冰封等；另一类是政治或社会方面发生的事件，如战争、罢工、骚乱、政府封锁与禁运和贸易政策调整等。

在不可抗力的适用上，有以下问题值得注意：合同中是否约定不可抗力条款，不影响直接援用法律规定；不可抗力条款是法定免责条款，约定不可抗力条款如小于法定范围，当事人仍可援用法律规定主张免责；如大于法定范围，超出部分应视为另外成立了免责条款；不可抗力作为免责条款具有强制性，当事人不得约定将不可抗力排除在免责事由之外。

（2）不可抗力的免责效力。因不可抗力不能履行合同的，根据不可抗力的影响，部分或全部免除责任。但有以下例外：一是金钱债务的迟延责任不得因不可抗力而免除；二是迟延履行期间发生的不可抗力不具有免责效力。

【视频链接】
国际贸易谈判内容

| 同步练习 |

中英商品买卖合同谈判争议案

某年，中国某公司与英国某公司就某种食品的进出口进行谈判，并达成协议，协议中包含不可抗力和索赔条款。协议规定：中国某公司向英国出口食品1500吨，每吨价格为CIF伦敦港348英镑，总金额为522000英镑，交货期为当年的5～9月。然而在合同履行中，由于当时中方公司缺货，只交了450吨，其余1050吨经双方协商同意延长至下一年度内交货，次年，中国发生自然灾害。于是，中方公司以不可抗力为理由，要求免除交货责任。但对方回电拒绝，并称该商品市场价格上涨，由于中方公司未按时交货已经使其损失15万英镑，要求中方公司无偿提供其他品种的同类食品赔偿其损失。中方公司不同意此项要求，该英国公司根据当时谈判达成的仲裁条款向仲裁机构提出仲裁，仲裁申请中强调中方公司所称的不可抗力理由不充分，并指出中方公司如果不愿意以商品抵偿其损失，就坚持索赔15万英镑。

以上是一则不可抗力、索赔和仲裁混合在一起的谈判所引起的争议案，请阅读之后思考问题。

（1）合同履行中出现问题的主要责任在哪一方？仲裁人应如何做出裁决？

（2）在这则案例中，双方在谈判制定不可抗力条款时应该注意什么问题？

（3）从这则案例中看，双方在谈判中制定索赔条款时应该注意什么问题？

（资料来源：www.vcmc.com）

任务结果

根据任务一的描述，请帮助李鸣的团队回复美国汉威电子产品贸易公司的询盘，并撰写国际贸易谈判流程及具体的谈判方案，具体包括交易标的（品名）、品质、数量、包装条款、价格、交货条款、支付方式、保险条款、检验、索赔、仲裁、不可抗力十二项议题。

任务二
了解各国谈判风格及习俗

任务情境

李鸣公司决定代销香港L玩具公司的电子机器人玩具，忽然有一天，李鸣公司收到美国A电子产品公司的律师信，说L公司的品牌Logo与他们相似，有抄袭之嫌，要求L公司必须马上转换Logo，否则以法律途径解决问题。作为香港L公司的代销商，李鸣的公司不可避免也卷入了该次国际贸易索赔案件。经过调查，发现A公司品牌一直没有在内地销售，但A公司的Logo注册的时间的确比他们早，故发生法律诉讼的话他们必然一败涂地。L公司的谈判人员发现，三十多年来，A公司一直没有追究他们的法律责任，而时至今日才采取行动，那是因为A公司的品牌也想打入内地市场。在了解了情况之后，L公司的谈判人员设法找到李鸣公司的负责人，向他分析了情况，并打算和李鸣公司联手合作，通过国际贸易谈判解决此次商务纠纷。

任务实施

国际贸易谈判的特点之一是多国性、多民族性，来自不同国家、不同地区、不同民族的谈判人员不可能在谈判中具有完全一致的立场、观点、习惯和价值观念，因此，他们具有不同的谈判风格，而谈判风格的差异，必然会影响谈判者的行为方式，以致影响谈判的进行及最终结果。通过以下的学习，了解各国风俗习惯和民族特点，了解他们经商和谈判的特点，掌握谈判桌上、生意场下对待不同国家外商所采取的有效对策和手段技巧，做到有的放矢。

在此次任务中，李鸣公司需要熟练掌握美国商人的谈判风格，了解美国文化背景下的商务谈判礼仪和禁忌。

世界文化的多样性反映在国际贸易谈判中，则表现为各国商人的谈判风格不同。西方人往往把复杂的谈判分解为一个个较小的问题，然后再依次解决；而在许多东方文化中，谈判是采取一种通盘考虑的方法。虽然我们不可能对每个国家、每个商人的谈判风格予以把握，但对一些具有代表性的国家和地区商人的谈判风格尽可能多地做以了解和总结，有助于谈判工作的顺利进行。

一、亚洲商人的谈判风格

1. 中国商人的谈判风格

中国是四大文明古国之一，人口约占世界人口的1/4。中华民族历史悠久，儒家文化根深蒂固，受此文化背景影响，中国人表现出注意礼节，重人情，谈吐含蓄，比较保守，不轻易冒险且足智多谋等特点。中国人的谈判风格主要有以下几点：

（1）注重礼节。中国人接待客人非常殷勤和慷慨，几乎每一个到中国访问的外商都会备感温暖，中国商人在谈判时，习惯于以礼相待，经常给对方留有余地，很少直截了当地拒绝对方的建议。同时他们也要求对方给予礼遇。

（2）含蓄内敛。中国人在谈判中表现得十分正统和客气，尽量避免正面摩擦，如果在利益上有分歧，一般不会直接拒绝对方，认为这样会损害对方的面子，僵化关系。在谈判中会避免公开争论和冲突，用谨慎的、不显眼的微妙方式解决争议。

（3）注重关系。在商务交往中建立业务关系，一般情况下借助于一定的中介，找到具有决策权的主管人员。建立关系之后，往往通过一些社交活动来达到相互的沟通与理解。这些活动通常有宴请、观光、购物等。

（4）时间观念不强。与中国人谈判可将日程安排紧凑一些，争取更多的工作时间。紧凑的日程增加了交换意见的机会，在某种意义上也增加了成功的机会。

（5）善于把握原则性和灵活性。中国人对问题的原则性和灵活性把握得很有分寸，他们在谈判时注重利益均衡。当谈判进入实质性阶段，中国商人往往会要求首先以意向书的形式达成一个原则框架，然后再洽谈具体细节。中国商人在原则问题上寸步不让，表现得非常固执。谈判中如果发现原则框架中的某条原则受到了挑战，或谈判内容不符合长期目标，或提出的建议与计划不适合，中国人的态度就会严肃起来并表现出不屈不挠的决心。

2. 日本商人的谈判风格

日本商人的谈判风格：具有强烈的群体意识，注重集体决策；等级观念根深蒂固；讲究礼仪要面子；注重在交易谈判中建立和谐的人际关系。日本人谈判时常用的策略和技巧如下：

（1）喜欢投石问路。在正式谈判之前，他们常举行一些带有社交性质的聚会，以试探对方意图、个性和可信任程度。在这种场合，日本人看似漫不经心地问这问那，显得热情与真诚。这种聚会，既是一种礼貌，也是一种策略。

（2）喜欢“拖延”。日本人经常导演的局面是减少成交量或不成交，往往拖延谈判，结束前才敲定。为此，他们千方百计地探听对方的行期和日程安排，尽可能使最终的谈判结果对自己有利。

（3）日本式的“巨大牺牲”是虚假的，日本人做出让步往往是具有形式主义色彩的。他们会将自己不断变换的新的立场称作最大限度的让步，尽管他们最终的意愿是真诚的。

（4）日本人不喜欢硬性、快速的推销式的谈判。他们讨厌进攻性的滔滔不绝的讲话，相反他们注重镇静、自信、优雅和耐心，喜欢在介绍情况时做“低调”处理。事实上，在谈判中人们会发现日本人目光显得呆滞，面无表情，长时间地坐在那里一言不发。这并不说明他们对对方的话不感兴趣或不同意，也不说明他们有内部分歧，这种沉默和含糊的态度，正是日本人在谈判中很典型的态度。

（5）谈判细致。正如办事一丝不苟的日本作风一样，虽然日本人在表面上显得含含糊糊、模棱两可，但实际上他们在谈判中非常细致，他们不仅会对各种情况进行详细的调查了解，在会谈中对具体的问题做反复权衡，即使在达成协议之后，他们也会索取大量情况介绍、研究调查报告、图表等。

3. 韩国商人的谈判风格

同日本人一样，韩国也受到儒家文化的影响，注重传统道德。同时受美国文化的影响也比较大，所以韩国人有点西方文化味，韩国商人在长期的对外贸易活动实践中，积累了丰富的谈判经验，即便在不利的贸易谈判中也常能占得上风，被西方发达国家称为“谈判强手”，其主要谈判风格如下：

（1）在谈判前周密准备，胸有成竹。韩国商人十分重视谈判前的准备工作，他们会通过各种渠道对对方的情况进行调查，做到心中有数并做好充足准备后才与对方坐到谈判桌前。

（2）注重谈判礼仪和创造良好的气氛。在谈判准备阶段，韩国商人对谈判地点的选择十分讲究，强调气氛。在谈判初始阶段，往往一见面就会全力创造友好的谈判气氛。见面总是热情打招呼，向对方介绍自己的姓名、职务等，然后再寒暄几句与谈判无关的话题，如天气、旅游等，以此创造一个和谐的气氛。尔后，才正式开始谈判。

（3）注重谈判策略和技巧。韩国商人逻辑性较强，做事喜欢条理化，谈判也不例外。在谈判中，韩国商人对谈判内容的条款层次非常重视，在实质性磋商开始前，他们常常要与对方商量，敲定主要的议题、目标及谈判顺序，然后才进行实质性谈判。尤其是较大型的谈判，往往是直奔主题，开门见山。韩国人喜欢用下面两种谈判方法：横向协商法，即进入实质性谈判后，先列出需要讨论的条款，然后逐条逐项磋商；纵向协商法，即对共同提出的条款，逐条协商，取得一致后，再转入下一条。有时也会两种方法兼而有之。

4. 印度尼西亚商人的谈判风格

印度尼西亚由上万个岛屿组成，是全世界最大的群岛国家。除雅加达等大城市用英语外，一般都使用马来语。

（1）重视交情。印度尼西亚商人很强调行业互助精神，待人很有礼貌，不讲别人的坏话，却很难成为知心朋友。一旦建立了推心置腹的交情，与之合作就比较容易，而且可靠。因此与印度尼西亚人打交道，不能心急，要花时间努力与其建立友谊。

（2）喜欢对方上门访问，家访是和印度尼西亚人商务谈判得以顺利进行的一种有效手段。前往印度尼西亚洽谈商务的最佳时间是每年九月到次年六月，因为多数印度尼西亚商人在七八月外出避暑度假。

5. 新加坡商人的谈判风格

新加坡是连接太平洋和印度洋的要道，是亚洲重要的金融、服务和航运中心。新加坡的贸易对手中以华侨居多。新加坡商人谦恭、诚实、文明、礼貌，他们在谈判桌上一般会表现出三大特点：一是谨慎，不做没有把握的生意；二是守信用，只要签订合同，便会认真履约；三是看重面子。在洽谈中，若遇到重要的决定，往往不喜欢做成书面的字据，但一旦签订了契约就绝对不会违约。

6. 泰国商人的谈判风格

泰国商人不愿过分依附别人，他们的生意也大都由家族控制，不依赖外人。在商务谈判中，泰国人喜欢对方尽可能多地向他们介绍个人及公司的创业历程和业务开展情况。然而，要与他们结成推心置腹的友谊，要花费相当多的时间和努力。当然，这种关系一旦建立他们就会非常信任你，遇到困难也会给你通融。

7. 印度商人的谈判风格

任何一位在印度有工作经验的人都将告诉你，在印度这个巨大的市场中取得成功的三个关键因素：一是耐心，二是合适的当地合作伙伴，三是对商务风俗和惯例的基本掌握。

（1）官僚文牍主义。在和官方打交道时，耐心尤其会起到很好的作用。在印度，时间有着不同的含义。举一个语言方面的例子，kal-kal即是“前天”也是“后天”的意思，在印度这样一个国度里，其文化延续了很长时间，时间含义又不固定，时间并不被看重。想见到一位高级政府官员通常要做好等待半小时到一小时的准备。

（2）伙伴关系。合适的当地合作伙伴会拥有广泛的关系，从而可减少但不是消除那些阻碍性的拖延，但是千万不要抱有太高期望。因为在印度要获得成功，找到合适的伙伴是必要的条件。在开始你的销售推销之前，要留出足够的时间来了解你的对手，在印度，在做生意之前你要先和对方交个朋友。但是，即使你所认识的人是个关键性人物，也不能忽视内容，即你要做什么。你需要知道在建立关系时该做什么和不该做什么。举个例子，当你会见和问候印度人时，与握手相比，许多印度妇女更喜欢优雅的合十礼姿势（在南边合十礼）。作为对这个问候的回礼，你只要把双手一起放在颌下，手指倾斜，同时你的头倾斜、微点即可。

（3）交流。印度的语言超过300种——还不包括方言，幸运的是，通常人们用令人愉快的音调讲英语，并且英语是国际商务语言。但是一定要小心，印度英语中夹杂着一些当地词语，有时候会让外国来客混淆。如果你听到你的伙伴提到“缺少卢布”（a lack of rupees），他或许正在谈论a lakh of rupees，其意思是“十万卢比”。

（4）家庭。印度的商业文化反映了其社会的基本价值观即家庭的重要性。印度人还看重年龄和权威，年轻人被要求服从长者，白发就意味着地位。

（5）等级制度、社会地位、权力和世袭阶层。地位观念必然导致对世袭阶层的讨论。印度人生于哪个阶级就属于哪个阶级，他们不能通过获取博士学位，通过被选举为高级官员或者通过成为百万富翁而提升自己的阶级等级。

（6）谈判行为。一旦谈判者和当地的合作伙伴建立了良好的关系，就可以开始谈判程序。要为强硬的、长时间的讨价还价会议做好准备。

| 同步练习 |

理查德是一个30岁的美国人，他被芝加哥公司派驻印度，建立一个采购办事处。这个新的办事处的主要任务是采购大量的印度消费品：棉织品、服装、生活必需品和鞋，也包括工业品，如帐篷、纤维织品和铸铁成分。印度的外贸部邀请理查德的公司开办这个采购办事处，因为他们知道这将促进出口，引进急需的外贸交易，并给印度工人提供专利技术。理查德的办事处实际上是南亚的第一个国际采购办事处。印度外贸部希望这个办事处能够成功运行，这样就能说服其他西方国家和日本的公司来此开办类似的办事处。这个外籍管理者决定在首都新德里建立办事处，因为此后必须经常会晤政府高级官员。

但是理查德发现这些与政府官员的约谈令人沮丧，尽管他们已经电话约好，可是这些官员们还是要他等上一个小时甚至更久。不仅如此，会谈还不断地被电话和其他的访问者打断，由于等候加上不停的干扰，本来二十分钟的事情却常常花掉他半天甚至更长的时间，他开始考虑转到世界其他工作能顺利开展的地方。他不能理解印度政府为什么总是这么无礼，为什么总是让他等待？毕竟是印度政府邀请他们来这里建立的办事处。难道他们没有权利要求与他们打交道的各级政府部门和办事处礼貌地接待他们吗？

（案例来源：王东升．国际商务谈判与沟通[M]．北京：科学出版社，2010）

8．阿拉伯商人的谈判风格

在阿拉伯国家，商业活动一般由家族来指挥，在这些国家中，人们十分重视对家庭和朋友所承担的义务，相互提供帮助、支持和救济。家族关系在社会经济生活中占有重要地位。此外，阿拉伯人信奉伊斯兰教，禁忌特别多，酒是绝对不能喝的，自然酒也不能作为礼品馈赠。

（1）比较注重信誉，讲交情。阿拉伯人十分好客。任何人来访，他们都会热情地接待。因此，谈判过程也常常被一些突然来访的客人打断，主人可能会抛下你，与新来的人谈天说地。所以，与他们谈判，你必须适应这种习惯，学会忍耐和见机行事。

（2）谈判节奏缓慢。有时，人们会觉得阿拉伯人不太讲究时间观念，随意中断或拖延谈判，决策过程也较长。其实，这并不能归结于他们的拖拉和无效率，因为这可能表明他们对你的建议有不满之处，或者，尽管他们暗示了哪些地方令他们不满，而你却没有捕捉到这些信号，也没有做出积极的回应。阿拉伯人不喜欢刚一见面就匆忙谈生意，认为这是不礼貌的。他们希望花点时间与你谈谈社会问题和其他问题，一般要占去15分钟或更多的时间，有时要聊几个小时，因此，你最好把何时开始谈生意的主动权交给阿拉伯人。

（3）找代理商十分关键。与阿拉伯人做生意，寻找当地代理商是十分必要的。无论与私营企业谈判还是同政府部门谈判，代理商是必不可少的。这些代理商操着纯正的阿拉伯语，有着广泛的社会关系网，熟悉民风国情，特别是同你所要洽商的企业有直接或间接的联系。这些都是你与阿拉伯人做生意时必需的。

（4）杀手锏：IBM。I是指“因夏利”，即“神的意志”；B是指“波库拉”，即“明天再谈”；M是指马列修，即“不要介意”。他们常常以这几个词作为武器，保护自己，以抵挡对方的进攻。比如，双方已订好合同，后来情况发生变化，阿拉伯商人想取消合同，就会名正言顺地说“神的意志”。而在谈判中当形势对外商有利时，他们却耸耸肩说：“明天再谈吧。”等到明天一切又要从头再来。

案例链接

美国石油公司经理的自述：“我会见石油输出国组织的一位阿拉伯代表，商谈协议书上的细节问题，谈话时，他逐渐向我靠拢过来，直到离我只有15厘米才停下来。当时，我对中东地区风俗习惯不太熟，我往后退了退。这时，只见他迟疑了一下，皱了皱眉头，随即又向我靠近过来，我不安地又退了一步。突然，我发现我的助手正焦急地盯着我，并摇头向我示意，我终于明白了他的意思，我站住不动了。在一个我觉得最为别扭，最不舒服的位置上谈妥了这笔交易。”

9. 犹太商人的谈判风格

（1）尊重契约。犹太教是讲契约的宗教，《圣经》上主要记载的便是上帝及其子民之间的契约。人们若是遵守契约，便会得到神的祝福；一旦毁约，便会受到严厉的惩罚。他们认为，契约本身即拥有绝对的权威，不能以任何理由破坏，人人都必须遵守约定。

（2）目标坚定，态度明确严肃。犹太人这种充分做好谈判前准备工作的方式，在世界商界和外交界都获得了广泛的重视和普遍的认可。犹太人在进行谈判时，态度非常明朗，如果对方提出的条件无法接受，他们会明白地告诉你。

（3）寻找关键人。犹太人主张在谈判中要尽量和有决定权的人谈判。因此，如果他们考虑要和一个人打交道，首先会弄清楚：他是什么职位？他能做哪种程度的决策？如果对方级别不够，他们会找借口来终止谈判，立即再找其他的高层人物来谈判。

（4）勤奋博学。在谈判中犹太人爱做记录，却并不随身携带笔记本，回家后他们还要重新整理。广博的知识对犹太人而言不仅是用来作为谈话的资料和改变谈话的气氛，更重要的是知识可以开阔他们的视野，使谈判更准确、更实际。

（5）真诚相待，以情感人。谈判可以说是一种较量，不可避免会有争执，但犹太人认为双方利益不管怎么冲突，都必须真诚相待、不伤感情。

| 案例链接 |

有这样一个有关犹太人的例子：美国总统福特在一次访问日本时，犹太后裔基辛格作为美国国务卿同行。福特总统在参观日本京都的二条城时，曾询问日本的导游小姐大政奉是哪一年？那导游小姐一时答不上来，基辛格立即从旁插嘴："1867年。"

从这件小事上可以看出基辛格在访问日本前已深深了解和研究过日本的情况，阅读了大量有关资料，以备不时之需。在犹太人的观念中，会话是一种不必借助武器的战争，三言两语可以造成极大的杀伤力，亦可轻而易举地征服人心。正因为有这种观念，犹太人在任何商业谈判前都先做好周密的准备，广泛收集各种可能派上用场的资料。他们这样做好充分的准备，能够使自己无论处在何种局面，都能从容不迫地应付。

二、美洲商人的谈判风格

1. 美国商人的谈判风格

美国是一个移民国家。从17世纪开始，大批拓荒者冒着极大的危险从欧洲来到美洲，寻求自由和幸福。国民经济实力雄厚，无论是美国人所讲的语言，还是所用的货币，都在世界经济中占有重要的地位。所有这些，都使美国人对自己的国家深感自豪，对自己的民族具有强烈的自豪感与荣誉感。这种心理在他们的贸易活动中充分表现出来，形成了美国人独特的谈判风格。

（1）自信心强，自我感觉良好。美国人属于性格外向的民族，在谈判中，他们精力充沛，全力以赴，热情洋溢，不论在陈述本方观点还是表明对对方立场的态度上，美国人都会直言不讳。对于亚洲人在谈判中常用微妙的暗示提出实质性要求美国人很不习惯。同样，东方人所推崇的谦虚、耐性、涵养，对于美国人来说也很难被理解。在国际贸易谈判中，人们普遍认为美国人的自信心很强，他们的自信表现在始终坚持公平合理的原则，他们认为国际商务交易应当建立在利益的基础上。在这一原则下，美国人会按照自己的理解提出一个合理方案，并认为这种方案是完美的。美国人的谈判方式是直截了当地阐明立场和观点，毫不犹豫地提出方案，处处显得主动。在谈判过程中，他们的语言明确肯定，计算科学准确；遇到分歧时，美国人首先怀疑对方的分析、计算是否准确，除非有明确的证据，否则他们将坚持自己的看法。

（2）讲究实际，注重利益。美国人往往客观看待谈判和合同，工作注重实际，精于讨价还价，善于以智慧和谋略取胜。在对合同条款逐项进行的讨论中，美国人总是准备充分，有理有据。从国内市场到国际市场的行情走势、最终用户的心态等各个方面，往往了如指掌。在劝说对方接受其价格要求时，常常是逐项攻克，特别注重效率。美国人做生意考虑更多的是实际利益的大小，而不是生意人之间的私人交情。所以，美国人谈生意就是直接谈生意，不注意在洽谈中培养双方的友谊和感情，而且还力图把生意和友谊清楚地分开。美国人注重实际利益，还表现在他们一旦签订了合同，非常重视合同的法律性，合同履约率较高。在他们看来，如果签订合同不能履约，那么就要严格按照合同的违约条款支付赔偿金和违约金，没有再协商的余地。所以，他们也十分注重违约条款的商讨与执行。

（3）注重时间效率。美国是一个高度法制的国家，对时间非常重视，表现在做事井然有序，有一定的计划性，不喜欢事先没安排妥当的不速之客来访。与美国人约会，早到或迟到都是不礼貌的。美国人特别注重活动的效率，所以在国际贸易谈判中，美国人常抱怨其他国家的谈判对手拖延时间，缺乏工作效率，而这些国家的人也会埋怨美国人太缺乏耐心。美国人认为，交易最重要的就是经济利益，为了保证自己的利益，最公正最妥善的解决办法就是依靠法律、依靠合同，而其他的方法都是靠不住的。因此，他们特别看重合同，十分认真地讨论合同条款，而且特别重视合同违约的赔偿条款。一旦双方在执行合同条款中出现意外情况，就按双方事先同意的责任条款处理。因此，美国人在商业谈判中对于合同条款的讨论特别详细、具体，也关心合同适用的法律，以便在执行合同中能顺利地解决各种问题。

| 课堂讨论 |

在与美国商人谈判时应注意以下几方面：

（1）与美国人谈判应当热情、自信，创造良好的谈判气氛，赢得对方的好感。

（2）与美国人谈判时，应当注意美国人富有讨价还价的能力和对“一揽子”交易感兴趣的特点，积极运用对方力量去促成更大范围内的联合协作，全局平衡，一揽子成交。

（3）与美国人谈判必须守时，办事必须高效。

（4）与美国人谈判时，要带上自己的律师，签订合同时，一定要把合同条款仔细推敲，使其符合双方法律。

2. 加拿大商人的谈判风格

在加拿大从事对外贸易的商人主要是英国后裔和法国后裔。英国裔商人主要集中在多伦多和加拿大的西部地区，法国裔商人则主要集中在魁北克。英国裔商人比较保守，重视信用，商讨时要比法国裔商人严谨得多，在每一个细节尚未了解之前是绝对不会答应要求的。而且，英国裔商人商谈时喜欢设关卡，一般不会爽快地答应对方提出的要求，所以从开始到价格确定这段时间的商谈是颇费脑筋的。法国裔商人则大不相同。刚开始接触时非常和蔼可亲，平易近人，款待也很客气和大方，但坐下来谈到实际问题时就判若两人，讲话慢吞吞的，难以捉摸。因此要谈出结果颇需耐心，即使签约后仍然使人存在一种不安感，因为法国裔商人对签约比较马虎，往往当主要条款谈妥后，就要求签字。他们认为次要的条款可以待签字后再谈，然后往往是由于当时不被人们重视的次要条款导致了日后的纠纷。因此，同其谈判时应力求慎重。

3. 拉丁美洲商人的谈判风格

拉丁美洲同北美同处一个大陆，但人们的观念和行为方式却差别极大。一个北美人已急着想落实计划时，拉美人却刚开始认识你；当北美人想大展宏图时，拉美人却只关心在国内自己掌握的那一小部分市场上打开销路。由此，你可以清楚地看出他们之间的差别。一般来讲，拉美人的生活节奏比较慢，这恐怕是非工业化国家开始阶段的特点。

（1）自尊心强。与拉美人做生意要表现出对他们风俗习惯、信仰的尊重与理解，努力争取他们对你的信任。同时，避免流露出与他们做生意是对他们的恩赐，一定要坚持平等和友好互利的原则。

（2）悠闲恬淡，注重感情。和处事敏捷、高效率的北美人相比，拉美人显得十分悠闲、乐观，时间概念也比较淡漠，他们的悠闲表现在众多的假期上，常常在洽商的关键时刻，他们要去休假，生意就只好等休假完了再商讨。拉美人也很看重朋友，商业交往常带有感情成分。

（3）在中南美国家中，各国政府对进出口和外汇管制都有不同程度的限制，而且差别较大。一些国家对进口证审查很严，一些国家对外汇进出国境有烦琐的规定和手续。所以一定要进行认真调查研究，有关条款也要写清楚，以免事后发生纠纷。

（4）拉美地区国家众多，不同国家谈判人员的特点也不相同。如阿根廷人喜欢握手；巴西人以好娱乐、重感情而闻名；智利、巴拉圭和哥伦比亚人做生意比较保守等。

（5）不重视合同，常常是签约之后又要求修改，合同履约率也不高。特别是不能如期付款。另外，这些国家经济发展速度不平衡，国内时常出现通货膨胀。所以，在对其出口交易中，力争用美元支付。

三、欧洲商人的谈判风格

1. 英国商人的谈判风格

英国是早期的工业化国家，早在17世纪，它的贸易就遍及世界各地，但英国人的民族性格是传统、谨慎。尽管从事贸易的历史较早、范围广泛，但是贸易谈判的特点却不同于其他欧洲国家。

（1）君子之交淡如水。即使是本国人，人们之间的交往也比较谨慎，很难一见如故。他们善于思考，对任何人和事都保持应有的审慎，不依靠别人。不过，一旦你与英国人建立了友谊，他们会十分珍惜并长期信任你，在做生意上关系也会十分融洽。所以，人们得出一个结论：如果你没有与英国人长期打交道的历史，没有赢得他们的信任，没有最优秀的中间人作介绍，你就不要期望与他们做买卖。英国人的阶级阶层概念非常明显。同样，在对外交往中，英国人比较注重对方的身份、精力、业绩，而不是像美国人那样更看重对手在谈判中的表现。所以，在必要的情况下，与英国人谈判，派有较高身份、地位的人，有一定的积极作用。

（2）不喜欢冒险。英国人对谈判本身不像日本人、美国人那样看重。相应地，他们对谈判的准备也不充分，不够详细周密。他们善于简明扼要地阐述立场、陈述观点；在谈判中，表现更多的是沉默、平静、自信，而不是激动、冒险和夸夸其谈。他们宁愿做风险小、利润也少的买卖，不喜欢冒大风险、赚大利润的买卖。

（3）不够灵活。英国人在谈判中缺乏灵活性，通常采取一种非此即彼、不允许讨价还价的态度。因此在谈判的关键阶段，表现得既固执又不愿花费很大力气，不像日本人那样为取得一笔大买卖竭尽全力。

| 拓展资料 |

英国商人的谈判礼仪与禁忌

见面告别时要与男士握手；与女士交往，只有等她们先伸出手时再握手。会谈要事先预约，赴约要准时。若请柬上写有“blacktie”字样，赴约时，男士应穿礼服，女士应穿长裙。男士忌讳戴有条纹的领带，因为带条纹的领带可能被认为是军队或学生校服领带的仿制品；忌讳以皇家的家事为谈话的笑料；不要把英国人笼统称呼为“英国人”，应该具体地称呼其为苏格兰、英格兰或爱尔兰人。

多数款待在酒店和餐馆举行，若配偶不在场，可在餐桌上谈论生意。社交场合不宜高声说话或举止过于随便，说话声音以对方能听见为妥。英国人招待客人的时间比较长，总共大约要花上3个小时。受到款待之后，一定要写信表示谢意，否则会被认为不懂礼貌。要约见对方时，如果是过去未曾见过面的，一定要写信告诉面谈目的，然后再约时间。

赠送礼品是普通的交往礼节，所送礼品最好标有公司名称。如被邀作私人访问，则应捎带鲜花或巧克力等合适的小礼品。

（资料来源：英、法、德三国商人的谈判风格，商务部网：http:// mofcom.gov.cn）

2. 德国商人的谈判风格

德国是世界上经济实力较强的国家之一，其工业极其发达，生产效率高，另外，企业的技术标准十分精确、具体，因此，德国的产品质量堪称世界一流。德国人的民族特点是倔强、自信；办事谨慎，富有计划性；敬业精神很强，工作重视效率、追求完美。具体谈判风格表现为：

（1）严谨周密。德国人在谈判之前总是做好充分的准备。他们不仅要研究目标对象的产品问题，还包括研究销售该产品的公司情况，公司所处的大环境，公司的信誉、资金状况、管理状况、生产能力等，先掌握大量翔实的一手资料，以便在谈判中得心应手。他们不同于那种只要有利可图就与之做生意的唯利是图的公司，也不喜欢与声誉不好的公司打交道。与德国人进行商务洽谈，严格的产品品质和生产管理是谈判的关键筹码。

（2）高效务实。他们具有极为认真负责的工作态度，高效率的工作程序。德国人认为，一个谈判者是否有能力，只要看一看他经手的事情是否快速有效地处理就清楚了。德国人在谈判中审慎稳重有余，而适当的妥协性和灵活性不足。如果我们对出口商品报价过高，他们可能会觉得双方的价格相距太大，不值得进一步探讨，从而可能使双方失去一次贸易机会。相反，一旦他们报出一个价格，那这个价格一般是不可更改的。

（3）诚实守约。德国人很善于商业谈判，他们的讨价还价与其说是为了争取更多的利益，不如说是认真工作、一丝不苟。他们严守合同，认真研究和推敲合同中的每一句话和各项具体条款。一旦达成协议，很少出现毁约行为，合同履约率很高，在世界贸易中有着良好的信誉。

案例链接

王先生是一家大型国有企业的总经理。有一次，他获悉有一家著名的德国企业的董事长正在本市进行访问，并有寻求合作伙伴的意向。于是他想尽办法，请有关部门为双方牵线搭桥。

让王先生欣喜若狂的是，对方也有兴趣同他的企业进行合作，而且希望尽快与他见面。到了双方会面的那一天，王先生对自己的形象刻意地进行了一番修饰，他根据自己对时尚的理解，上穿夹克衫，下穿牛仔裤，头戴棒球帽，足蹬旅游鞋。无疑，他希望自己能给对方留下精明强干、时尚新潮的印象。然而，事与愿违，王先生自我感觉良好的一身时髦“行头”，却偏偏坏了他的大事。

（资料来源：专业人才教育网http://www.weleve.com/ggsjly/6073.html）

3. 法国商人的谈判风格

在近代世界史上，法兰西民族在社会科学、文学、科技方面有着卓越成就。法国商人具有浓厚的国家意识和强烈的民族自豪感，他们非常重视相互信任的朋友关系，并以此影响生意。

（1）坚持用法语谈判。法国人为自己的语言而自豪，他们认为法语是世界上最高贵、最优美的语言，因此在进行商务谈判时，他们往往习惯要求对方同意以法语为谈判语言，即使他们的英语讲得很好也是如此。在合同的文字方面，法国人往往坚持使用法语，以示其爱国热情。

（2）富有人情味和情趣。在商务交往上，法国人往往凭借着信赖和人际关系去进行。一般来说，在尚未结为朋友之前，他们是不会轻易与人做大宗生意的，而一旦建立起友好关系，他们又会乐于遵循互惠互利、平等共事的原则。因此，与法国人做生意，必须善于和他们建立起友好关系。要引起注意的是，法国人在谈判中讲究幽默与和谐，但他们不愿过多提及个人和家庭问题，与他们谈话时应尽量避免此类话题。

（3）家庭企业多，重视个人力量。法国公司家族企业多，讲究产品特色，不轻易做出超越自己财力范围的投资。一般情况下，法国公司的组织结构单纯，自上而下的层次不多，比较重视个人力量，很少集体决策。从事谈判也大多由个人承担责任，决策迅速。法国商人大多专业性强，熟悉产品，知识面广，但在法国中小企业中，也有许多法国人不熟悉国际贸易业务，与他们做生意时应尽量把每个细节都商定清楚。

（4）时间观念不强。法国人的时间观念比较淡薄，他们在商业往来或社会交际中经常迟到或单方面改变时间，对别人要求严格，对自己比较随便是法国人时间观念的一大特点。

（5）偏爱横向式谈判。即先为协议勾画出一个轮廓，然后达成原则协议，最后再确认谈判协议各方面的具体内容。法国商人不如德国商人那么严谨，但法国商人却喜欢追求谈判结果，不论什么会谈、谈判，在不同阶段，他们都希望有文字记录，而且名目繁多，诸如“纪要”“备忘录”“协议书”等，用以记载已谈的内容。另外，法国人认为谈判的重点在于整个交易是否可行，不太重视细节问题。

4. 意大利商人的谈判风格

在欧洲国家中，意大利人不像其他国家的人那样对时间特别看重，约会、赴宴经常迟到，而且习以为常。即使是精心组织的活动也不一定能保证如期举行，但如果他们特别重视与你的交易，则情况可能另当别论。意大利人比德国人少一些刻板、比英国人多一份热情。但在处理商务时，通常不动感情。他们决策过程也比较缓慢，不同于日本人，他们并不是要与同僚商量，而是不愿仓促表态。所以，对他们使用最后期限策略效果较好。意大利人有节约的习惯，与产品质量、性能、交货日期相比，他们更关心的是花较少的钱，买到质量、性能都说得过去的产品。如果是他们卖东西，只要能有理想的售价，他们都会千方百计地满足用户的要求。

5. 北欧商人的谈判风格

北欧主要指芬兰、挪威、瑞典、丹麦、冰岛五国，也称斯堪的纳维亚国家。他们有着相似的历史背景和文化传统，信奉基督教，历史上为防御别国的侵扰而相互结盟，或是宣布中立以求和平。现代的北欧国家政局稳定，人们生活水平较高。北欧人十分讲究文明礼貌，也十分尊重具有较高修养的商人，他们与外国人交往时比较讲究礼仪，无论是正式还是非正式的谈判，他们如果是东道主，会安排得有条不紊，尽量让客人满意。北欧人的谈判风格主要表现在以下几个方面：

（1）按计划行事，沉着冷静。北欧人是务实型的，工作计划性很强，力戒浮躁，凡事按部就班，规规矩矩。在谈判中，十分沉着冷静，耐心和有礼貌，即使在关键时刻也不动声色，他们不喜欢无休止地讨价还价。如果他们与你做生意，主要是因为他们确认你的产品在市场上十分优秀，他们信得过你。但如果你只为自己的利益着想，忽视了他们的利益或建议，他们很可能放弃与你做生意。

（2）谦恭、坦诚、固执、保守。北欧商人在谈判中态度谦虚，非常讲究文明礼貌，不易激动，善于同外国客商搞好关系，同时，他们的谈判风格坦率直接，不隐藏自己的观点，善于提出各种建设性方案；在谈判中追求和谐的气氛，但这并不意味着他们会一味地顺从对方的要求。实际上北欧商人在没有确凿证据表明自己不正确时，具有相当的顽固性和自主性，这也是一种自尊心强的表现。与北欧商人谈判时，更多的时候应考虑如何与其配合。首先，坦诚相待。其次要以理性的方式对待北欧人顽固的态度。最后，要从了解北欧商人愿意追求和谐稳定的心理和善于提出建设性方案的特点出发，避免为谋取较大的利益而有意制造僵局、激化矛盾，不妨要求他们提出方案从而推进谈判。

（3）不喜欢无休无止地讨价还价。他们希望对方的公司在市场上是优秀的，希望对方提出的建议是他们所能得到的最好建议。

（4）生活朴实。北欧人生活态度朴实、诚恳，力戒铺张。工作之余的交际较少。晚间的招待一定在家里进行，不到外面餐馆用餐。如果白天有聚餐，一般是在大饭店里预订好座位吃饭，这种宴会也不铺张浪费，他们把简朴的招待视为对朋友的友好表示。

6．俄罗斯商人的谈判风格

（1）固守传统，缺乏灵活性。一些俄罗斯人还是带有明显的计划体制的烙印，缺乏灵活性，在进行正式洽商时他们喜欢按计划办事，非常谨慎，缺少敏锐性和创新精神，喜欢墨守成规。如果对方的让步与他们原先的具体目标相吻合，就容易达成协议；如果有差距，要他们让步特别困难。甚至他们明知自己的要求不符合客观标准，也拒不妥协让步。

（2）重视合同细节。俄罗斯人的谈判能力很强，这是源于苏联的传统，这一点美国人、日本人都感受至深。他们特别重视谈判项目中的技术内容和索赔条款。这是因为引进技术要具有先进性、实用性，由于技术引进项目通常都比较复杂，对方在报价中又可能会有较大的水分，为了尽可能以较低的价格购买最有用的技术，他们特别重视技术的具体细节，索要的东西也包罗万象，如详细的车间设计图纸、零件清单、设备装配图纸、原材料证明书、化学药品和各种试剂等。所以在和俄罗斯人进行洽商时，要有充分的准备，可能要就产品的技术问题进行反复大量的磋商。

（3）善于讨价还价。俄罗斯人十分善于与外国人做生意。简单点说，他们非常善于寻找合作与竞争的伙伴，也非常善于讨价还价。如果他们想要引进某个项目，首先要对外招标，引来数家竞争者，从而不慌不忙地进行选择。并采取各种离间手段，让争取合同之间的竞争对手竞相压价，相互残杀，最后从中渔利。俄罗斯人在讨价还价上堪称行家里手。所以，对俄罗斯人的报价策略有两种形式：一种是报出你的标准价格，然后力争做最小的让步。可以事先印好一份标准价格表，表上的所有价格都包括适当的溢价，给以后的谈判留下余地。第二种策略是在公布的标准价格上加上一定的溢价（如15%），并说明这样做的理由是同其做生意承担的额外费用和风险。一般而言，第二种策略要好些。

（4）善于易货贸易。在俄罗斯，由于缺乏外汇，他们喜欢在外贸交易中采取易货贸易的形式。由于易货贸易的形式比较多，如转手贸易安排、补偿贸易、清算账号贸易等。这样就使贸易谈判活动变得十分复杂。在对外贸易中，俄罗斯人采用易货贸易的形式也比较巧妙。他们一开始并不一定提出货款要以他们自己的产品来支付，因为那会使对需要硬货做交易的公司缺乏吸引力，也使他们自己处于劣势。他们在与外国商人洽商时，拼命压低对方的报价后，才开始提出用他们的产品来支付对方的全部或部分货款。需要指出的是，如果俄罗斯人提出，只有当你接受他们的易货商品，或者帮助他们把某些商品销售给支付硬通货的第三方，他们才能交付你的货物时，那你一定要认真考虑其中所涉及的时间、风险和费用。易货是一种好的交易形式，但当你交易来的商品没有市场时，那么还不如没有这种交易为好。

| 拓展资料 |

俄罗斯人的喜好

俄罗斯商人喜欢喝酒、抽烟、跳舞。跳舞是俄罗斯人的传统，一般每个周末都要举行舞会。以前主要跳民族舞和交际舞，但现在的青年人对民族舞已经不感兴趣，大多学跳西方舞，经常在花园中的空地或马路边的小广场上，在吉他或手风琴等简单乐器的伴奏下就跳了起来。俄罗斯人注重仪表，爱好打扮。有的女子平日间也要描眉、涂口红、抹胭脂。近年来又盛行起男人留长发，女人戴假发、耳环、手镯。每逢有较大的节日庆典或谈判活动等，衣服一定要熨平，胡子要刮干净。在公共场所比较注意举止，从不将手插在口袋里或袖筒里。天热时也不轻易脱下外衣。

（资料来源：与美英法意商人进行商务谈判的技巧，世界商业报道，2006-06-21）

7. 东欧商人的谈判风格

东欧国家通常是指波兰、匈牙利、捷克、斯洛伐克、罗马尼亚等国家。该地区的商务谈判风格有其明显的风格特征。

（1）关系与交易。东欧国家在商业交往中对人际关系与交易本身都非常关注。他们与人进行交流的特点是，在初次见面时有点腼腆，一旦认识你之后就变得活跃了一些。寻找恰当的联系人并建立有力的关系非常重要，而同时外国商人也会发现一种趋势：东欧的商人正逐渐关注交易本身，换句话说，他们更像德国人和美国人了。在罗马尼亚建立适当的联系是十分重要的，尤其是刚刚开始建立商业关系的时候，要采取面对面讨论的方式或是通过电话来探讨一些重要的商业问题，而不是使用传真或是电子邮件。捷克受德国文化影响，因此是目前在中东欧最注重工作、最关注交易和时间意识最强的民族。另一方面，斯洛伐克人也很注重关系，对陌生人的业务方式不容易接受。在匈牙利，找到恰当的关系尤为重要，“你认识的人”在商务活动中起很大作用。

（2）语言。东欧人在谈判中的语言和表达具有非常突出的特色。例如在波兰的谈判桌上，多数情况下你看到的是直率，而不是有礼貌的闪烁其词。波兰人从不隐藏任何令他们发怒、沮丧和生气的事情。波兰人把依靠关系的商业活动与低级语言交流相结合，这在全世界也并不多见。而罗马尼亚人说话喜欢拐弯抹角，而不像北欧和北美国家的人说话比较直接。谈判代表不要问太多过于直接的问题，而是有礼貌地询问一些他们需要的信息，并逐渐与对方谈判代表建立起良好的关系，这样才会在谈判中取得良好的效果。斯洛伐克使用的语言是斯洛伐克语，年轻的商人倾向于说英语或德语，有时两种都说。询问对方是否需要口译仍然是很恰当的，因为高级经理一般不说外语。在匈牙利谈判时，说话常常很含蓄，有礼貌地回避。

（3）尊重女性。妇女总是受到年长男性伙伴的欧洲大陆式的照顾。在老一辈男士中，吻手仍像过去的维也纳一样流行。但另一方面，女性谈判人会发现她们常受到保护。很少有妇女能在商业上做到有权力的位置，因此很多男士不习惯在平等的基础上与女性交流。

（4）看重头衔。在谈判中，东欧人对于头衔职位的概念相当清晰和谨慎。例如波兰人比丹麦人、瑞典人、澳大利亚人或北美人更正式，有点像德国人和法国人。在自上而下的管理体制中，等级森严。在互相介绍时，要在姓氏前加专业或学术职称，只有亲戚和亲密朋友之间才称呼名字。在交换名片时，要注明公司名称和最高的学位。

（5）讨价还价。不同地区的东欧人在讨价还价上有不同特点，例如，波兰人在谈判时喜欢直截了当，罗马尼亚的谈判代表通常态度比较坚决。因此，在谈判的过程中，要始终留有一定的讨价还价的筹码。对他们的开价应该切合实际，但是同时要留有一定的余地。斯洛伐克人一般喜欢以非对抗性的、不重要的方式来谈判。

（6）决策。波兰人通常在决策过程中有拖拉的习惯，在罗马尼亚，谈判和决策的过程比在西欧或是北美要长得多。斯洛伐克人比捷克人缺乏时间意识。在东欧通常比在瑞典、美国、英国或德国持续的时间长。

四、大洋洲商人的谈判风格

大洋洲是世界上最小的一个洲，也是世界上人口最少的洲，包括澳大利亚、新西兰、斐济、巴布亚新几内亚和所罗门群岛等30多个国家和地区，其中，新西兰和澳大利亚是两个较为重要的国家。70%以上的居民是欧洲移民的后裔，大多数居民通用英语，绝大部分居民信奉基督教，少数信奉天主教和印度教。

1. 澳大利亚人商人的谈判风格

澳大利亚人很重视办事效率，谈判中，澳方派出的谈判人员一定都具有决定权，因此希望对方派出的人员也应同样具有决定权，以免在决策中浪费时间。澳大利亚人讲究实际，通常注重超额利润，提出的建议一般非常接近对方可接受的水平。他们极不愿意把时间浪费在不能做决定的空谈中，也极不愿意在讨价还价上浪费时间。在谈判中谈及价格时，他们往往不愿采用开始高报价，然后再慢慢减价的方式，他们采购货物时大多采用招标的方式，以最低的报价成交，根本不予讨价还价的机会。澳大利亚国内的商品，质量提高得很慢。他们以进口关税来控制外国商品的输入，在该国市场上进口货处于不利地位。

2. 新西兰商人的谈判风格

新西兰是位于太平洋西南部的一个岛国，以欧式文化为主流，高度民主的政治体制，丰富的自然资源，良好的社会治安，悠闲的生活方式，使其成为世界著名旅游胜地。

新西兰由于经常进口外国货，商人都精于商谈，很难应付。新西兰人在衣着上比较讲究，即使在体育运动时也很注重仪表，新西兰人崇尚平等主义。因此在与新西兰人打交道时，不要随意打听对方的身份和级别，他们最忌把人划分为不同的等级。新西兰人进行交易基于公平的原则，做生意不讨价还价，一旦提出一个价格就不能变更。新西兰商人的责任心很强，重信誉。

五、非洲商人的谈判风格

（1）语言与表达。交谈时多数非洲人喜欢打断别人，也就是说，在别人结束谈话之前就开始发表意见，这并没有冒犯的意思。在这个富于表现力的文化里，打断别人的谈话很正常。

多数非洲人在口语和书面语中都是拖拉冗长、辞藻绚丽，而且喜欢夸张，做一些过度的承诺和可怕的威胁。来访者在言语中应避免亵渎神灵，不说黄色笑话和提及性、宗教、政治。在北非，避免谈及中东时事，此外，最好别提及死亡、疾病或自然灾害。

（2）人与人之间的距离。多数非洲人的身体语言如同他们的口语一样，富于表现力，多数非洲人认为谈生意时保持大约半臂的距离比较舒适，但是与多数欧洲、北美和东亚的习惯相比，多数非洲人与朋友之间喜欢频繁接触，但是除非他们对某人很了解，否则身体接触仅限于握手。

（3）时间和行程安排。在这个时间观念淡薄的文化中，来访者将会发现较量是不公平的。参加会议时北非伊斯兰国家的商人和政府官员经常迟到，然而来访者则应该准时到场。

（4）谈判风格。北非谈判人热衷于讨价还价。在谈判过程中经常希望对手能在价格和条款方面做出巨大的让步。一些当地的生意人以谈判桌上能让你在开价上退让多少来衡量他们的成功。因此，在最初的开价中留出足够的利润空间以应付冗长的讨价还价过程将是明智的做法。

任务结果

根据任务二的描述，查找美国商人国际贸易谈判的风格及注意事项，以图表的方式列出详细要点。

巩固练习

一、单选题

1. 国际商务谈判的最大特点是（　　）。

A. 国际性　　B. 政策性

C. 复杂性　　D. 跨文化性

2. 在国际商务谈判中，强调“把人和事区分开来”，感兴趣的主要是实质性问题。具有上述价值观的是（　　）。

A. 中国人　　B. 朝鲜人

C. 美国人　　D. 日本人

3. 谈判中，强调“专时专用”和“速度”的是（　　）。

A. 中国人　　B. 日本人

C. 瑞士人　　D. 中东人

4. 谈判中，在付钱问题上既不能忘记，也不能过于积极的是（　　）。

A. 中国人　　B. 日本人

C. 韩国人　　D. 澳大利亚人

5. 在国际商务谈判中，十分通晓“吃小亏占大便宜”的谈判哲理的是（　　）。

A. 日本人　　B. 美国人

C. 英国人　　D. 法国人

6. 在国际商务谈判中，当双方就协议或合同条款发生争议时，正确的做法是（　　）。
   A. 利用政治手段，使对方妥协
   B. 向对方妥协，达成协议
   C. 坚持友好协商的原则
   D. 立刻终止谈判，另择对象
7. 美国企业的决策特点是（　　）。
   A. 只要高级主管拍板
   B. 集体拍板
   C. 上下左右全面沟通达成一致意见后由高级主管拍板
   D. 三分之二成员同意后由高级主管拍板
8. 在与加拿大商人交往时，忌用的花类是（　　）。
   A. 白色的百合花　　B. 枫叶
   C. 杜鹃花　　D. 菊花

二、多选题

1. 以下有关美国人谈判风格的描述，不正确的有（　　）。
   A. 自信乐观　　B. 浪漫随意
   C. 态度诚恳，就事论事　　D. 重视效率，速战速决
   E. 法律意识不强
2. 国际商务谈判前需要收集各种各样的信息，主要包括（　　）。
   A. 市场信息和科技信息
   B. 有关谈判对手的资料
   C. 有关政策法规、金融方面的信息
   D. 过关货单、样品的准备
   E. 谈判方案的准备

三、判断题

（　　）1. 国际商务谈判中既存在利益关系又存在人际关系，良好的人际关系是实现利益的基础和保障。
（　　）2. 谈判风格是谈判人员文化积淀的折射和反映。
（　　）3. 一个国家的谈判人员与其他国家或地区的人员谈判风格上一般没有明显差异。
（　　）4. 英国人很重视合同的签订，喜欢仔细推敲合同的所有细节。
（　　）5. 在谈判方式上，法国人偏重纵向谈判。
（　　）6. 德国人谈判果断，极注重计划性和节奏紧凑，一开始就进入正题。

四、简答题

1. 简述国际商务谈判的基本内容。
2. 国际贸易谈判会涉及哪些议题？

3．简述美国商人的谈判风格特点。

4．英国、法国、德国商人的谈判风格有哪些特征？

五、实践训练

训练项目：假如你来做船长

训练目标：

要求了解各地的谈判风格，并能在谈判中灵活运用。

训练材料：

一群商人在一条船上谈生意，船在行进中出了故障，渐渐下沉，乘客必须跳水。船长深谙世事，知道这些商人的文化背景不同，必须采取不同的方法分别予以说服。于是他对英国商人说："跳水是一种体育运动。"英国人听罢即跳。他对法国商人说："跳水是一种时髦，你没看见已经有人在跳了吗？"法国人遂跟着跳下。他对德国商人说："我是船长，我命令你跳水。"德国人服从了命令。他对意大利人说："乘坐别的船遇难可以跳水，但在我的船上不行。"意大利人也跳了。面对非常现实的美国人，船长就说："跳吧，反正有人寿保险，不跳就死定了。"对中国商人则说："你家中还有80岁的老母亲，你不逃命怎么对得起她老人家的养育之恩！"对日本商人说："……。"

训练方法与过程：

1．阅读以上资料，结合所学知识，和上面任务二提到的世界各地商人的谈判风格对比。

2．思考训练资料中船长对日本商人说了什么？分小组说出小组讨论的结果。

3．假定你是资料中的船长，你会如何说或做？要和上文提到的不一样。

[1] 张翠英. 商务谈判理论与实训：3版[M]. 北京：首都经济贸易大学出版社，2016.
[2] 高建军，卞纪兰. 商务谈判实务[M]. 北京：北京航空航天大学出版社，2007.
[3] 王建明. 商务谈判实战经验和技巧——对五十位商务谈判人员的深度访谈[M]. 北京：机械工业出版社，2010.
[4] 罗杰·道森. 优势谈判[M]. 刘祥亚译. 重庆：重庆出版社，2008.
[5] 杨群祥. 商务谈判[M]. 大连：东北财经大学出版社，2009.
[6] 尤凤翔，祝拥军. 商务谈判[M]. 北京：北京大学出版社，2012.
[7] 陈丽清. 商务谈判理论与实务[M]. 北京：电子工业出版社，2012.
[8] 皮特·约翰斯顿. 劣势谈判[M]. 吴婷，李建敏译. 海口：南方出版社，2011.
[9] 王东升. 国际商务谈判与沟通[M]. 北京：科学出版社，2010.
[10] 孙科炎. 业务谈判技能案例训练手册2.0[M]. 北京：机械工业出版社，2013.
[11] 李品媛. 商务谈判——理论、实务、案例、实训[M]. 北京：高等教育出版社，2010.